Bernd Gieseking ist unterwegs im Land der Glücksweltmeister, in Finnland. Er reist von Süd nach Nord, von Helsinki nach Inari und dann über Rovaniemi, Oulu, die Insel Hailuoto und Turku wieder zurück. Er besucht langjährige Freunde und trifft Künstlerinnen und einen Bierbrauer, eine Bischöfin, einen Tierarzt, eine Mumin-Expertin, einen ehemaligen Musiker der Leningrad Cowboys, einen Mitarbeiter des samischen Parlaments, die finnische Vizemeisterin im Hobby Horsing in der Disziplin Dressur, er sitzt in zahlreichen Saunen, spricht mit einem Lakritz-Hersteller und reist zu den finnischen Meisterschaften im Watercross. Gieseking fragt Finnen, warum sie glücklich sind, aber auch ob Deutsche in Finnland und Finnen in Deutschland glücklich sein können. Und er fragt sich selbst, warum er in Finnland immer wieder so glücklich ist.

Bernd Gieseking, geboren 1958 in Minden, ist Kabarettist und Autor von Kolumnen für die »Wahrheit«-Seite der »taz«, Kinderbüchern, Kinderhörspielen für den WDR und den HR sowie diversen anderen Büchern wie die Kolumnensammlung »Ja klar, ich bin schuld«. Im FISCHER Taschenbuch erschienen »Früher hab' ich nur mein Motorrad gepflegt« und »Gefühlte Dreißig«. Seine Finnland-Bücher »Finne dich selbst!« und »Das kuriose Finnland-Buch – Was Reiseführer verschweigen« sind Bestseller.

Weitere Informationen finden Sie auf www.fischerverlage.de

BERND GIESEKING

Finne
dein
Glück

Eine Spurensuche
im Land der Mitternachtssonne

FISCHER Taschenbuch

Für meinen Bruder Axel,
der mich überhaupt erst nach Finnland gebracht hat

2. Auflage: Oktober 2021

Erschienen bei FISCHER Taschenbuch
Frankfurt am Main, Mai 2021

© 2021 S. Fischer Verlag GmbH,
Hedderichstraße 114, D-60596 Frankfurt am Main

Finnland-Karte: Claus Knobel
Satz: Fotosatz Amann, Memmingen
Druck und Bindung: CPI books GmbH, Leck
Printed in Germany
ISBN 978-3-596-70580-1

»Ich muss mich ein wenig beruhigen,
sonst explodiere ich vor Glück.«

Snorkfräulein

AUS DEM BUCH »STURM IM MUMINTAL« VON TOVE JANSSON

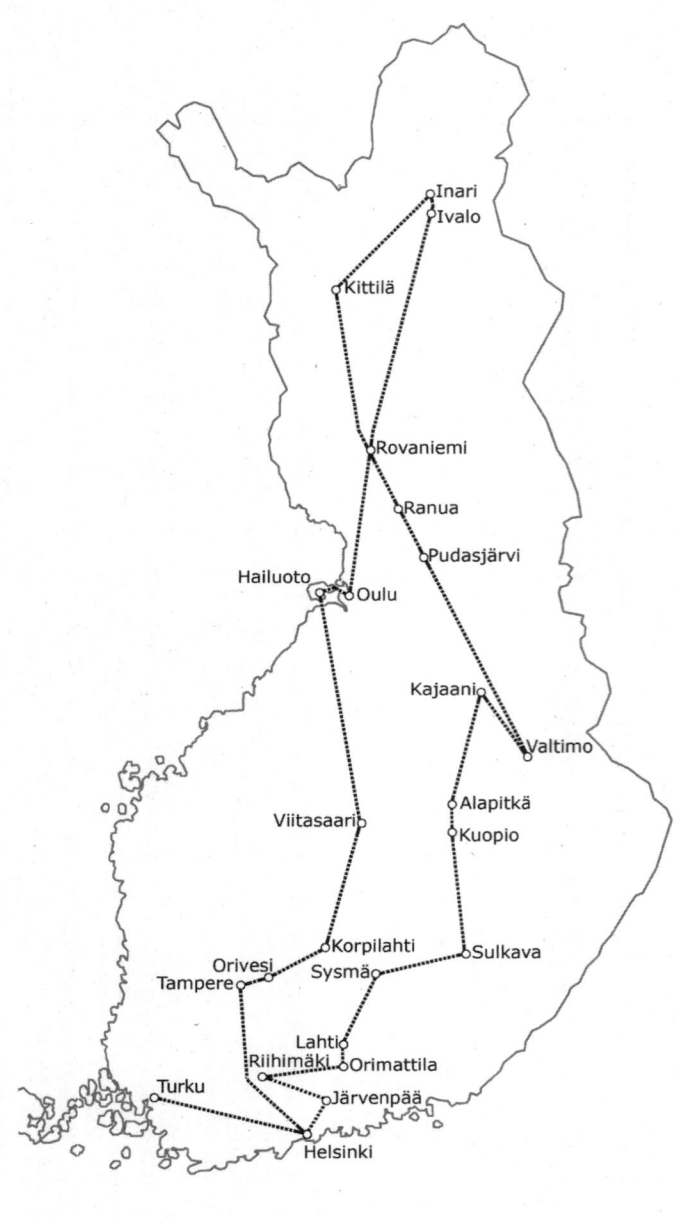

Inhalt

Prolog

Die Reise zum Glück

Immer wenn ich in Finnland bin, bin ich glücklich. Gemerkt habe ich das eigentlich ziemlich schnell, richtig bewusst geworden ist es mir erst später. Ich bin nicht unglücklich in Deutschland, aber Finnland schenkt mir jedes Mal ein sehr besonderes, außergewöhnliches Glücksgefühl. *Suomi*, wie das Land auf Finnisch heißt, ist mein ganz persönlicher Blutdrucksenker. An jedem Ort – egal ob im Süden, an der Westküste, oben im Norden in Lappland oder im Osten, in Karelien – bekomme ich jede Menge Glückshormone verabreicht.

Seit meinem ersten Besuch im Sommer 2009 fahre ich jedes Jahr wenigstens einmal nach Finnland, in Summe sind das mittlerweile 13 Reisen. Nur wegen Corona musste ich einmal »passen«. Dabei war mein erster Besuch nicht einmal richtig freiwillig, sondern eher familiäre Pflichterfüllung. Mein Bruder hatte sich in eine Finnin verliebt und war nach Lahti gezogen. Unsere Eltern hatten ihn besuchen wollen, und ich mochte »die alten Herrschaften«, wie wir in unserer ostwestfälischen Heimat liebevoll sagen, nicht alleine reisen lassen. Seitdem bin ich »finnisiert«. Ich liebe Land und Leute und bin verzückt, wenn ich die finnische Sprache höre – obwohl ich sie nicht verstehe. Ich lese alle Bücher über und aus Finnland, die ich in die Finger bekomme. Warum ich mich dort sofort zu Hause gefühlt habe, hatte ich mich damals schon gefragt. Nach drei Wochen im Land fand ich die Antwort: »Der Finne ist der Ostwestfale Europas.«

Inzwischen laufe ich regelrecht über vor »unnützem Wissen« über Finnisches. Man darf mich nicht darauf ansprechen, ich bin dann nicht mehr in der Lage, mich zu bremsen. Manchmal sprudle ich auch ungefragt los, erzähle von den Menschen im Land, die ich ins Herz geschlossen habe, von Lieblingslandschaften und Lieblingsorten. Und da gibt es mittlerweile eine ganze Menge.

Über meine erste Reise, mit meinen Eltern zu meinem Bruder nach Lahti, hatte ich ein Buch geschrieben: »Finne dich selbst!« Der Titel ist nicht nur ein Wortspiel. Diese gemeinsamen drei Wochen änderten unser bis dahin »ostwestfälisch« distanziertes Verhältnis von Grund auf. Bis dahin galt für uns: »Der Ostwestfale kann Nähe haben – wenn der Abstand stimmt.«

Vor einigen Jahren bin ich dann die gesamte Außengrenze Finnlands abgefahren. *Ympäri Suomen*. Im Uhrzeigersinn von Helsinki nach Helsinki. An der Südküste Richtung Westen, dann am Bottnischen Meerbusen empor, an der schwedischen Grenze entlang bis Kilpisjärvi, dem Dreiländereck mit Norwegen. Dann weiter östlich durch Lappland, unterhalb der Grenze zu Norwegen bis Nuorgam, am Inarisee südwärts, über Ivalo und Sodankylä nach Kuusamo und Joensuu durch Karelien, zum Saimaa-Seengebiet und dann über Kotka die Südküste entlang nach Helsinki zurück. Über diese Umrundung schrieb ich »Das kuriose Finnland-Buch«.

Trotzdem gab es auch für mich noch ein paar »weiße Flecken«, die ich immer schon füllen, Orte, die ich noch nicht kannte und besuchen wollte. Es mag überraschen, aber Helsinki gehörte auch dazu. Nie war ich länger als zwei Nächte dort. Gute Gründe also für meine nächste ausgedehnte nordische Reise. Aber wo ansetzen? Sollte ich mich auf eine Region konzentrieren? Wieder kreuz und quer durchs Land fahren? Ich suchte nach einem Motto, einer Fragestellung. Und dann hörte ich diese Meldung auf Deutschlandfunk Kultur: »Finnland führt erneut beim UN-Weltglücksreport.« Die *Süddeutsche Zeitung* schrieb am gleichen Tag: »Finnen sind am glücklichsten!« Die *Zeit* formulierte plakativ: »Arschbombe ins Glück«. Und im Netz fand ich eine Meldung vom Jahr zuvor aus der *Neuen Züricher Zeitung*: »In Finnland leben die glücklichsten Menschen.«

Heureka! Genau! Cool! Da war mein Thema, mein Leitfaden: Warum sind die Finnen so glücklich? Warum bin ich in Finnland so glücklich? Wie geht es anderen Deutschen hier im Norden? Und: Können Finnen auch in Deutschland glücklich sein?

Bisher hatte ich in meinen Büchern eher Orte beschrieben, Landschaften und kleine Erlebnisse oder Beobachtungen geschildert. Dieses Mal wollte ich zu den Menschen. Ich wollte meiner Faszination für alles Finnische weiter auf den Grund gehen, mich treiben lassen, aber eher andere zu Wort kommen lassen, Finnen und Deutsche. Abgesehen von einigen wenigen festen Verabredungen, hoffte ich auf zufällige Begegnungen. Um das vorwegzunehmen: Es wurden mehr als erhofft! Und alle haben meine Fragen nach dem Glück beantwortet, auf ganz unterschiedliche Weise. Was natürlich auch daran liegt, dass Glück als Begriff so schwer zu fassen ist, nicht eindeutig, sondern vielfältig und absolut individuell.

Glück ist ein Zauberwort, und jeder füllt es anders. Das Königreich Bhutan hat Glück 2008 sogar in die Verfassung aufgenommen. Glück ist dort Staatsziel, und das »Brutto-nationalglück« gilt als wichtiger Indikator, wie in anderen Staaten das »Bruttoinlandsprodukt«. Bhutan hat sogar einen Glücksminister, Ha Vinh Tho. Der sagte in einem Interview mit dem *Stern*: »Glück ist eine Fähigkeit, die man erlernen kann.«

Demnach haben die Finnen sehr gut gelernt, denn inzwischen haben sie schon viermal den ersten Platz im World Happiness Report belegt. Philosophen und Aphoristiker arbeiten sich seit Jahrhunderten am Glück ab. Albert Schweitzer sagte: »Glück ist das Einzige, was sich verdoppelt, wenn man es teilt.« Buddha hat gesagt: »Es gibt keinen Weg zum Glück. Glücklichsein ist der Weg.«

In Finnland gibt es ein Sprichwort: »*On lottovoitto syntyä Suomessa*« – »In Finnland geboren zu werden ist ein Lottogewinn.«

Für mich es ist schon ein Lottogewinn, dass ich mich auf diese neue Reise begeben kann. 33 Tage wird sie dauern. Ich will eine ganze Woche in Helsinki bleiben und dann nordwärts fahren, fast senkrecht empor durch das ganze Land, natürlich auch wieder nach Lahti, von da über Kuopio nach Rovaniemi, dann bis Inari in Lappland, von dort zurück über Ivalo, Oulu und die vielgerühmte Insel Hailuoto bis nach Tampere. Zum Abschluss noch einmal Helsinki, dann soll es mit der Fähre von Turku Richtung Schweden und weiter nach Dänemark und Deutschland gehen. An Tag 17 wird meine Lebensgefährtin Rita nach Finnland kommen, von da an werden wir gemeinsam im Land der Mitternachtssonne auf die Suche nach dem Glück gehen.

TAG
0

Travemünde

Mit »Rücken« nach Finnland

Ruhesessel! Wie konnte ich nur auf diese bescheuerte Idee kommen?

Ich bin in Travemünde, an Bord der *Finnlady*, zum ersten Mal nehme ich diese Route. Normalerweise reise ich mit dem Auto über Fehmarn, durch Dänemark hindurch bis Stockholm und gehe erst dort an Bord einer Finnland-Fähre. Diesmal aber hatte ich kurz vor meiner Abreise einen Kabarettauftritt in Prerow; ich war sicher, dass es eine Fährverbindung zwischen Rostock und Helsinki geben würde. Gab es auch, bis sie eingestellt wurde – wegen mangelnder Wirtschaftlichkeit, auch wenn ich das kaum glauben mochte. Dann eben Travemünde.

Wir liegen immer noch im Hafen, und ich weiß jetzt schon nicht mehr, wie ich in meinem Ruhesessel sitzen soll. Ruhen geht gar nicht! Um 23.10 Uhr war mein »Boarding« erfolgt, jetzt ist es 2.20 Uhr. Drei Stunden hänge ich hier schon rum. In einer Dreiviertelstunde wird der Pott endlich ablegen, 29 Stunden später werden wir in Helsinki anlegen. Ein süßes Versprechen. Wenn mir nur mein Kreuz nicht so weh tun würde. Hier bekommt man sofort »Rücken«! Ich verfluche mich dafür, dass ich keine Kabine gebucht habe. Es fallen unangenehme Schimpfworte. Ich hatte Geld sparen wollen, und natürlich fand ich das auch irgendwie cool in so einem Sessel. Ein Anfall von Jugendlichkeit bei meiner Reiseplanung. Nun werde ich bitter konfrontiert mit meinem gereiften Körper.

»Gefühlte Dreißig«, so beantworte ich normalerweise Fragen nach meinem Alter. Angesichts der bevorstehenden zwei Nächte und einem Tag in dieser Holzklasse muss ich wohl ein paar Jahrzehnte dazupacken. Ruhesessel, das ist vielleicht etwas für Leute, die noch auf Ü-30-Partys gehen, aber nichts für einen alten Sack wie mich. Ich würde gerne ächzen und stöhnen, aber die Blöße kann und werde ich mir nicht geben. Niemals. Und jetzt geht um mich herum auch noch ein mehrstimmiges, vielbassiges Schnarchkonzert los!

2.45 Uhr. Ich wälze mich zweimal pro Sekunde in meinem Sessel herum. In 15 Minuten legen wir ab. Das Geschnarche nervt, es ist stickig und zu warm, dann wieder kühl. So stelle ich mir Wechseljahre vor. Ich wechsele auch, stehe auf und drehe eine Runde über die Decks. Mein Weg führt an der Rezeption vorbei. Die Dame dahinter führt ein Telefonat und schenkt mir ein flüchtiges Lächeln. Einer spontanen Eingebung folgend, bleibe ich stehen und warte. Nach einer Weile wendet sie sich mir zu.

»Was kann ich für Sie tun?«

Ich sage: »Sie können mich retten!«

Sie lacht.

»Das Boarding ist abgeschlossen?«

Sie nickt.

»Ist vielleicht eine Kabine frei geblieben? Die würde ich dann gerne nachträglich buchen. Ich habe nur einen Ruhesessel.«

Sie lächelt so mitleidig wie wissend.

»Sie haben Glück! Es sind sogar zwei Kabinen frei geblieben.«

Noch nie war ich so glücklich über meine Kreditkarte! Ich hole meinen Rucksack aus dem Schließfach, kaufe mir noch zwei Bier an der Bar, gehe in meine Kabine und setze mich auf die Koje. Ich nehme einen großen Schluck Bier und schaue aus dem Fenster auf die Hafenanlage von Travemünde, die mir jetzt aus dieser Innenperspektive in ihrer kühlen Funktionalität regelrecht romantisch zu sein scheint. Dann legt das Schiff ab. Ich notiere: »Glück ist, wenn du den Ruhesessel hinter dir lassen kannst.«

Glückstipp für die Anreise:

Wenn du genügend Zeit hast, dann verzichte auf die schnellere Fährverbindung ab Travemünde und genieße die Anreise über Dänemark und Schweden. Wenn das Fährschiff in Stockholm ablegt, beginnt die faszinierende Fahrt durch die Schären Richtung Åland-Inseln und weiter nach Turku, eine Route durch eine der schönsten Landschaften der Welt. Allein diese Schiffspassage ist das pure Glück.

Glückstipps für Stockholm:

Top-Tipp: Museum Fotografiska
Für Fans: ABBA-Museum
Für jeden: Vasa-Museum

TAG 1

Ostsee

An Bord mit Mord

Ich schlage die Augen auf und bin glücklich! Dem Ruhesessel entkommen, habe ich wunderbar geschlafen. Jetzt aber schnell an Deck, zu einem Frühstückskaffee. Hier bekommt meine Laune einen kleinen Dämpfer. Ich hatte gehofft, schon an Bord des Fährschiffs eine gewisse nordische Leichtigkeit zu erleben. Auf den Decks erwartete ich Design und Großzügigkeit. Nach und nach stelle ich fest: Dieses Fährschiff hat nicht die touristischen Annehmlichkeiten der Schiffe auf der Route Stockholm-Turku, hier regiert Zweckmäßigkeit. Platz zum Lesen, Spielen, Sitzen oder Klönen findet sich wenig. Auch oben an Deck gibt es nur wenige Sitzplätze.

Trotzdem etwas Glück: Die Sonne scheint. Ich finde eine Ecke an Deck und fläze mich auf den Boden. Ich habe mir Bücher, Zeitungsartikel und meinen Reiselaptop eingepackt. Schließlich bin ich nicht nur zum Vergnügen hier, sondern will über das Glück in Finnland schreiben. Aber dazu gehört auch Entspannung, zum Start mit Spannungsliteratur. Ich schlage »Tage des letzten Schnees« auf, ein »Kimmo-Joentaa-Roman«, ein Krimi mit Spielort Turku. Ich bin also sozusagen mit Mord an Bord! Autor dieses Buches ist der deutsche Jan Costin Wagner. Er schreibt nicht nur Romane, die in Finnland angesiedelt sind, sondern ist auch mit einer Finnin verheiratet, mit Niina. Sie ist eigentlich Soziologin, inzwischen Künstlerin. Beide arbeiten auch als Übersetzer, etwa für die Werke von Antti Tuomainen.

Vor meiner Abreise hatte ich die beiden in Südhessen besucht, es gab Kaffee und finnisches Gebäck. Kennengelernt haben sich Jan und Niina in Frankreich, beide waren auf einer Interrailreise. Lange Jahre haben sie eine Fernbeziehung geführt. 28 Jahre ist es her, sagt Jan, dass er zum ersten Mal in den Norden reiste. »Ich hatte eigentlich nur den Wunsch, Niina wieder zu treffen. Aber ich kam an und dort zu sein, war sofort absolut schlüssig, stimmig. Finnland hat mich willkommen geheißen. Vor allem die Natur in diesem Land hat mich tief berührt.«

In Finnland hat Jan auch seinen ersten Roman geschrieben, »Nachtfahrt«, erschienen 2001. Seine Bücher sind inzwischen in viele Sprachen übersetzt, einige auch ins Finnische.

Wie ist der Blick des Paares auf die Menschen in beiden Ländern? Sind die Finnen verschlossen? Jan widerspricht sofort. »Verschlossen ist das falsche Wort. In sich gekehrt vielleicht. Im Sinne eines In-sich-Ruhens.«

Wo liegen die Unterschiede? Niina formuliert sehr vorsichtig, also typisch finnisch: »In Deutschland sind materielle Dinge schon etwas vorrangiger als in Finnland. Man spricht hier mehr über Geld. Autos sind wichtig, Statussymbole. In Finnland wäscht man sein Auto nicht so oft, nicht jeder hat eines, und es ist auch nicht so wichtig, welche Marke man fährt.«

Dafür habe in Finnland jeder sein Sommerhaus, aber das sei kein Statussymbol, sondern gehöre zum Alltag einfach dazu.

Jan ergänzt: »Hier in Deutschland wäre so etwas Luxus! ›Du, ich hab da noch ein Häuschen mit Sauna am See.‹

In Finnland ist das normal. Für alle gesellschaftlichen Schichten.«

Kann Niina erklären, warum die Finnen so glücklich sind? Schließlich sind sie seit Jahren unter den Top 10 beim Glücksreport, 2018, 2019 – und 2020, wie Monate später bekannt gegeben wird – sogar auf Platz 1. Worin liegt das Geheimnis dieser »Nordic Happiness«?

Niina als Soziologin betrachtet solche Untersuchungen kritisch. Kann man das Glück einer Nation überhaupt bewerten? Für sie selbst sei Entschleunigung ein wichtiger Faktor für Glück und Zufriedenheit. Die sei in Finnland quasi angelegt, um die müsse man hier nicht ringen, wie in Deutschland.

Jan meint: »Was auf jeden Fall prägend ist, ist eine gewisse Entspanntheit im Umgang mit den Anforderungen, die das Leben stellt. Man muss nicht einen bestimmten Lebensweg vorweisen, damit man etwas gilt. Das scheint mir in Deutschland wesentlich ausgeprägter. In Finnland jedenfalls sehe ich das als einen wichtigen Zufriedenheitsfaktor, als einen Glückskatalysator, dass dieser Druck fehlt.«

Niina stimmt ihm zu: »In Deutschland geht es oft um Leistung, auch innerhalb der Familien. Die Kinder müssen etwas nachweisen. Es ist sehr angenehm in Finnland, dass die Leute den Selbstwert eines Menschen erkennen. Komm, wie du bist. Sei, wie du bist! Und ich denke, das ist ein wesentlicher Schlüssel zum Glück.«

Glückstipp für die Überfahrt, egal auf welcher Strecke:

Lies dich ein in finnische Welten!

Krimi: Jan Costin Wagners »Kimmo-Joentaa«-Romane

Unterhaltung: Tuomas Kyrö, »Bettler und Hase«

Schwere Kost, aber grandios: Katja Kettu, »Wildauge«

Klassisch finnisch: »Kalevala«, das finnische Nationalepos, kompakt nacherzählt von Tilman Spreckelsen

Biographie: Tuula Karjalainen, »Tove Jansson«, eine Biographie über die Erfinderin der legendären Mumins

Ostsee

Der unglückliche Cowboy

Später Nachmittag, fast schon Abend. Ich hole mir ein Bier, lehne mich an die Reling und fotografiere mich mit dem Getränk. Das Bild schicke ich an Lyle. »Mein erstes finnisches Bier, kurz vor Finnland!«, schreibe ich dazu. Er schickt mir einen erhobenen Daumen zurück.

Lyle Närvänen, Gitarrist und Mitglied der legendären »Leningrad Cowboys«. Mit der Band ist er auch in Kurz- und Spielfilmen beider Kaurismäki-Brüder zu sehen. Heute spielt er nur noch aus Spaß, aber das viel und oft. Lyle lebt glücklich in Frankfurt, seit mehr als 25 Jahren. »Ein halbes Leben«, sagt er verschmitzt.

Ich war für meine »Vorrecherche« direkt von Niina und Jan zu Lyle gefahren, sie wohnen keine 30 Kilometer auseinander. Wir sitzen im Café »Metropol« und Lyle bestellt »Ebbelwoi«, Apfelwein. Er grinst und sagt: »Ich bin integriert!«

Geboren ist er in Turku. Ein Stadtkind, wie er selber sagt. Koch hat er gelernt, auf der *Suomen Joutsen*, einem Dreimaster, auf Deutsch »Finnischer Schwan«. Heute ist das ein Museumsschiff und liegt inzwischen in Lyles Heimatstadt auf dem *Aurajoki*. Nach den Jahren im Showgeschäft ist er inzwischen in seinen bürgerlichen Beruf zurückgekehrt. »Ich arbeite halbtags als Koch, in einem Kindergarten in Offenbach. 75 Kinder, für die ich jeden Tag koche. Diese

Stunden für die Kinder und mit den Kindern, das ist kein Stress, wie ich das aus Restaurants kenne. Es macht mir Riesenspaß. Abends bin ich dann meistens unterwegs, um Musik zu machen.« Die Musik ist immer noch ein wichtiges Element in seinem Leben, aber eben nicht mehr der Brotberuf. Lyle spielt in Frankfurt mit dem »Rock'n'Roll Revolution Club«. »Beatles, Stones, den ganzen Kram, das ist ganz witzig.«

»Lyle, angeblich sind die Finnen die glücklichsten Menschen der Welt. Was macht die Finnen so glücklich?«

»Die Finnen? Glücklich? Oh, das ist eine gute Frage! Ich weiß es nicht. Also ich jedenfalls war nicht so glücklich da.«

Ein unglücklicher Leningrad Cowboy also, zumindest solange er in Finnland war.

»Ich dachte schon mit 15: Nee, ich muss hier raus! Ich hab auch diese langen Winter nicht so gut vertragen. Ich wusste, ich will woanders leben. Das Land war dabei gar nicht so wichtig, Hauptsache, in Europa. Ich sehe mich als Europäer, das ist meine Nation.«

Und dann hat Lyle für einen Finnen sogar einen regelrechten Ausbruch: »Das muss weitergehen mit Europa! Was hier jetzt gerade passiert, wie sehr Europa jetzt von einigen in Frage gestellt wird, das ist wirklich übel. Die Leute kapieren nicht, was sie hier aufs Spiel setzen. So eine großartige Sache wie die EU!«

Immerhin hat Lyle als Bandmitglied viel beigetragen zu europäischen Versöhnungen, mindestens zwischen Finnland und Russland. Es gab die legendären Auftritte der »Leningrad Cowboys« mit dem »Alexandrow-Ensemble«, der Chor- und Tanztruppe der Roten Armee. Von diesen Auftritten gibt es auch einen Dokumentarfilm, den Meisterregisseur Aki Kaurismäki drehte, der einige Jahre zuvor die »Leningrad Cowboys« noch als fiktive Band für einen Film erfunden hatte, zusammen mit den Drehbuchautoren und Bandmitgliedern Sakke Järvenpää und Mato Valtonen. Die beiden waren Bandmitglieder der legendären finnischen Band »Sleepy Sleepers«.

Der erste Film, »Leningrad Cowboys go America«, wurde ein gigantischer Erfolg. Im zweiten – »Leningrad Cowboys meet Moses« – spielte auch Lyle, inzwischen Bandmitglied, mit. Alle Welt wollte diese Band plötzlich live sehen, die überwiegend sehr schräge Coverversionen spielte.

»Die berühmteste Top 40 Band der Welt?«, frage ich.

Lyle grinst: »Ja, das kann man schon sagen.«

»Verrätst du das Geheimnis der Tolle?«

»Das waren Toupets, bald einen halben Meter lang, gemacht aus echten Haaren. Die wurden dann mit Haarnadeln festgesteckt. Fünf Stück brauchte ich und eine halbe Flasche Haarspray. Das hat dann immer zweieinhalb Stunden Konzert durchgehalten.«

Ich habe die Band auf Festivals und in Clubs gesehen. Ihre Konzerte waren phantastische Shows, mit großer Vitalität, Virtuosität und Komik. In Finnland hatten sie eine Comedy Serie, »Viemäri TV«. »Abfluss TV«. Lyle war insgesamt fünf Jahre mit den »Leningrad Cowboys« auf Tour. »Als Musiker habe ich viele Länder gesehen. Alles war irgendwie Rock'n'Roll. Tja, und dann habe ich diese nette Dame kennengelernt. In Karlsruhe. Wir wurden ein Paar, und dann ging es hin und her, Finnland-Deutschland. Irgendwann meinte sie, sie könne auch in Finnland leben, aber ich habe dankend abgelehnt. Ich habe mir gesagt: Jetzt ist die Gelegenheit da, auf die ich immer gewartet habe. Und dann bin ich nach Deutschland gegangen.«

Und so wurde, trotz späterer Trennung, aber mit neuer Liebe, aus dem unglücklichen Finnen ein glücklicher Frankfurter.

Glückstipp:

Eine lange Filmnacht mit allen Filmen und Kurzfilmen der »Leningrad Cowboys« von Aki Kaurismäki.

Zurückgeblättert (1)

100 Jahre Finnland

Ich liege in meiner Kabine und nutze die Zeit bis zur Ankunft in Helsinki morgen früh, um mich ein wenig einzulesen. In meinem Rechner finde ich eine »Auftragsarbeit«, eine Kolumne für die »taz Wahrheit«, die tägliche Satire-Seite der *tageszeitung* aus Berlin. Ich war gebeten worden, eine kleine Ehrung zu schreiben zum finnischen Staatsjubiläum, der Hundert-Jahr-Feier 2017. Ein Finnland-Kenner wird vielleicht manch Typisches und Liebgewonnenes erkennen, manches auch, über das ich bereits geschrieben habe. Für Finnland-Novizen ist es ein unerlässlicher Crashkurs:

Onnea satavuotiaalle Suomelle – Herzlichen Glückwunsch zum 100. Geburtstag, Suomi.

»Rentier, Elche, Sauna, See / Dunkle Winter voller Schnee / wenig Menschen und kein Wein / Da wirst du wohl in Finnland sein.«

Das waren die ersten Sätze, die ich als junger Dichter vor Jahren schrieb, als ich in Lahti erstmals am Ufer des Vesijärvi entlangwanderte, mit Blick auf die drei majestätischen Skisprungschanzen. Diese Schanzen werden im Winter von allen Finnen benutzt für die alltäglichen Besorgungen. Nur mit Skisprung kommt man noch über die Schneemassen hinweg zur Post, zum Einkauf, zu Stationen und Ladentüren. Finnland liegt schon seit Oktober unter einer meterdicken Schneedecke, die erst im April langsam wieder zu tauen beginnt. Unter dieser Decke aber ist emsiges Leben. Und 2017 war das Leben emsiger denn je, denn Finnland bereitete sich ab Januar auf die größte Feier aller Zeiten vor. Hundert Jahre zuvor, am 6. Dezember 1917, hatte das finnische Parlament im Nachgang der russischen Oktoberrevolution die Unabhängigkeit von Russland erklärt, zu dem es da gerade gehörte.

Seither geht hier alles seinen gewohnten finnischen Gang: Saunen brodeln, *Glögi* gluckert und Rentierschinken werden vom Finnen verspeist, als würde Obelix am Wildschwein knabbern. Auf zugefrorenen Seen und Flüssen brausen die Finnen auf dem legendären Winterreifen »Nokian Hakkapeliitta« herum. Benannt ist er nach den mythischen finnischen Reitertruppen, die im Dreißigjährigen Krieg für Schweden kämpften, den *Hakkapeliitta*, und bis heute feuern die Fans das finnische Fußballnationalteam an mit dem Ruf »*hakkaa päälle, hakkaa päälle*« – »hau drauf«!

Der Finne blieb auch im Vorfeld der Riesenfeier absolut bescheiden. Selbst der aktuell größte Finne in Deutschland, Popstar Samu Haber, macht sich gern klein und fragt bei der Castingsendung »Voice of Germany« höflich ins Geplänkel: »Darf der Finne auch mal etwas sagen?« Ein Jahr zuvor, 2016, war Nico Rosberg, in Wiesbaden geborener Finne, Formel-1-Weltmeister geworden und nahm diesen Erfolg so bescheiden auf, dass er mit Gewinn der Weltmeisterschaft sofort vom Rennsport zurücktrat und den Titel künftig anderen überließ.

Eigentlich weiß man wenig über die Finnen. Viele, nicht nur unendlich weit südlich siedelnde Spanier, auch sehr nah dran wohnende Dänen glauben, zumindest der Norden

Finnlands sei »Arktis«, fragen nach Eisbären und Pinguinen, was nebeneinander sowieso völliger Quatsch ist. Der Polarkreis bei Rovaniemi ist weit entfernt von Arktis und Pol. Die Sami, die Ureinwohner in Finnlands Norden, in Lappland, müssen im Sommer den vielen angereisten Japanern, aber auch manchem Touristen aus Helsinki erklären, dass sie nicht im Iglu leben und dass Rentiere keine Elche sind.

Aber jeder Finne weiß: Der *Joulupukki*, der Weihnachtsmann, lebt auf dem *Korvatunturi*, dem Ohrenberg, wo seine *Joulutonttus*, die Weihnachtswichtel, Geschenke basteln oder aber mit Überwachungsaufgaben beschäftigt sind. Auf diesem Berg ist die dienstälteste und gleichzeitig effektivste Abhörstation der Welt. Die CIA, der MI6, der BND und auch die finnische Supo, die *Suojelupoliisi*, wie der finnische Sicherheitsdienst heißt – sie alle können dagegen einpacken. Vom *Korvatunturi* wird weltweit gelauscht, ob die Kinder brav gewesen sind. Über die Ergebnisse wird dort oben im Norden Finnlands gewissenhaft Buch geführt, und die Kids können dann unter dem Gabentisch die Ergebnisse der Überwachung suchen gehen.

Der *Joulupukki* hat seine Firmenniederlassung (finnisch: *Oy*) allerdings in Rovaniemi, wo sich bis zum 2. Juli 2013 dazu noch Europas nördlichster McDonald's befand. Am nämlichen Tage eröffnete dann aber eine Filiale im russischen Murmansk am Kolski Prospekt 101. Egal, Finnland hat genügend eigenes Einzigartiges. Das Land *Suomi* hat in seinen hundert Jahren Unfassbares hervorgebracht: den Schrei-Chor »Mieskuoro Huutajat« oder »Apocalyptica«, die »Metallica«-Songs auf dem Violoncello spielen. Jukka Ammondt, eigentlich Literaturprofessor, singt finnische Tangos und Songs von Elvis auf Latein und bekam dafür eine Ehrung vom Vatikan – wegen seiner Verdienste um die lateinische Sprache. Und Aki Kaurismäki und sein Bruder Mika schenken der Welt mit ihrer einzigartigen Bildsprache wunderbarste Filme, oft komisch, aber immer berührend.

Der Finne macht vor nichts halt. In seinem Reisepass läuft ein Elch als Daumenkino. Die Finnen sind nicht umsonst führend im Ersinnen unnützer Weltmeisterschaften und dominieren diese Wettbewerbe zugleich. Die Weltrekorde im Gummistiefelweitwurf halten bei beiden Geschlechtern selbstverständlich Finnen, die auch das Frauenwetttragen und die Luftgitarren-WM in Oulu erfunden haben. Ihr Ziel, sagen die Veranstalter, sei der Weltfrieden, »denn wer eine Luftgitarre in Händen hält, kann keine Waffe tragen«.

Aber – niemand ist vollkommen, und wo im Sommer so viel Licht ist, da muss ja auch ein ganzjähriger Schatten sein: die Atomkraft. Der Finne kann es nicht lassen, obwohl der Bau des letzten Kernkraftwerks – Olkiluoto Block III – ein Desaster ist, das Berliner-Flughafen-Ausmaße hat. Atom wegen Strom, sagen sie, denn sie haben einen elendig hohen Stromverbrauch. Leider ist auch hier der Finne Weltmeister in Europa.

Dieses Finnland, Heimat der Tonttus und Mumins, der Lordis und Habers, feiert 2017 das hundertjährige Staatsjubiläum. Nach Jahrhunderten unter schwedischer, dann noch mal hundert Jahren unter russischer Herrschaft konnten die Finnen endlich einen autonomen Staat gründen. Ihren eigenen Kopf hatten sie da längst. Als eigenständige Provinz beschlossen sie schon im Jahr 1906 als erstes europäisches Land das Frauenwahlrecht, aktiv wie passiv! Somit gibt es 2017 in Finnland noch ein zweites Jubiläum – 111 Jahre Frauenwahlrecht.

Auch dazu *Onnea*. Glückwunsch.

Also Finnland – voran! Und dann wurde gefeiert. Ein ganzes Jahr lang bis zum Jahreswechsel 2018. Ein finnisches Sprichwort lautet: »Man ist nicht zu betrunken, solange man auf dem Boden liegen kann, ohne sich festzuhalten.«

TAG 2

Helsinki

Husch, husch aufs Rad

Ankunft in Helsinki, endlich! Und ich werde empfangen wie ein alter Freund. Es ist früher Samstagmorgen, als die Fähre anlegt. Ich rolle mit dem Auto über die Rampe auf das finnische Festland und reihe mich dort in eine der Warteschlangen ein. Drei Zollbeamte warten, zwei Männer, eine Frau. Ich stoppe, lasse das Fenster herunter und rufe ihnen ungefragt, übermütig und lächelnd zu: »*Terve! Moimoi!*« Beides heißt auf Deutsch: »Hallo.« Oder: »Guten Tag.« Das ist im Land der schweigsamen Menschen mindestens ein Hallo zu viel.

Die Zollbeamtin, die Hände tief in den hochangesetzten Seitentaschen ihrer Uniformjacke, beugt sich herunter, schaut routiniert an mir vorbei in den Innenraum meines Autos, sieht finnische CDs und Lakritz von Halva und blickt mir kurz in die Augen. Dann sagt sie grinsend: »Husch! Husch!« Eine Ankunft wie ein charmanter Kuss. Mich hat sie damit schon glücklich gemacht.

Kein Vergleich zu dem mürrischen Autofähreneinweiser in Travemünde. Dem hatte es selbst vor dem Boarding nicht schnell genug gehen können, Zeit ist Geld und vor allem Platz ist Geld. Schon in der Warteschlange im Hafen hatte er mich auf Millimeter an den Vordermann herangewunken. Mein Abstandssignal hatte hektisch gefiept. Wem von beiden sollte ich vertrauen? Und was waren jeweils die Folgen, wenn nicht? Ich war froh, dass mein Rucksack schon auf dem Beifahrersitz neben mir stand, denn an Bord wurde es noch enger. Auf der Fähre war mein Fahrradträger so eingekeilt, dass ich gar nicht mehr an den Kofferraum herangekommen wäre. Das war hoffentlich der letzte Stressmoment auf meiner Reise zum Glück. Aber eindeutig noch auf deutschem Staatsgebiet. Ab dafür! Oder: Haken dran. Jetzt ist Finnland!

Ich rufe der Beamtin zu: »*Hei-hei!*« Tschüss! Dann folge ich dem Schild mit der Aufschrift »*Keskusta*«, Stadtmitte. Zu den Klängen meiner Lieblingsband »Marko Haavisto & Poutahaukat« bin ich – »Husch! Husch!« – bei meinem Hotel. Es hat eine Tiefgarage und einen Fahrradraum.

Nach dem Einchecken nehme ich mein Rad vom Gepäckträger und radele bei schönstem Sommerwetter in die City. Ein Fuß- und Fahrradweg – genannt Baana – führt direkt ins Zentrum. Der Weg wurde auf einer ehemaligen Bahnstrecke errichtet und wird jährlich von rund 700 000 Radfahrern genutzt. Mit mir sind es nun 700 001. Unterwegs erleide ich einen kleinen Kulturschock, denn Helsinki hat jetzt schon, was uns erst bevorsteht: E-Scooter! Manche stehen sauber aufgereiht am Wegesrand, andere fliegen kreuz und quer in der Gegend herum. Es ist Samstagvormittag, und offensichtlich waren nicht mehr alle feierwütigen Scooterfahrer der vorangegangenen Nacht nüchtern genug oder willens, ihre Gefährte ordentlich abzustellen.

Von diesen kleinen Hindernissen abgesehen, ist es ein Vergnügen, die Baana entlangzusausen. Ich komme am Kiasma vorbei, dem faszinierenden Museum für moderne Kunst – ein spektakulärer bogenförmiger Bau mit einer Fassade aus Aluminium und Glas. Weiter geht es Richtung Bahnhof, dann querbeet durch die Fußgängerzone bis zum

Hafen am Markt. Hier halte ich mich rechts und fahre, jetzt im Uhrzeigersinn, am Wasser entlang. Ich muss aufpassen, dass ich nicht auf einer der vielen Halbinseln lande, die immer wieder abzweigen. Im Grunde drehe ich eine Runde ums Zentrum. Hietalahti, Ruoholahti, dann vorbei am Hauptfriedhof Hietaniemi, und jetzt bin ich zwar fast wieder an meinem Hotel, aber ich radele noch ein Stück weiter, zum Sibelius-Denkmal, dem *Sibelius-monumentti*, errichtet in Erinnerung an Jean Sibelius, den wohl wichtigsten und bekanntesten aller finnischen Komponisten. Es ist ein gigantisches, abstraktes Gebilde aus über 600 unterschiedlich langen, senkrecht arrangierten Stahlröhren, beeindruckende 8,5 x 10 Meter groß. Es wirkt wie eine silberne Kumuluswolke, die sich hier auf felsigem Grund auftürmt. Es bekam von den Finnen den Spitznamen »singendes Denkmal«, denn bei windigem Wetter werden die Metallröhren sozusagen zu Orgelpfeifen.

Das Kunstwerk wurde 1967, zehn Jahre nach dem Tod des Komponisten, eingeweiht. Ungewöhnlich für die damalige Zeit wurde es von einer Künstlerin gestaltet, von Eila Hiltunen (1922–2003). Die Einweihung sorgte für einen Skandal, zu spektakulär für manchen Würdenträger war das Ergebnis. Hiltunen musste zahlreiche Anfeindungen hinnehmen, sogar ihr Honorar wurde gekürzt. Mit nur einem Fachgehilfen, so die Übersetzerin und Autorin Angela Plöger in der *Deutsch-Finnischen Rundschau*, der Zeitschrift der Deutsch-Finnischen Gesellschaft, schweißte sie das Monument eigenhändig zusammen, eine Mammutaufgabe über vier Jahre, die nicht ohne gesundheitliche Folgen blieb.

Ich bin stark beeindruckt von der Wirkung dieses Denkmals. Fast noch beeindruckender sind die zahllosen Reisebusse, die hier parken und aus denen die Besucher nur so herausströmen. Mehr als 500 000 jährlich sollen es sein, mit mir sind es nun 500 001.

Auf dem Rückweg singe ich laut vor mich hin. Ein Lied des so großartigen wie skurrilen finnischen Künstlers M.A. Numminen, es heißt »Fahrradfahren ist notwendig«. Eine Strophe lautet:

Fahrrad heißt genug Geschwindigkeit
Fahrrad heißt Licht in der Dunkelheit
Fahrrad ist gesund und liefert mehr
Sauerstoff ins Gehirn und schärft die Sinne sehr

Ja, meine Sinne sind geschärft, ich kann gar nicht so viel aufnehmen, wie ich auf meiner Tour entdecke. Am Abend bummele ich noch durch den Stadtteil Kamppi. Ich genieße das finnische Stimmgewirr rundum, es fasziniert mich bei jeder Reise neu, auch wenn ich kein Wort verstehe.

Glückstipp:

Mit dem Rad durch und rund um Helsinki! Dabei unbedingt einen Abstecher zum Sibelius-Denkmal machen, vor allem, wenn es windig ist. Und dann einfach die Ohren aufsperren.

TAG
3

Helsinki

Tanzen ist Träumen auf zwei Beinen

Heute bin ich mit Susanna und Michael verabredet, die ich vor ein paar Jahren hier auf dem Sommerfest der Deutschen Botschaft kennengelernt habe – und durch sie die Deutsche Kirche von Helsinki. Es ist Sonntagmorgen, wir wollen uns in der Kirche treffen, wo die beiden gerade den Küster vertreten. Nach Jahren der Abstinenz werde ich so Gelegenheit haben, endlich auch mal wieder einen Gottesdienst zu besuchen.

Ehrenamtlich unterstützen Susanna Vironmäki und ihr Ehemann Michael Diedrichs die gemeindliche Arbeit. Er ist dazu als Graphiker professionell verantwortlich für das Gemeindeblatt *Deutsch-Evangelisch in Finnland*, den Internetauftritt der Kirche und die gestreamten Gottesdienste.

Die *Saksalainen Kirkko*, wie sie auf Finnisch heißt, steht auf einem echten Sahnegrundstück, direkt am Hafen, Bernhardinkatu 4. Man findet sie etwas oberhalb vom Markt und der legendären Markthalle. Ein Schmuckstück. Neugotisch, für Interessierte: Geplant und gebaut von den Architekten Harald Bosse und C. J. von Heideken, fertiggestellt 1864. Zum 150-jährigen Jubiläum erschien eine umfangreiche Festschrift. In Helsinki ist sie eine der beliebtesten Hochzeitskirchen, aber die Touristen und Reisenden kennen sie kaum. Im Grunde findet man sie in keinem der gängigen Reiseführer.

Auf Schwedisch heißt die Kirche *Tyska Kyrkan*. Das Schwedische ist hier wichtig, denn Finnland ist zweisprachig, eigentlich dreisprachig. Das Samische wird meist nicht genannt. Die verschiedenen Dialekte der samischen Minderheiten in Lappland sind – tragischerweise – oft ebenso wenig im Bewusstsein der übrigen Bevölkerung wie die Sámi selbst.

Zur heutigen Predigt sind nur wenige Besucher gekommen. Auch die deutschen Finnen sind größtenteils in ihren Sommerhäusern oder anderweitig auf Reisen. Zudem kämpft die zwar mitgliedermäßig noch sehr starke Kirche in Finnland auch hier mit den gleichen Problemen wie überall: Bei vielen beschränken sich die Gottesdienstbesuche auf traditionelle Feiertage und private Ereignisse wie Taufen, Hochzeiten und Beerdigungen.

Nach dem Gottesdienst gibt es für die Besucher Kaffee und Kuchen. Danach setzen Susanna, Michael und ich uns in den Kirchengarten. Zeit für ein Gespräch mit der langjährigen Primaballerina des finnischen Staatsballetts, denn genau das war Susanna, bevor sie Ballettlehrerin wurde. Michael umhegt uns, holt Kaffee, und nimmt sich selber zurück. Sehr finnisch also schon.

Susanna unterrichtet mittlerweile an der *Suomen Kansallisooperan ja -baletin Balettioppilaitos*, der Ballettschule der Finnischen Nationaloper und des Nationalballetts. Die Ballettschüler trainieren schulbegleitend, vergleichbar mit einem Sportgymnasium. Die Einrichtung bietet die einzige staatliche Ausbildung für Tänzerinnen und Tänzer in Finnland. Die Kinder beginnen mit Schuleintritt, im Alter von sieben Jahren, mit ein bis zwei Trainingseinheiten in der Woche. Das steigert sich dann mit den Schuljahren, die Fächer werden erweitert um Akrobatik, Musik und andere Fächer. Wer bis zum Ende dabeibleibt, macht neben dem Abitur ein zweites Examen in Tanz und ist dann mit etwa 18 oder 19 Jahren ausgebildeter Tänzer, bereit für den Berufseinstieg. Susanna sagt: »Die Karriere dauert ja nur wenige Jahre, da muss man dann schon früh anfangen.«

Ein finnisches Sprichwort sagt: »*Tanssi on unta jalkojen kanssa*« – »Tanzen ist Träumen auf zwei Beinen.« Wie entdeckte sie das Tanzen für sich? Lachend sagt Susanna: »Meine Mutter war schuld. Sie wollte tanzen, als sie klein war, hatte aber nicht die Möglichkeit. Wir waren gerade umgezogen, ich war zehn Jahre alt und in dieser neuen Wohnsiedlung war eine Tanzschule. Meine Mutter hat die ganze Familie angemeldet für unterschiedlichen Tanzunterricht.« Susanna war diejenige, die dabeiblieb, auch nach dem späteren Umzug in die Landeshauptstadt.

»In Helsinki hat sich meine Mutter wieder mal eingemischt und die damalige Direktorin der Schule kontaktiert, an der ich jetzt selbst unterrichte.« Susanna wurde zuerst für ein halbes Jahr zur Probe an der *Ooppera* aufgenommen. *Ooppera* und *Baletti*, die finnische Nationaloper und das finnische Nationalballett, heißen mit vollem Namen in Landessprache *Suomen Kansallisooppera & Suomen Kansallisbaletti*. Es ist im Grunde das einzige professionelle Ballettensemble Finnlands. In Deutschland haben viele Theater und Städte eigene Kompanien, hier hat nur noch das Stadttheater Helsinki, *Helsingin Kaupunginteatteri*, eine eher auf Musicals spezialisierte Company. Außerdem werden einige freie Gruppen gefördert.

»Zwei oder drei Jahre später bekam ich den Vertrag als Tänzerin«, erzählt Susanna, als sei es ein Beruf wie jeder andere.

Aber wie kam es zu der Entscheidung, das Tanzen zur Profession zu machen, Künstlerin zu werden?

»Es ist einfach passiert. Ich habe das gar nicht richtig entschieden. Das war wie ein normales Weitergehen. Was ich die ganze Zeit mit Begeisterung gemacht habe, ging auf einer neuen Stufe weiter.«

»Hast du als Kind geträumt davon, Tänzerin zu werden?«

»Nein, wirklich nicht. Bevor ich angefangen habe, selber zu tanzen, kannte ich das Ballett als Kunstform gar nicht. Erst später sind wir in die Oper und ins Ballett gegangen, um uns Aufführungen anzuschauen, und dadurch wurde mir erst klar, was das ist, als Beruf. Aber den Traum, Tänzerin zu werden, hatte ich nicht.«

Sie versucht zu beschreiben, wie man zu diesem ungewöhnlichen Beruf gelangt: »Alles beginnt und hängt davon ab, was du erlebt hast, als du klein warst. Wenn du mit deinen Eltern zu Aufführungen gehst. Wenn du dann bereit bist für die Schönheit und die Musik. Bei mir war ›Schwanensee‹ von Tschaikowski der Auslöser. Ein Weihnachtsgeschenk meiner Eltern. Die Musik habe ich anschließend von vorne bis hinten immer wieder gehört und tue das bis heute.«

Worin besteht für Susanna das Glück beim Tanzen? »Es ist die Verbindung von Musik und der Bewegung dazu. Musik ist für mich der wichtigste Baustein. Durch sie kommen Genuss und Freude.«

Was waren ihre großen Erfolge? Sie sagt es nicht spezifisch, sondern fasst es unerwartet und anders: »Es ist die Vielfalt, auf die ich stolz bin, die vielen verschiedenen Rollen. Damals war ja noch ein großer Unterschied zwischen klassischem Ballett und modernem Tanz. Erst in meiner

Generation begannen die Grenzen langsam zu fließen. Auch unser Programm wurde dadurch vielfältiger.«

Susanna hat die Hauptrollen getanzt, aber auch im Corps de Ballet, also in der Gruppe. »Begonnen habe ich mit kleinen Soloauftritten, dann kamen die Hauptrollen – und von da ging es dann irgendwann auch wieder rückwärts. Als ich älter wurde, tanzte ich wieder in der Gruppe«, sagt sie lachend. »Ganz am Schluss waren da auch sogenannte Gehrollen dabei, wo man nicht mehr viel tanzt, sondern eher schauspielerisch agiert. Aber immerhin spielte ich da oft die Königin!«

Insgesamt 25 Jahre hat sie getanzt. Die Zeit, in der man top ist, ist relativ kurz. »Ich glaube, es sind so sechs oder sieben Jahre, über die man das höchste Niveau halten kann. Dann merkst du, dass du physisch nicht mehr so kannst, dass du nicht mehr so fit bist.«

Hat Susanna das Tanzen immer genießen können? »Am Anfang kämpfst du mit dem, was du alles nicht kannst und bist so selbstkritisch, dass du nicht entspannen kannst. Erst wenn du mit den Jahren die Erfahrung hast, kommt der Genuss. Und dieser Genuss, die Freude am Tanz, das ist für mich Glück.«

Wie war der berufliche Übergang von der aktiven Tänzerin zur Trainerin? Gibt es dafür eine Ausbildung in Finnland?

»Das war ganz lustig, und wieder etwas, was ich nicht selbst entschieden habe. Mir wurde angeboten, an einem Sonderprogramm teilzunehmen, wo ich pädagogisch geschult wurde. Aber immerhin, dieses Mal war nicht meine Mutter schuld!« Und dann lacht sie erneut ihr strahlendes Lachen.

Glückstipp:

Auch für Atheisten, Glaubensferne und Kirchenkritische: Gehe zu einem Sonntagsgottesdienst in der Deutschen Kirche in Helsinki und genieße anschließend die zwanglose Atmosphäre. Bei Kaffee und Gebäck ist man zu Gesprächen eingeladen.

Helsinki

Die Oodi

Heute steht der neueste Hotspot der Stadt auf meinem Programm: die Oodi, die neue Stadtbibliothek. Die ganze Welt hatte darüber berichtet, als sie Ende 2018 eröffnet wurde. *Oodi*, auf Deutsch »Ode«. Was für ein wunderbar poetischer Name für dieses jüngste und modernste Zentrum finnischer Kultur und finnischen Seins. Sie ist zwar »nur« eine Stadtteilbibliothek, die *Pasilan kirjasto* bleibt weiterhin die Zentralbibliothek von Helsinki, aber trotzdem schaffte es die Eröffnung dieses beeindruckenden Neubaus sogar bis auf die Titelseite der *New York Times*.

Gegenüber liegt das Reichstagsgebäude, Sitz der finnischen Regierung, und das Nationalmuseum. Umstanden ist die Oodi vom Kunstmuseum Kiasma und der *Musiikkitalo*, dem Konzerthaus und Sitz der einzigen Musikhochschule Finnlands, der Sibelius-Akademie.

Das neue Gebäude ist ein absoluter Blickfang und weit mehr als eine Stadtteilbibliothek, die Oodi ist ein Kulturzentrum. In der Planungsphase waren die Bürger eingebunden und haben ihre Wünsche eingesandt und diskutiert. Das Einzige, was vielleicht fehlt, ist eine Sauna. Aber soll man monieren, wenn mal ein Gebäude im Land keine hat? Und sicher wäre die ständig überlaufen.

Elina Kritzokat, Finnisch-Übersetzerin mit Wohnsitz in Berlin, hatte mir die Oodi kurz vor meiner Abreise extra ans Herz gelegt. Mit Glück würden wir uns dort sogar treffen können. Regelrecht überwältigt hatte sie geschwärmt: »Als ich das erste Mal dort war, hab ich tatsächlich geweint vor Glück! Dass die Stadt einen solchen Ort, an dem sie viel Geld mit Büroräumen oder einer weiteren doofen Shopping Mall hätte verdienen können, für eine Bibliothek hergeschenkt hat, ist unglaublich. Ein Ort für alle Menschen, jung und alt, gebildet und ungebildet, wie auch immer du verfasst bist, du kannst in die Oodi gehen. Ich hab dort sogar schon in einem Profi-Musikstudio Karaoke gesungen.«

Die Finnen haben die Oodi vom ersten Tag an in Besitz und Gebrauch genommen. Die Herzstücke befinden sich im zweiten und dritten Stock. Ersteren nennen sie »urban workshop«, es gibt hier Werkstätten und Arbeitsplätze. Alles ist licht und eben »einsehbar«, damit einladend, transparent und Mut machend. Es gibt Nähstudios, moderne Schnittplätze, Räume für Computerspiele und zum Programmieren, 3-D-Drucker, an denen auch für die Reparatur älterer Geräte fehlende Ersatzteile produziert werden können. Übungsräume für Musiker, Besprechungsräume, Spielflächen für Kinder, vielerlei Leseorte. Der finnische Präsident Sauli Niinistö sagte zur Eröffnung humorvoll, man solle ein Warnschild an der Tür anbringen: »Hier wirst du mehr Zeit verbringen, als du gedacht hast.«

Im deutschen »Forum Bibliothek und Information« wird Helsinkis Bürgermeister Jan Vapaavuori zitiert mit den Worten: »Finnland ist ein Land, das seine Werte mit einem Buch und nicht mit einer Waffe in der Hand verteidigt.«

Im dritten Stockwerk befindet sich die eigentliche Bibliothek, der sogenannte Lesehimmel mit einer gewaltigen Sitztreppe. Darin halbhohe Regale mit 100 000 Medieneinheiten. Die Finnen sind lese- und bildungshungrig. Es gibt

827 Bibliotheken im Land und damit doppelt so viele Orte wie es »Alkos« gibt, die staatlichen Alkohol-Verkaufsstellen für alle Getränke mit einem Alkoholgehalt über 4,7 %. Das Bibliothekswesen spielt hier eine ganz andere Rolle als in Deutschland. Die Zahlen sprechen Bände: Finnen leihen im Jahr 13 Medien aus, Deutsche ganze drei je Nutzer. Finnland gibt pro Kopf mehr als 50 Euro im Jahr für das Bibliothekswesen aus, Deutschland weniger als 10 Euro.

Die Bibliotheken wie auch alle Abteilungen und Angebote der Oodi können überwiegend kostenlos genutzt werden. Die Büchereien haben auch an den Wochenenden geöffnet, da kann man sie viel problemloser nutzen als nach langen Arbeitstagen. Auch das ist finnisches Glück.

Ich schlendere durch die Regalreihen, ziehe hier ein kleines Büchlein heraus, dort einen opulenten Bildband. Plötzlich stehe ich vor einem Regal mit deutschen Büchern über Finnland. Mir kommt ein kühner Gedanke. In Finnland gibt es zwar das Sprichwort: »*Itsestään paha pappi saarnaa*« – »Von sich selbst predigt der schlechte Pastor«, aber egal. Auch wenn das jetzt eitel ist, ich gehe zum Infoschalter. Ich würde nach einem bestimmten Autor suchen und wüsste gerne, ob – rein zufällig – eines seiner Bücher hier in der Bibliothek stehen würde.

Der Mann am Schalter fragt nach dem Namen des Autors.

»Gieseking, Bernd«, sage ich.

Er hat kaum »Giese« eingetippt, schon sagt er: »Oh yes, here is one.«

Auf dem Bildschirm sehe ich: »Finne dich selbst!« 4. Auflage, 2013. Mein Herz rast, und ich bin aufgeregt wie sonst nur bei Kabarettpremieren. Gemeinsam gehen wir zum angezeigten Regal und suchen auf den Buchrücken nach der

Kennung 412 GIE. Und da steht es! Ich ziehe das Buch heraus, blättere ein wenig vor und zurück und dann höre ich mich fragen: »Könntest du vielleicht ein Bild von mir mit dem Buch in der Hand machen?«

Während ich ihm mein Handy reiche, spüre ich, wie ich rot anlaufe. »Äh, ich bin nämlich der Autor.«

»Really?«

Der Mann wertet das nicht als Angeberei, sondern freut sich aufrichtig und knipst gleich noch ein Bild von Buch und mir für die Bibliothek.

Glück? Das Glück wohnt in Finnland. Eindeutig. Und ich bin heute einer der glücklichsten Menschen im Land!

Glückstipp:

Suche in der Oodi ein Buch deiner Lieblingsautoren in finnischer Ausgabe, blättere und lies ein paar Seiten, auch wenn du gar kein Finnisch kannst. Und schieße ein Selfie von dir mit dem Buch.

Helsinki

Auf ein Bier mit dem FC Germania
Helsinki

Ich bringe mein Fahrrad zurück zum Hotel und mache mich dann zu Fuß erneut auf den Weg in die City. Ich bin verabredet »auf ein Bier«, wobei es heute auch mehr werden könnten, denn ich habe zwei Verabredungen »auf ein Bier« hintereinander. Deshalb lasse ich das Fahrrad lieber »zuhause«.

Treffpunkt ist die »Baari U. Kaleva«, eine Kneipe in der Kalevankatu direkt im Zentrum. Eine der Besonderheiten des »U. Kaleva« ist, dass hier ausschließlich finnische Musik gespielt wird: Die großen Tango-Interpreten wie Reijo Taipale fehlen ebenso wenig wie Bands mit schrägen Namen wie »Laika & The Cosmonauts« oder »Freud, Marx, Engels & Jung«.

Ich setze mich draußen auf die Terrasse und schaue den Leuten zu. Hier flanieren Finnland und die Welt. Ich bin mindestens eine Stunde zu früh dran für meine erste Verabredung, aber ich will ja ankommen in Helsinki. Meine Seele hechelt meinem Körper noch ein wenig hinterher. Gut möglich, dass sie noch in der Warteschlange in Travemünde steckt, denn, wie mir vor Jahren eine weise, ältere Finnin erklärt hat: »Die Seele reist nicht so schnell wie der Körper.«

Aus dem Innenraum dringt leise finnische Musik, und

leise Finnen trinken leckeres finnisches Bier. Ich gehe nach drinnen an die Theke, um mir auch eines zu holen. Ich grüße auf Finnisch, bestelle auf Englisch und bin überrascht, als der Mann hinter dem Tresen mir den Preis auf Deutsch nennt. Ohne jeden Akzent. Auf meine verwunderte Nachfrage sagt er: »Na, weil ich auch aus Deutschland bin.« Ich nehme mir vor, bei nächster Gelegenheit an meinem Englisch zu arbeiten, damit man den deutschen Einschlag nicht mehr ganz so stark heraushört. Aber immerhin hielt man mich in Italien schon mal für einen Schweden.

»Dieter«, stellt er sich vor und gibt mir die Hand.

»Bernd, freut mich«, sage ich.

Dieter stammt aus Siegen. Später erfahre ich, dass er gemeinsam mit seiner finnischen Frau nicht nur diese, sondern noch eine weitere Kneipe in einem anderen Stadtviertel betreibt, das »Sirdie«, zusammengesetzt aus den Vornamen der beiden: Sirpa und Dieter.

Dieter erzählt mir, dass viele Deutsche auf ein Bier ins »U. Kaleva« kommen. Er deutet auf ein Trikot an der Wand. »Auch die Jungs vom FC Germania Helsinki.«

Ich muss lachen: »Mit denen bin ich hier bei dir verabredet.« Klein ist die Welt in Finnland, hier kennt wirklich jeder jeden.

Er stellt mir das Bier auf den Tresen: »Na denn, Prost!«

In dem Moment kommt Ville auch schon zur Tür herein. Ville stammt aus Tampere. Ich bin mit der ganzen Familie befreundet, die mehrere Jahre in Düsseldorf gelebt hat. Seit seinen Jahren in Deutschland trägt Ville eine schwere Last: Er ist Fan von Fortuna Düsseldorf. Drei- bis fünfmal pro Saison fliegt er mit Freunden zu Spielen seines Lieblingsvereins. Er ist ein echter Fan, aber nicht nur von Fußball. Er ist ein genauer Beobachter und äußerst interessierter Bürger. Er ist ein wandelndes Finnland-Lexikon, und weiß deshalb auch alles Mögliche über dieses Pub zu berichten. Benannt ist es nach Urho Kaleva Kekkonen, der 25 Jahre lang finnischer Staatspräsident war. Kein anderes in einem demokratischen Land gewähltes Staatsoberhaupt war länger im Amt. Für ihn wurden extra die Gesetze geändert, in denen nur eine maximale Amtszeit von zwölf Jahren erlaubt war. Charakteristisch für ihn war eine dicke, eckige Brille; in der Bar kann man T-Shirts kaufen, auf denen Kekkonen karikiert mit dieser Glasbausteinumrandung als Piktogramm aufgedruckt ist. Ville erzählt noch etwas für die Abteilung »Unnützes Wissen«: 1924 war dieser Kekkonen finnischer Meister im Standhochsprung. Wikipedia verrät uns dazu: Diese Disziplin war von 1900 bis 1912 sogar olympisch.

Ville müsste eigentlich Kulturbotschafter werden. Er weiß alles über finnisches Leben, inklusive der geschichtlichen Daten. Beruflich ist er selbständiger Taxifahrer, außerdem hat er eine halbe Stelle in einer Bank. Ich freue mich, dass er trotzdem Zeit hat. Kein Problem, meint er, es sei Wochenanfang. Und Sommer, da würden die Leute kaum Taxi fahren, alle seien im Urlaub in ihren Sommerhäusern, den *mökkis*. Erst im Herbst beginne die richtige Saison, sagt er.

Unvermittelt fragt er mich, ob mir nicht kalt sei. Wir sitzen draußen, kein Problem für mich. Ich bin Ostwestfale und sitze hier im T-Shirt. Kältetechnisch liegen wir höchstens ein, zwei Grad hinter den Finnen.

»*Terassikausi*«, lacht er. Das ist der Ausdruck für »die Terrassensaison ist eröffnet«. Normalerweise beginnt die in Finnland sogar schon Ende April. »Dieses Jahr haben wir den kältesten Juli seit fünfzig Jahren«, sagt Ville. »Sonst sind es so zwischen 20 und manchmal 28 Grad, diese

Woche hatten wir nur 13.« Er grinst: »Der Sommer in Finnland ist kurz, aber mit wenig Schnee!«

Ich erzähle, dass ich Rita in zwei Wochen in Lappland treffe. Ville lacht. »Wenn es da 15 Grad sind, dann ist es warm. Wenn es ganz schlecht kommt, dann schneit es!« Anfang Juni hätten sie tatsächlich noch Schnee in Lappland gehabt.

Er gibt mir noch einen wichtigen Tipp für die Fahrt: »Wenn dich ein entgegenkommendes Fahrzeug anblinkt, dann heißt das: Aufpassen, da ist ein Rentier auf der Fahrbahn. Oder an der Fahrbahn. Und wenn es an der Fahrbahn steht, ist es ganz schnell auf der Fahrbahn.«

Weil Ville als Taxifahrer natürlich jede Menge Touristen transportiert, frage ich ihn, wie die Touristen auf Helsinki schauen.

»In Helsinki leben 600 000 Menschen, die Stadt hat die gleiche Größe wie Düsseldorf. Das hier ist kein Hongkong, kein Singapur. Wenn ich Touristen vom Flughafen zum Zentrum fahre, sagen die einen: ›Oh, es ist so schön klein hier und dann die Natur!‹ Und die anderen fragen mich: ›Okay, und wo ist jetzt das Zentrum?‹ Wenn ich dann sage, wir sind schon im Zentrum, können sie das gar nicht fassen. ›Aber wo sind die Skyscraper, die hohen Gebäude?‹ Tja. Es gibt keine hohen Gebäude, das hier ist Finnland!«

Ich erzähle Ville, dass gleich zwei Leute vom FC Germania Helsinki kommen werden.

»Die müssen in den unteren Ligen spielen«, sagt Ville. »Die kenne ich gar nicht.«

Diese Lücke in seinem unerschöpflichen Wissensschatz gilt es zu schließen.

»Bleib doch da, dann kannst du sie kennenlernen.«

Wenig später kommen zwei Männer im besten Alter auf uns zu, breites Grinsen im Gesicht und einen Fanschal um die Schultern. Tim und Konsta sind Gründungs- und Vorstandsmitglieder und wesentliche Motoren des in Finnland ordnungsgemäß eingetragenen Fußballvereins FC Germania Helsinki. Tim ist der »Presi«. Ich stelle mich und ihnen Ville vor. Und hole dann Bier für vier. Als ich zurückkomme, sind die drei in regem Austausch. Fußballfans unter sich.

Auf der Facebook-Seite des Vereins ist zu lesen: »Wir sind die beste deutschsprachige Fußballmannschaft in Finnland.« Dem ist nichts hinzuzufügen. Und dann steht da noch: »Der Spaß am Spiel steht bei uns an erster Stelle.« Das stellen die beiden an diesem Abend ständig unter Beweis. Den Besucher ihrer Webseite begrüßen sie mit dem ironischen Motto: »*Veikkausliiga*, wir kommen.« Das ist die finnische Bundesliga.

Unser »Meeting« ist ein beinah zufälliges, mindestens aber spontanes Treffen. Ich war zwei Tage zuvor erst, am Samstagmorgen, im Hotel, noch bevor ich meinen Rucksack ausgeräumt hatte, ins Internet gegangen. Aus Spaß hatte ich verschiedene Suchbegriffe eingegeben. Finnland, Deutschland, Helsinki, Deutsche und Finnen. Und so war ich auf den FC Germania Helsinki gestoßen. Bitte? Eine deutsche Fußballmannschaft in Finnland? In Helsinki?

Ich hatte ihnen über Facebook geschrieben, wer ich sei und dass ich sie gerne treffen würde. Die erste Antwort kam nach Sekunden, und kurz darauf stand auch schon der Treffpunkt fest: »Montagabend, im ›U. Kaleva‹.«

Konsta stammt unüberhörbar aus Nürnberg, Tim aus dem Erzgebirge. Beide leben schon lange in Finnland. Konsta kam 2006 als Bauingenieur für ein deutsches Unternehmen ins Land. Aus 16 Monaten wurden 13 Jahre. Mittlerweile arbeitet er als Bauleiter für eine schwedische Firma.

Tim ist Jurist bei einer privaten Beratungsfirma, Schwerpunkt Europäisches Chemikalienrecht. »Im Sommer bin ich zwölf Jahre in Finnland. Ursprünglich bin ich wegen einer Finnin hierhergekommen und hab mir dann eine Arbeit gesucht. Bei Konsta war es umgekehrt. Er hatte erst Arbeit und hat dann hier seine spätere Frau kennengelernt. Die meisten verschlägt es aus privaten Gründen in den Norden. Und dann bauen sie sich hier etwas auf.«

Tim und Konsta leben etwas außerhalb, in Tikkurila und Kerava. Als Ville das hört, sagt er grinsend: »*Susiraja.*«

Bitte? Ville klärt mich auf. *Susiraja* heißt »Wolfgrenze«. »Es gibt ein Leben innerhalb des Stadtrings Nummer drei von Helsinki – und alles jenseits davon liegt für uns Städter im Wolfsgebiet.« *Susiraja* – ein charmanter Begriff für »außerhalb« und »Provinz«.

Tim und Konsta haben mir ein Geschenk mitgebracht. Einen Fanschal mit eingewebtem Vereinsemblem. Ein Kreis mit Vereinsname und Gründungsjahr, der ein eigenwilliges Motiv umschließt: ein Boot, darüber zwei so witzige wie irritierende Vuvuzelas und ein Fußball. Sie erklären mir, dass die Farben Weiß und Blau für die Stadtfarben stehen und das Boot das Stadtwappen von Helsinki zitieren würde. Die schwarz-rot-goldenen Vuvuzelas seien dessen Ruder, der Fußball quasi »das Steuer«.

Die beiden erzählen, dass das mit der Entstehungsgeschichte des Vereins zusammenhänge. Alles hatte 2015 an einem Stammtisch für Deutsche, *Saksalaiset*, begonnen. Der war im Zuge der WM 2010 in Südafrika entstanden, als erstmals dieses neue, lautstarke Instrument – die Vuvuzela – auftauchte. Die war nun als Erkennungszeichen auf den Tisch gestellt worden, dazu eine kleine Deutschlandfahne. 2014 war Deutschland dann »endlich wieder Fußballweltmeister« geworden. Ein Jahr später, an einem bierseligen Abend und »noch immer in diesem Erfolgsrausch« sei schließlich die Idee aufgekommen, ein deutschsprachiges Fußballteam auf die Beine zu stellen. Es folgte umgehend ein Post in der Facebook-Gruppe »Deutsche in Finnland«, und wenig später traf sich ein bunter Haufen zum ersten freien Training auf einer Wiese.

Tim erzählt: »Gerade in Helsinki gibt es allerhand deutsche Einrichtungen. Das ist ein eigener Mikrokosmos. Es gibt etwa die Deutsche Schule Helsinki, deutsche Kindergärten, das Goethe-Institut – und jetzt eben auch den deutschsprachigen Fußballverein. Wir haben damals viele Rückmeldungen bekommen und konnten immer weiter Kontakte knüpfen, unter anderem nach Turku. Der Finnisch-Deutsche Verein dort hat inzwischen auch eine Fußballmannschaft auf die Beine gestellt. Sie heißt ›Turbine Turku‹.«

»Wir hatten sogar schon einige Derbys«, sagt Konsta. »Letztes Jahr waren wir zum DFT-Pokalfinale dort, den Pott haben wir sogar gewonnen, mit 3:1.«

DFT-Pokal?

»Deutsch für Turku«, klärt Tim mich auf. Ich breche vor Lachen fast zusammen.

»Hey, das war groß und wichtig für uns. Beim ersten Finale in Helsinki haben wir gegen Turku noch verloren.«

Aber »Germania«? Kann das in gegenwärtigen Zeiten nicht auch »falsch« interpretiert werden? Tim erklärt: »Wir brauchten einen Namen, der hier funktioniert, in Helsinki. Wir haben dann nicht das finnische ›Saksa‹, sondern den internationalen Namen Deutschlands gewählt. Wir wollten damit das gemeinsame Interesse an der deutschen Sprache und am deutschen Fußball ausdrücken, wobei die Vereinsarbeit von Anfang an international und mehrsprachig ausgerichtet war.« Auf ihrer Webseite steht denn auch das eindeutige Motto: »Der FC Germania sagt Nein zu Rassismus und Ausgrenzung.«

Jetzt im Juli ist Liga-Pause. Normalerweise haben sie ein Spiel in jeder Woche. Es ist mitten in der Saison, und der FC Germania Helsinki steht auf Platz 2. Nur ein Spiel haben sie verloren von neun.

Die Liste der Sponsoren ist beeindruckend. »Wir haben Unternehmen angeschrieben, die an der Schnittstelle zwischen Deutschland und Finnland tätig sind. Und dann haben wir das Glück gehabt, dass sich auch ein paar prominente Firmen gemeldet haben.«

Ich sage: »Die Nationalmannschaft und ihr tragt Trikots mit dem Mercedes-Stern.«

Konsta verbessert mich: »Die Nationalmannschaft nicht mehr, die haben jetzt VW.«

Tim wirft sofort ein: »Deshalb ja wir!«

Wieder ernst erzählt er weiter: »Die Deutsche Botschaft war sehr hilfreich. Die haben uns relativ früh schon auf ihrer Website aufgenommen, unter die deutschen Institutionen in Finnland. FC Germania Helsinki in einer Reihe mit Goethe-Institut und Deutsch-Finnischer Handelskammer.« Beide strahlen. Der FC Germania hat sich inzwischen von einem Freizeitteam hier lebender Deutscher zu einem »aufstrebenden internationalen Verein mit deutschen Wurzeln gewandelt. Wir haben 17 Nationalitäten bei uns im Team, zum Beispiel ein paar Dänen. Einen Mexikaner. Einen Schweizer.«

»Wir sind nicht limitiert«, sagt Konsta lachend.

Es gehe gleichzeitig um mehr als nur Fußball, sagt Tim. »Wir wollen auch andere Sachen machen, neben dem Fußballplatz, die auch für andere Leute gut sind. Es gab zum Beispiel ein Trainingsspiel gegen Gefängnisinsassen.«

Nach einer Weile kommen wir zu meinem eigentlichen Thema: Können auch Deutsche in Finnland glücklich sein?

Tim erzählt: »Selbst nach der Trennung von meiner finnischen Lebensgefährtin habe ich keinerlei Impuls verspürt, nach Deutschland zurückzugehen. Ich mag das Leben hier. Es geht alles ein bisschen ruhiger und entspannter zu als in Deutschland. Dort hechelt man auch immer irgendwelchen Statussymbolen hinterher, die zeigen, dass man es geschafft hat. Das ist hier nicht so.«

Auch Konsta muss keine Sekunde überlegen: »Zurück? Für mich ist das kein Thema. Ich habe hier eine gute Arbeit, mein Sohn lebt hier, dazu noch unser Verein – was will ich mehr? Nein, ich bin wirklich glücklich hier.«

Nur die Familien in Deutschland würden manchmal fehlen, für regelmäßige Besuche sei die Entfernung einfach zu groß. Heimat, das sei inzwischen der FC Germania, sagt Konsta. »Unser Verein gibt sicher vielen das, was sie an ihrer Heimat vermissen. Außer der gemeinsamen Sprache verbindet uns auch das große Interesse an den Geschehnissen in Deutschland und die Tatsache, dass wir vielleicht etwas lieber miteinander Zeit verbringen, als es die Finnen untereinander tun, auch außerhalb des Sports. Deutsche Gemütlichkeit eben. Bei finnischen Fußballmannschaften trainiert man zusammen, und danach geht man oft gleich nach Hause. Beim FC Germania geht es über das Training hinaus.«

»Das Training ist also nur der Auftakt?«, frage ich.

Tim lacht: »Sagen wir mal so: Es ist ein willkommener Anlass.«

»Anlass wofür?«

»Um Vereinsangelegenheiten zu besprechen. Und natürlich auch für ganz normalen sozialen Austausch.«

Spricht's, lächelt, steht auf und holt eine neue Runde Bier für den weiteren sozialen Austausch.

Glückstipp:

Der FC Germania Helsinki macht seit 2019 einen YouTube-Livestream von Spielen der ersten Mannschaft. Die Spiele werden live kommentiert, und ich schaue das inzwischen häufiger als Spiele der deutschen Nationalmannschaft. Es ist wirklich cool, in Deutschland mit einem Bier vor dem Rechner zu sitzen und den Spielen »meiner« oder »unserer« Mannschaft in einer finnischen Amateurliga zuzusehen.

TAG
5

Vantaa

Lakritz mit tierischer Einlage

Ein großes Glück für mich ist der Reichtum an Lakritz-
sorten in Finnland. Die Finnen sind verrückt nach *lakritsi*
und *salmiakki* (gesalzenem Lakritz). Beide Geschmacks-
richtungen gibt es auch als wirklich leckeren Schnaps der
Firma Koskenkorva, gemischt mit deren legendärem Wodka.
Sogar Lakritzeis wird hergestellt. Ich kenne kein anderes
Land mit dieser Leidenschaft für Genussmittel aller Art mit
Lakritzgeschmack. In Supermärkten und Tankstellen füllen
sie ganze Regalmeter, es gibt sie pur, weich, hart, gefüllt,
ummantelt ... und in der finnischen Küche geben sie vielen
Rezepten den letzten Kniff. Meine Lieblingssorte sind die
Lakritzfische von Halva – weich, herrlich süß und leicht
salzig. Zum Niederknien.

Der Genuss von Lakritz, so eine meiner Thesen vor Beginn dieser Reise, muss einer der großen Glücksmomente
im Leben der Finnen sein. Nun wollte ich diese These über-
prüfen. Wie gesagt, ich liebe die Lakritzfische von Halva.
Dann las ich, die würden gerade mit Insekten in Lakritz
experimentieren, dass es sogar eine Sorte mit Grashüpfern
gäbe. Ich war augenblicklich so irritiert wie interessiert. Ich
recherchierte nach der Telefonnummer und rief wenige
Tage vor Abreise nach Finnland in Halvas Firmenzentrale
an. Man stellte mich durch zum Marketing, ein Mann
namens Jean hob ab. Man duzt sich in Finnland, nennt den

Nachnamen häufig gar nicht. Ich erzählte Jean, dass ich auf der Suche nach dem Glück der Finnen sei und Lakritz sicher eine der Ursachen. Ob vielleicht jemand Zeit habe für ein Interview? Das sei gar kein Problem, sagte er, und schon hatte ich einen Termin.

Dienstagmorgen, ich fahre mit dem Auto von Helsinki nach Vantaa, mit 230 000 Einwohnern die viertgrößte Stadt Finnlands. Sie gehört zur sogenannten Hauptstadtregion, geht aber etwas unter im Glanz Helsinkis. Besucher und Touristen kennen kaum mehr als den Flughafennamen »Helsinki-Vantaa«.

Vor Ort werde ich in einen Besprechungsraum geführt und erwarte jemanden aus dem Marketing, der mich über Lakritz und Finnland informieren und mit kleinen Hinweisen auf Firmenprodukte versorgen wird. Doch durch die Tür kommt der Chef persönlich, Jean Karavokyros. Typisch Finnland! Ich hatte schon mit ihm telefoniert, aber keine Ahnung gehabt, dass ich mit dem Boss persönlich gesprochen hatte.

Jean ist ein großer, schlanker Finne mit griechischen Vorfahren. Seit 2002 führt er das Familienunternehmen in dritter Generation. Gegründet worden war es 1931 von seinem Großvater und dessen Bruder. Die beiden jungen Männer wollten der wirtschaftlichen Depression in Griechenland entfliehen. Ihr Reiseziel war St. Petersburg, damals eine blühende Stadt, in der es genug Arbeit für sie geben würde. Von der Oma bekamen sie ein Halva-Rezept mit auf den Weg, falls sie mal Trost und Süßes brauchen würden.

Die beiden fanden tatsächlich schnell Arbeit, sogar in der Süßwarenindustrie, aber dann kam die russische Revolution, und sie flohen 1922 nach Finnland. Helsinki war nicht weit und schien, kurz nach der Staatsgründung, ein ideales

Ziel, um die Pläne für eine eigene Süßwarenfabrik umzusetzen. Großmutters Rezept war dafür die Grundlage, der Name dieser griechisch-türkischen Süßspeise wurde zum Firmennamen.

Heute ist Halva einer der führenden europäischen Lakritzproduzenten. Finnland ist der Heimatmarkt, die nordischen Länder sind wichtige Hauptabnehmer, Exporte gehe aber auch nach Afrika, in die USA, nach Kanada, Neuseeland und Australien.

An der Wand im Besprechungsraum hängen drei Porträts: von Jeans Vater, seinem Großvater und dessen Bruder.

»Und wann wird dein Porträt gemalt?«, frage ich.

Jean ist Finne, also bescheiden: »Ich weiß gar nicht, ob ich es überhaupt jemals schaffe, an diese Wand zu kommen.« Mehr Understatement geht nicht.

Kann Jean erklären, warum die Finnen so wild sind auf Lakritz? »Wir waren nicht die Ersten, die Lakritz produziert haben. Die Wurzeln in Finnland liegen im Dunkeln. Ich habe keine Ahnung, wie es ursprünglich hierherkam«, sagt er. »Aber vielleicht passt es ja deshalb so gut zu uns, weil es so schwarz ist wie unsere dunklen Nächte.«

Ursprünglich war es ein Heilmittel gegen Bronchialerkrankungen, gewonnen aus der Wurzel des Echten Süßholzes. Die Pflanze wächst überwiegend in Westasien, dem Mittleren Osten und im Mittelmeerraum, muss also importiert werden. Die geernteten Wurzeln werden getrocknet, gehäckselt und in großen Kesseln abgekocht. Dann werden sie zum Aushärten in blockartige Formen gegossen und anschließend verschifft. Am meisten erstaunt mich, dass es nie ein Lieferproblem gab, egal welche politischen Krisen oder Kriege die Herstellerländer auch durchleben mussten.

Jean erzählt, dass die Blöcke zur Weiterverarbeitung wieder verflüssigt werden, dann kommen Zuckersirup, Mehl und Gelatine dazu, je nach Geschmack auch noch Stärke, Agar, Anis, Fenchelöl und manchmal Salmiak. Die Masse wird in Formen gepresst, zu dünnen und dicken Strängen geformt und weiter verfeinert. Ein Hit bei Halva sind seit einigen Jahren in Schokolade getauchte Lakritzvariationen. Die ummantelten *Salmiakki*-Stücke sehen aus wie Marzipankugeln, schmecken aber noch besser. Die *Suklaalaku-kuulat* in der Geschmacksrichtung *hedelmä ja marjat* sind mit weißer Schokolade gemacht und von einer Hülle mit Obst- und Beerengeschmack überzogen.

Halva produziert auch Weingummisorten, natürlich auch mit Lakritzgeschmack. Das neueste Produkt sind Weingummis in Formen und Farben der legendären »Angry Birds«. Halva hat die Verwertungsrechte gekauft, und nun können Kinobesucher pünktlich zum diesjährigen Start des zweiten Films der »zornigen« Vögel die thematisch passenden Süßigkeiten dazu naschen.

Jean erzählt, dass auch ein Platzhirsch wie Halva sich immer wieder neu erfinden müsse. Es gehe darum, Süßigkeiten zu produzieren, die sich mit den Erwartungen der jungen Leute träfen. Bio, vegan und glutenfrei, das seien die neuen Trends. Auch die Verpackung stehe im Fokus. »Wenn sie aus Plastik ist, muss sie recycelbar sein. Wir tüfteln ständig an neuen Materialien herum, aber natürlich auch an unserer Produktpalette.«

Dann bittet Jean mich um einen Moment Geduld. Kurze Zeit später kommt er zurück, die Arme voller Tüten und Packungen. Nun folgt etwas, das mit dem Wort Verkostung nur unzureichend beschrieben ist. Jean reißt eine Verpackung nach der nächsten auf und schüttet die Köstlichkeiten vorsichtig in eine große Schale. Ich freue mich sehr auf das, was nun kommt. Als Letztes öffnet er eine kritzegrüne Tüte, aus der einige schwarze Kugeln in die Schale kullern. *Sirkkalaku* steht auf der Tüte, als i-Punkt dient der grinsende Kopf eines Comic-Grashüpfers. Das ist das legendäre Heuschrecken-Lakritz!

Diese Sorte hat mich überhaupt erst in diese heiligen Hallen gebracht. Vorsichtig stecke ich mir eine dieser schwarzen Kugeln in den Mund. So weit so gut. Ich umspüle sie zuerst mit etwas Speichel. Lecker. Lakritz. Dann beginne ich vorsichtig, sehr vorsichtig auf dieser Kugel herumzukauen. Ich spüre etwas Raues. Kleine Stäbchen? Kaue ich gerade auf dem Sprungbein des Insekts herum? Kommt mir hier ein Fühler quer wie eine Gräte beim Fisch? Kann man das bedenkenlos schlucken? Leichte Panik steigt in mir auf. Ich spüre die Heuschrecke weit mehr, als dass ich sie schmecke. Wobei ich natürlich keine Ahnung habe, wie Flip & Co. pur überhaupt schmecken …

Jean bemerkt mein Zögern. Grinst er? Lacht er mich aus? Nein, das würde ein Finne niemals tun! Er ist ganz ernst und erklärt: »Wir wollten innovativ sein, einfach etwas Neues kreieren. Insekten kommen ja inzwischen in ganz verschiedenen Formen auf den Teller. Am Anfang lag die Sorte wirklich im Trend, aber nach einem halben Jahr war es damit auch wieder vorbei. Das Neueste ist, Lakritz und Salmiakgeschmack auch in anderen Lebensmitteln zu verwenden. Es gibt Lakritzsuppe und Lakritzbrot. Im Internet gibt es ganze Homepages nur mit Lakritzrezepten. Es ist gut für uns, wenn der Geschmack im Alltagsessen enthalten ist. Dann willst du das auch als Süßigkeit.«

»Aber Süßigkeiten gehören nicht gerade zu den Grundnahrungsmitteln«, werfe ich ein.

Jean lacht. »Nein, natürlich machen wir hier keine Nahrungsmittel, unsere Produkte sind Genussmittel. Sie sollen dich glücklich machen.«

Das ist mein Stichwort! Was macht die Finnen glücklich? Was denkt Jean über Umfragen, die die Finnen zum glücklichsten Volk der Welt erklären?

Jean lässt sich Zeit mit seiner Antwort. »Ich frage mich, ob sich Glück überhaupt messen lässt. Natürlich haben wir hier eine hohe Lebensqualität. Wir haben ein gutes Wohlfahrtssystem, verankert in einer guten und stabilen Demokratie. Die Städte hier sind nicht groß, es gibt kaum Verkehr, es ist genug Raum da zum Leben. Man kümmert sich um die Leute, niemand wird zurückgelassen. Aber sicher wird nicht jeder Finne von sich sagen, dass er glücklich ist.« Lachend sagt er dann: »Im Gegenteil, seit wir von dieser Untersuchung gehört haben, befürchten wir, glücklich sein zu müssen!«

Hat Lakritz für ihn etwas mit Glück zu tun?

Jean grinst breit: »Ja, absolut! Finnen sind in der Lage, auch in den kleinen Dingen des Alltags eine Form von Luxus zu sehen. Und zu diesem Alltag gehört Lakritz nun einmal untrennbar dazu!«

Ein gutes Schlusswort. Wir schütteln uns die Hände. Zum Abschied sage ich: »Jean, ich bin mir sicher, da an der Wand ist auch ein Platz für dich. Du solltest langsam nach einem Maler suchen.«

Glückstipp:

Finnland ist der beste Ort für eine Lakritzdegustation. Sei mutig und probiere auch Sorten, die du nicht kennst. Und lass dir vom Internet-Translator erst nach dem Genuss helfen. Ich bin sicher, du wirst es nicht bereuen. Und du solltest am besten ein paar Verschlussclips oder Dosen dabei haben für die Reste, damit du nicht alles auf einmal futtern musst und mehrfach degustieren kannst. Wobei die *suklaalakukuulat* - ganz im Trend - ohnehin im wiederverschließbaren Beutel verpackt sind.

Zwischen Vantaa und Helsinki

The Finnish Way of Happiness

Ich bin auf der Rückfahrt nach Helsinki und nasche Halva-fische. Ich habe mich im Werksverkauf mit einem reich-lichen Vorrat *Salmiakkikala* eingedeckt. In Gedanken bin ich noch ganz bei meinem Gespräch mit dem Lakritzfabri-kanten. Für Jean ist vor allem das Sommerhaus eine Quelle des finnischen Wohlergehens. Er war gar nicht zu bremsen, und ich bekam eine *mökki*-Lektion in »The Finnish Way of Happiness«: »Du entkommst dort der ganzen Hektik, lebst ein ruhiges Leben im Sommerhaus mitten im Wald, das oft nicht einmal Strom hat, kein fließendes Wasser. Du genießt das einfache Leben.«

Jean benutzte dafür den englischen Begriff »basic life«. Interessant wie er, der Mann aus der Industrie, der Unter-nehmenslenker aus der gesellschaftlichen Oberschicht von der Sommerhaustradition, dem reduzierten Leben, schwärmte. Wie er all die liebgewordenen Routinen auf-zählte: »Man geht in die Wälder, pflückt Blaubeeren, sucht Pilze. Man geht nicht ins Restaurant. Man geht fischen im See. Das unterscheidet uns Finnen von vielen anderen. Die-ses Leben zurück in der Natur erleben wir mindestens jedes Wochenende – über zwei, drei Sommermonate.«

Jean erzählte völlig begeistert von diesem Leben, das sich um ganz grundlegende Dinge dreht: um Holz zum Heizen und Kochen und um Nahrung für die Mahlzeiten. »Das alles braucht viel Zeit. Der Tag vergeht, indem du für dein Leben sorgst. Du fällst Bäume, zersägst sie, spaltest das Holz, um die Sauna zu heizen und den Ofen zu feuern. Aber«, so fuhr Jean fort und wurde leicht melancholisch, »die Hektik des Arbeitslebens nimmt auch bei uns zu. Ein traditionelles Sommerhaus, wie es früher war, reicht vielen Leuten nicht mehr. Heute wollen sie es genauso haben wie zu Hause: fließend Wasser, Toilettenspülung, Strom, Fernsehen und Internet.« Es sei ein klarer Wandel, der sich da abzeichne, ein Bruch zwischen den Generationen. Die Jungen seien nicht mehr daran interessiert, das Wochenende in einem »Arbeitscamp« zu verbringen. Sie sähen im einfachen Leben keine Qualität mehr.

»Sie wollen Luxus. Relaxen. Klar wollen sie weiter in die Sauna gehen, aber in eine, die sich auf Knopfdruck selbst erhitzt und für die man nicht mühsam Holz hacken muss. Das wird sich alles verändern. Man kann das heute schon sehen. Viele alte *mökkis* stehen zum Verkauf, weil die Jungen sie nicht haben wollen.« Jean sah mich traurig lächelnd an: »Ich glaube, das könnte auch Einfluss auf die Happiness-Parameter haben. Auf jeden Fall wird sich etwas ändern, das noch typisch finnisch ist. Und ich glaube, nicht zum Besseren.«

Glückstipp:

Miete dir ein *mökki* für einige Tage, pflücke Beeren, suche Pilze, hacke Holz, gehe in die Sauna. Und vielleicht hast du Glück, und der *Saunatonttu*, der Saunatroll, redet mit dir.

TAG
6

Helsinki

*Für Langsame, für Verträumte und für
Menschen mit gebrochenem Herzen*

Mein Handy brummte gestern auf der Rückfahrt. Eine SMS von Elina Kritzokat, Finnisch-Übersetzerin mit Wohnsitz Berlin. Sie ist in Helsinki, hat Zeit für ein Treffen und schlägt – natürlich – die Oodi vor. Elina hat ganz verschiedene Genres übersetzt, darunter große, schwere Literatur wie »Lempi« von Minna Rytisalo, aber auch raffinierte Unterhaltung wie »Die Wurzel alles Guten« von Miika Nousiainen. Dazu Theaterstücke und Kinderliteratur. Kein Wunder, dass man ihr im Herbst 2019 den »Finnischen Staatspreis für ausländische Übersetzer« verleiht. Das aber ahnt sie nicht einmal, als wir uns im Sommer treffen.

Elina hat auch die deutsche Synchronfassung von Aki Kaurismäkis Film »Die andere Seite der Hoffnung« geschrieben. Danach frage ich als Erstes. Sie sagt: »Ich mag die Filme von Kaurismäki. Es ist dann immer ein Mikrokosmos, in dem man seine eigenen glückerzeugenden Regeln schaffen kann. Eine kleine verschworene Gemeinschaft, die nach ihren eigenen, besseren, menschlicheren Regeln zu leben beginnt, und damit der oftmals schwierigen Außenwelt etwas entgegensetzen kann.«

Elinas Mutter stammt aus Kemi, knapp unter dem Polarkreis, direkt am Bottnischen Meerbusen gelegen. *Meri-Lappi* nennt man die Region, »Meer-Lappland«. Seit Kindheitstagen ist Elina jeden Sommer dort, im *mökki* am nördlichsten Zipfel der Ostsee. Das sei ein Ort, der sie sehr glücklich mache, sagt sie.

Elina kennt beides gut, Deutschland und Finnland. Ich frage sie, wo die Unterschiede liegen. »Also, *den* Finnen gibt es genauso wenig wie *den* Deutschen. Aber viele Finnen sind sehr pragmatisch. Die Finnen machen das, von dem sie denken: Das bringt uns alle am meisten weiter. Pragmatismus ist etwas sehr Wichtiges. Genau wie Toleranz. Wenn jemand keine gute Laune hat oder schweigsam ist, wird kein Gruppenzwang ausgeübt nach dem Motto: ›Hey, was ist los?‹ Das wird einfach akzeptiert. In Finnland muss man nicht glänzen, sich nicht so sehr selbst darstellen. Das ist ein Punkt, der entlastend sein kann. Die soziale Performance ist nicht so wichtig wie in Deutschland.«

Das hatten Jan Costin und Niina ähnlich gesagt. Und wie ist das mit dem Titel »Glücksweltmeister«? Elina sprudelt: »Die Finnen nehmen das gar nicht ernst. Sie wollen gar nicht die Besten, die Streber sein. Aber vielleicht ist das ja schon mal eine ganz gute Voraussetzung für Glück, wenn man nicht permanent um das eigene Wohlbefinden kreist und ganz einfach pragmatisch mit den Jahreszeiten lebt.«

»Aber gibt es so etwas wie typisch finnische Eigenschaften?«, frage ich Elina.

»Man lässt sich in Ruhe, man respektiert sich, man mischt sich nicht ein, man ist tolerant«, sagt sie. »Aber jede kulturelle Mentalität hat ihre guten und ihre schlechten Seiten. Ich will Finnland, so sehr ich es liebe, nicht vollkommen glorifizieren. Das hohe Maß an Toleranz, dieses »Sich-in-Ruhe-lassen«, der große Respekt vor dem anderen, kann natürlich auch seine Schattenseiten haben. Aus Angst, sich zu sehr einzumischen, wird vielleicht auch mal zu wenig gefragt: ›Wie geht es dir eigentlich? Du wirkst bedrückt. Mensch, was ist denn eigentlich los?‹«

Und was macht sie selbst glücklich hier im Land? Elina zählt auf: Schwimmen in der Ostsee oder in einem See, eine holzgeheizte Sauna, Lachssuppe. Im Winter klirrend kalte Temperaturen und klare Luft zum Skilaufen. »Und die Menschen, die ich hier kenne und liebe natürlich.«

Es wird Zeit, aus Finnlands Bücherhimmel wieder herabzusteigen. Elina zeigt zu einer großzügig geschwungenen, dunklen Wendeltreppe. An der war ich bei meinem ersten Besuch achtlos vorbeigegangen – und das als gelernter Zimmermann. Die Treppeninnenseite ist beschriftet mit Widmungen, für wen dieses Haus bestimmt sei. »Als ich die gelesen habe, war ich einfach total überwältigt, wirklich!«, sagt Elina zum Abschied.

Nun stehe ich mit dem Handy auf der Treppe und suche eine Übersetzungshilfe im Internet. Ich arbeite mich Wort für Wort nach unten und bin ein echtes Verkehrshindernis. Da steht: *Für Nerds, für Ungebildete, für Einsame, für Glückliche, für Verliebte, für Einzelgänger, für Kranke, für Langsame, für Verträumte, für Menschen mit gebrochenem Herzen, für Hungrige, für Haarspalter, für Durchschnittliche, für Analphabeten, für Regenbogenfamilien, für Fakire, für Großzügige, für Feministen, für Friedensstifter, für Weltverbesserer, für die Sami, für Überarbeitete, für Aufrichtige, für Liebende, für Ehrliche, für Abgelehnte, für Versteckte …*

Glückstipp:

Gehe zur Treppe in der Oodi und übersetze ein paar der Widmungen mit Hilfe eines Übersetzungsprogramms. Oder sprich jemanden an, der dir dabei hilft.

Helsinki

*Bad Oeynhausen und das Glück auf der
anderen Seite des Zauns*

Am Nachmittag bin ich verabredet mit Lumi, mit vollem
Namen Lumikukka. Ein poetischer Name. *Lumi* heißt
»Schnee«, *Lumikukka* »Schneeglöckchen«. Lumi Socada ist
Psychiaterin und schreibt gerade an ihrer Doktorarbeit.
Seit dem Corona-Sommer, das wird sie mir ein Jahr später
am Telefon erzählen, arbeitet sie als Funktionsoberärztin
in der Behindertenpsychiatrie. Wir reden auch kurz über
Politik. Ich kann quasi hören, wie Lumi strahlt: »Es war
einfach großartig, als Sanna Marin ins Amt kam!«

Die neue Ministerpräsidentin, bei der Amtsübernahme
im Dezember 2019 mit 34 die jüngste Regierungschefin
weltweit. Lumi erzählt, dass Sanna Marin aus der Arbeiter-
klasse kommt und aus einer Regenbogenfamilie. »Die
Eltern haben sich getrennt, sie ist mit zwei Müttern auf-
gewachsen! Sie ist jünger als ich. Trotzdem identifiziere ich
mich mit ihr. Weil sie Karriere macht mit einem Kind.
Wenn sie das schafft, werde ich es auch schaffen. Das ist
ihre Botschaft an uns Frauen.«

Lumi ist alleinerziehende Mutter von drei Kindern, 15,
zwölf und neun. Manta, Kaspar und Hilja, die Jüngste. Die
beiden Mädchen spielen Fußball, Kaspar geht zum Ballett.
Ungewöhnlich? Nein, Finnland. Und weil hier jeder einen
kennt, der einen kennt, kenne ich auch seine Trainerin.

Kaspar ist Schüler bei Susanna, der Ballettlehrerin und ehemaligen Primaballerina, mit der ich gerade erst nach dem Gottesdienst in der Deutschen Kirche zusammensaß.

Lumi selbst kenne ich von einem Sommerfest der Deutschen Botschaft in Helsinki. Es war im Jahr 2017. Finnland feierte 100-jähriges Staatsjubiläum und auch die Deutsche Botschaft widmete ihr jährliches Sommerfest auf der Insel Kuusisaari diesem Ereignis. Irgendwann war ich mit Lumi ins Gespräch gekommen. Als sie mir ihren Namen nannte, musste ich spontan an einen Trollin denken. Ich hatte mich über ihr komplett fehlerfreies Deutsch mit nur wenig finnischer Spracheinfärbung gewundert. Sie habe in Deutschland als Ärztin gearbeitet. Auch zwei ihrer Kinder seien dort geboren.

»Wo denn?«, fragte ich damals.

»Kennst du Herford?«

Ich war perplex. Herford. Ostwestfalen.

»Klar kenne ich Herford.«

Sie sagte erfreut: »Oh, das ist selten. Genau genommen war ich in einer kleinen Stadt in der Nähe, in Bad Oeynhausen.«

»Äh, ich komme aus Minden. Das ist nur 12 Kilometer weit weg!«

Bad Oeynhausen, wo sonst? Getrennt von Minden nur durch einen kleinen Höhenzug, das Wiehengebirge. Seither kann mich nichts mehr überraschen, wenn ich Finnen mit Bezug zu meiner Heimatregion treffe. Hat sie sich dort wohlgefühlt?

Lumi lacht. »Es war Ostwestfalen! Die Unterschiede waren geringer, als ich dachte. Mein ehemaliger Mann hat gesagt, das läge daran, dass wir nach Ostwestfalen-Lippe umgezogen sind. Die seien den Finnen ähnlicher als die Deutschen in anderen Gebieten des Landes. Also sturer und leiser. Und es hat gedauert, bis man zum Freund wurde. Aber dann ist man eben auch richtig befreundet.«

Ich freue mich, dass Lumi meine kleine Theorie über die Nähe, über die große Ähnlichkeit im Wesen von Finnen und Ostwestfalen bestätigt. Was war der Grund für ihren Wechsel nach Deutschland?

»Mein Exmann ist Deutscher; wir haben damals in Finnland gelebt, aber er hat behauptet, dass es in Deutschland besser sei.«

Lumi sagt, sie sei immer schon abenteuerlustig gewesen, daher habe es für sie gepasst, eine Zeitlang im Ausland zu leben. Sie wollte nicht unbedingt nach Deutschland, aber »es war ein natürliches Ziel. Die Familie meines Exmannes lebte dort, die Kinder haben Cousins und Cousinen. Und ich bin sehr glücklich, dass ich diese Erfahrung gemacht habe. Ich habe Deutsch gelernt und in der Klinik in Bad Oeynhausen als Assistenzärztin gearbeitet, im Herz- und Diabetes-Zentrum.«

Zweieinhalb Jahre hat sie dort gelebt. War Deutschland tatsächlich besser?

Lumi lacht: »Überall in der Welt sagt man: ›Das Gras ist grüner auf der anderen Seite des Zauns.‹ Wir waren zuerst in Finnland, also war Deutschland auf der anderen Seite des Zauns. Als wir dann in Deutschland waren, war ich sehr glücklich, aber dann wollte mein Mann nach Finnland zurück. Ich wäre geblieben. Ich hatte meine Arbeitsstelle, ich hatte Freunde und mein Leben dort organisiert.«

Und dann sagt Lumi einen wirklich großartigen Satz: »Ich tue mich schwer zu vergleichen, denn ich kann eigentlich nicht über Finnland und Deutschland sprechen, sondern nur über Helsinki und Bad Oeynhausen.«

Ich muss sehr lachen. Noch nie habe ich diese beiden Orte in einem Satz gehört. Die Hauptstadt von Finnland neben der beschaulichen ostwestfälischen Bäderstadt.

Lumi lacht kurz. Dann wird sie ernst: »Was ich bemerkt habe, war diese Klassengesellschaft. Also, wir in Finnland siezen niemanden im Krankenhaus. Auch wenn der Professor kommt, ich sieze ihn nicht. Wir duzen uns alle. Das kommt auch daher, dass wir alle zusammen wichtig sind für das Krankenhaus. Und verantwortlich. Wenn die Putzfrau ihre Arbeit nicht mehr machen würde, hätte das Auswirkungen auf alles. Wenn sie mich jetzt siezen müsste oder ich sie … Das wäre ja wie ein Zaun zwischen uns.«

Manta, die älteste Tochter, mischt sich ein: »Die Beziehung zu den Erwachsenen ist auch anders. In Deutschland waren zwar alle freundlich, aber hier ist der Kontakt zwischen Jungen und Alten mehr auf Augenhöhe. Das ist auch in der Schule so, weil hier die Lehrkräfte geduzt werden. Als ich meine deutschen Freundinnen besuchte, war ich ein paar Tage mit in der Schule. Das war komisch. Die Lehrer waren sehr distanziert, sie kamen in die Klasse und verteilten die Aufgaben. Bei uns ist eher so, dass auch nach der Stunde noch Schüler dableiben und mit den Lehrerinnen und Lehrern reden. Auch über Privates. Meine Freundinnen in Deutschland würden sich so etwas eher nicht trauen.«

Auch an Lumi stelle ich natürlich meine Gretchenfrage: Warum sind die Finnen glücklich? »Glück ist ein großes Wort. Ich weiß nicht, ob ich die ganze Zeit glücklich bin. Ich denke, zufrieden finde ich eher passend für mich. Zufriedensein kann ja auch glücklich sein. Ich bin glücklich, wenn ich über mein Leben nachdenke. Aber die meiste Zeit bin ich zufrieden mit den Dingen.«

Dann formuliert sie einen Satz, der es in sich hat: »Das, was in der finnischen Kultur viele Leute glücklich macht, ist: Wir erwarten nicht zu viel vom Leben.«

Sie lässt den Satz einen Moment so stehen. »Wenn ich aufstehe, erwarte ich nicht, dass alles funktioniert. Ich als Finnin würde eher sagen, ich erwarte, dass das Leben ziemlich hart ist und Sachen passieren, die ich nicht mag und die weh tun. Aber das ist etwas, was zum Leben gehört. Jeder erlebt so etwas. Und wenn dann alles mal gut ist und schön, bemerkt man das auch mehr. Man sieht sie eher, diese kleinen Sachen. Mit kleinen Dingen zufrieden sein, das ist schön und macht mich glücklich. Mir reicht dafür schon eine Tasse Kaffee mit warmer Hafermilch.«

Wir schweigen eine ganze Weile. Das ist in Finnland sehr leicht.

Dann spricht Lumi weiter: »Eine andere Sache, die damit zu tun hat, ist: Man zeigt in Finnland traditionell nicht, wenn es einem gut geht. Es gibt ein Sprichwort: ›Wenn du Glück hast, steck es in die Dose und mach den Deckel zu.‹ Es wird nicht besonders geschätzt, wenn jemand zeigt, wie viel Geld er hat oder wie gut es ihm geht. Das ist eher unpassend. Wenn du in Helsinki durch die Straßen gehst, kannst du nicht sehen, wie reich jemand ist. Oder welchen Beruf er hat. Es ist anders als in Deutschland. Natürlich gibt es auch hier Unterschiede, aber im Vergleich zu anderen Ländern werden die nicht zur Schau gestellt. Sie sind viel weniger sichtbar.«

Finnland ist ein Wohlfahrtsstaat, der eigentlich keinen zurücklässt. Im Gesundheitswesen gibt es eine staatliche Grundsicherung. Wer später keine Rente aus Arbeit bezieht, erhält eine sogenannte Volksrente. Trotzdem, sagt Lumi, gehe auch hier die Schere auseinander. »Es gibt Kinder mit vielen Hobbys, so wie meine, weil deren Eltern dies bezahlen können. Und dann gibt es viele Familien, in denen Kinder nicht Fußball spielen können, weil die Vereinsmitgliedschaft Geld kostet. Also, ist das jetzt Kinderarmut oder nicht? Ich denke, es ist Armut, wenn nicht genug Geld da ist für ein Hobby. Natürlich ist es hier nicht so extrem wie in anderen Ländern. Aber das, was wir uns hier als Gesellschaft aufgebaut haben, und dass jeder die gleichen Chancen haben soll, das gerät zunehmend in Gefahr.«

Sie fürchtet um die Solidarität in der Gesellschaft, die sozialen Errungenschaften. »Ich bezahle viele Steuern, und ich mache das gern, weil es den Schulen, der Polizei und der Infrastruktur zugutekommt. Ich würde mir wünschen, dass es so bleibt. Aber es gibt immer mehr Leute in gehobenen Positionen, die mehr wollen. Die ihr Geld mit Hilfe von Steuertricks lieber auf die Bahamas schaffen. Denen möchte ich am liebsten zurufen: ›Hey, wir haben etwas ganz Wertvolles hier – und wir können das weiterentwickeln.‹«

Und wieder sagt sie einen Satz, der so typisch ist für das finnische Denken und Handeln, einen Satz, den ich in Deutschland so formuliert nie gehört habe: »Jedes Kind muss die gleichen Chancen haben, Premierminister zu werden.«

Lumi arbeitet mit Menschen mit unterschiedlichen Handicaps, etwa mit Leuten mit »Mutismus«, die nicht sprechen, die aber verstehen, was sie hören, und selber gelernt haben zu schreiben und so kommunizieren können. »Einer der wichtigsten Werte in unserer Gesellschaft ist, dass jede und jeder ein Recht auf Bildung und Ausbildung hat. Und das heißt nicht, einfach nur in einer Schule zu sitzen. Ausbildung ist individualisiert: Du bekommst das, was du brauchst, um zu lernen. Finnland wendet ziemlich viel Geld für diese individualisierte Lernplanung auf. Aber jeder weiß auch, wie wichtig das ist.«

Gibt es Analphabeten trotz des finnischen Bildungssystems?

»Kaum«, sagt Lumi, »es sind Einzelfälle, Leute, die als Erwachsene von anderswo zugewandert sind. In Finnland gibt es kaum Analphabetismus. Hier hat es einen großen Wert, dass jeder lesen und schreiben lernt.«

Wir kommen noch mal auf das Glück zurück. Dass Finnland mehrfach Platz 1 beim World Happiness Report belegt hat, will Lumi nicht in den Kopf. »Die müssen da was verwechselt haben. Wir haben hier vielleicht die Bausteine für Happiness. Aber es ist eine ganz andere Sache zu behaupten, dass die Finnen die glücklichsten Leute der Welt sind. Davon bin ich überhaupt nicht überzeugt. Irgendeine Form von Zufriedenheit ja, Möglichkeiten ja. Aber es gibt auch vieles, was hier fehlt. In Finnland haben die Menschen im Schnitt weniger Freunde als anderswo. Und das Gefühl, dass man zusammen ist und gemeinsam etwas macht, das ist wenig ausgeprägt. Vielleicht die Kehrseite unseres Individualismus. Viele Leute wohnen alleine. Sie haben ein Dach über dem Kopf, Strom und Heizung. Wenn das Glück bedeutet, dann sind sie vielleicht glücklich. Vielleicht sind sie aber auch nur einsam. Was auch fehlt, ist diese Stimmung, wie man sie in südlichen Ländern hat, wo die Leute auch ihre Gefühle teilen.«

»Nicht mal beim Tango?«

»Es ist ein ziemlicher trauriger Tango in Finnland!«, sagt Lumi.

Sie überlegt: »Glück ist ein Begriff, der schwer zu fassen

ist. Gerade, wenn du denkst, du weißt, was es ist, ist es doch einen Meter weiter weg. Was ist Glücklichsein? Das kann man nicht messen wie draußen die Temperatur. Es ist möglich, hier in Finnland glücklich zu werden. Aber viele sind eben auch nicht glücklich. Also, es ist nicht so einfach.«

»Warum bist du ganz persönlich glücklich in Finnland?«

»Du musst mich eigentlich zuerst fragen, *ob* ich überhaupt glücklich bin«, sagt sie lächelnd. Dann meint sie: »Momentan würde ich sagen, dass ich in Finnland glücklich bin. Ich könnte aber auch anderswo glücklich sein …«

»Okay«, hake ich nach, »was macht dich hier glücklich?«

Ohne zu zögern sagt Lumi: »Wenn wir fertig sind mit dem Gespräch, fange ich an zu packen. Wir gehen morgen paddeln, von Juva nach Sulkava, die Kinder und ich. Mit zwei Kanus. Wir wohnen in Hütten und zelten. Das ist ein Teil der Antwort. Ich habe Kinder, die mit mir etwas unternehmen wollen – auch die Große. Wir haben die Ausrüstung, Zelte, Schlafsäcke. Ich habe Geld genug, dass ich die Kanus bezahlen kann und die Hütten. Es gibt das Jedermannsrecht, das uns erlaubt, in den Wald zu gehen, Beeren zu essen, dort zu zelten, egal, wem das Land gehört. Wir dürfen kein Holz nehmen, keine Tiere schießen. Alles andere dürfen wir. Wir könnten aus dem Fluss trinken, so sauber ist das Wasser. Und es ist sicher genug, um so etwas als Frau mit Kindern allein zu machen. Der andere Teil der Antwort: Ich bin alleinerziehende Mutter, und es geht uns trotzdem gut. In Deutschland wäre es nicht so einfach gewesen, als alleinerziehende Mutter Karriere in einem Universitätskrankenhaus zu machen.«

Lumi macht eine Pause, dann spricht sie weiter: »Warum bin ich hier glücklich? Weil meine Freunde hier sind. Die meisten wohnen in Finnland, viele in Helsinki. Ich habe aber auch Freunde in Deutschland. Wo ich Freunde habe, da bin ich glücklich! Bad Oeynhausen, Düsseldorf, Hamburg ...«

Sie zwinkert mir zu und grinst: »... Minden!«

Kiitos, Lumi. Danke!

Glückstipp: ————————

Paddeln - auf einem Fluss oder See. Und draußen »wild« zelten, wie es das Jedermannsrecht erlaubt.

Zurückgeblättert (2)

Tacitus und die Fenni

Bevor ich Helsinki verlasse, bin ich heute Morgen noch verabredet mit einem Historiker. Ich habe ein kleines Reclam-Heft dabei, die zweisprachige Ausgabe der »Germania« von Tacitus. Ich lese beim Frühstück als Vorbereitung hinein, aber nur in die deutsche Übersetzung. Ich habe zwar vor Jahrzehnten das kleine Latinum geschafft, aber mehr »errungen« als »erreicht« und eher geschenkt bekommen als verdient. Wikipedia sagt zu diesem Text: »Die Fenni oder eingedeutscht Fennen waren ein Volk in der Antike, das vom römischen Geschichtsschreiber Tacitus in seiner Germania erwähnt wird und etwa im heutigen Finnland und Nord-Skandinavien lebte.«

Die angeblich erste geschichtliche Erwähnung der Finnen. Tacitus ist als Quelle natürlich relativ kühn. Der Mann wurde etwa 58 nach Christus geboren, also 1900 Jahre vor mir. Damals war von der heutigen Staatenlandschaft keine Rede. Tacitus war Politiker und Historiker, und um ehrlich zu sein, die meisten Sachen kannte er nur vom Hörensagen. Nie hat er Finnland oder die nordischen Länder bereist, schrieb aber dieses bis heute als Standardwerk geltende Buch namens »Germania«. Im Grunde ein Vorgänger unseres Karl May, man sollte ihm vielleicht nicht alles glauben.

Bei Wikipedia heißt es weiter: »Fennia dagegen ist ein

moderner lateinischer Begriff für Finnland. Vermutlich waren die Fennen die Vorfahren der heutigen Finnen bzw. anderer finnougrischer Völker wie der Samen. Im Norwegischen steht *Finn* für die Samen.«

Im Buch finde ich die »Fenni« erst ganz am Ende, im Kapitel »Grenzvölker im Osten«.

Tacitus schreibt: »Die Fennen leben ungemein roh, in abstoßender Dürftigkeit. Sie kennen keine Waffen, keine Pferde, kein Heim; Kräuter dienen zur Nahrung, Felle zur Kleidung und der Erdboden als Lagerstätte. Ihre einzige Hoffnung sind Pfeile, die sie aus Mangel an Eisen mit Knochenspitzen versehen. Und von derselben Jagd nährten sich die Frauen ebenso wie die Männer; denn überall sind sie dabei und fordern ihren Anteil an der Beute. Auch gibt es für die Kinder keinen anderen Schutz vor wilden Tieren und Regengüssen, als dass man sie in einem Geflecht von Zweigen birgt; dort suchen auch die Männer ihr Heim, dort haben die Greise ein Obdach. Sie halten jedoch dieses Leben für glücklicher, als ächzend das Feld zu bestellen, sich mit Häuserbau zu plagen, in Furcht oder Hoffnung über eigenen und fremden Wohlstand nachzudenken. Sorglos vor den Menschen, sorglos vor den Göttern, haben sie das Schwerste erreicht: nicht einmal einen Wunsch zu kennen.«

Dann sind die Finnen, wenn es sich denn um sie oder ihre Vorfahren hier handelt, wunschlos glücklich? Sie haben also das Schwerste erreicht: nicht einmal einen Wunsch zu kennen. Demnach hatten die Finnen damals schon eine hervorragende Work-Life-Balance. Die müssen glücklich sein!

Manches hat Tacitus wohl von Caesar übernommen, dem man auch nicht alles glauben darf. Im Internet stoße ich auf ein weiteres »historisches« Fundstück.

In Biologen-Kreisen wird gerne mit diesem Caesar-Zitat über angebliche Jagdmethoden der Finnen berichtet. In »De bello Gallico« (6. Buch, Kapitel 27) heißt es über Elche, die eher wie Rentiere beschrieben sind: »Daneben gibt es Tiere, die Elche genannt werden. Sie sehen ähnlich aus wie Ziegen und haben auch ein buntes Fell. Sie sind jedoch etwas größer als Ziegen, haben stumpfe Hörner und Beine ohne Gelenkknöchel. Sie legen sich zur Ruhe nicht nieder und können nicht wieder auf die Beine kommen oder sich wenigstens vom Boden erheben, wenn sie zufällig zu Fall kommen und stürzen. Sie benutzen daher Bäume als Ruhestätten; daran lehnen sie sich und können so, etwas zur Seite geneigt, ausruhen. Wenn Jäger aus ihren Spuren herausfinden, wohin sie sich gewöhnlich zur Ruhe zurückziehen, untergraben sie von den Wurzeln her alle Bäume an dieser Stelle oder schneiden sie nur so weit an, dass der Eindruck erhalten bleibt, als stünden die Bäume fest. Wenn sich die Tiere nach ihrer Gewohnheit daran lehnen, bringen sie mit ihrem Gewicht die ihres Halts beraubten Bäume zu Fall und stürzen zusammen mit ihnen um.«

Wieder ist dies die Übersetzung eines lateinischen Textes. Deshalb wohl spricht man heute von Jägerlatein …

TAG 7

Helsinki

Nur kein Neid!

So vorinformiert treffe ich Henrik Meinander, einen der renommiertesten Historiker des Landes. Ich habe seine beiden faszinierenden Bücher gelesen: »Finnische Geschichte« und »Finnland 1944 – zwischen Hitlers Deutschland und Stalins Sowjetunion.« Nun habe ich Gelegenheit, zu ein paar speziellen Aspekten nachzufragen.

In vielen Büchern liest man, die großen Zäsuren in der jüngeren finnischen Geschichte seien – neben der Unabhängigkeit 1917 – der »Bürgerkrieg« 1918/19 zwischen den »Roten« und »Weißen« und dann die Abfolge von Winterkrieg (1939/40 gegen die Rote Armee) und Fortsetzungskrieg (ab 1941 gegen die Sowjetunion mit der Deutschen Wehrmacht als sogenannte Waffenbrüder an ihrer Seite), gefolgt vom Lappland-Krieg gegen Deutschland 1944, nach dem Friedensschluss mit der Sowjetunion gewesen. »Oft werden diese Kriege ja als von der Weltpolitik isolierte Konflikte, quasi nur Finnland betreffend, angesehen«, sage ich.

Meinander widerspricht energisch. In seinen Augen waren die Kriege, in die Finnland gedrängt wurde, grundsätzlich »nicht unsere Kriege«. Der ›Finnische Bürgerkrieg‹, sagt er, sei ein integraler Teil des Ersten Weltkriegs gewesen. Es seien die Bolschewiken und die Deutschen gewesen, die die Kontrolle über Finnland haben wollten. Die »Roten«, also die Bolschewiken, und die »Weißen«, die Deutschen, hätten ihre eigenen Interessen verfolgt. »Ich glaube«, unterstreicht Henrik, »ich bin der einzige Historiker, der öffentlich und permanent betont, dass dieser Bürgerkrieg mehr war als Ausdruck eines inneren Konflikts, mehr als ein Kampf um die Freiheit oder ein Klassenkampf. Die Finnen nahmen an diesem Ersten Weltkrieg auf beiden Seiten teil, aber alle Bücher, die veröffentlicht wurden, ignorieren das weitgehend.«

Und so, wie diese Auseinandersetzungen nicht isoliert betrachtet werden könnten, gelte das auch für die folgenden: Man könne den Standpunkt vertreten, der Winterkrieg, der Fortsetzungskrieg und der Lapplandkrieg seien unterschiedliche Kriege gewesen, »rational betrachtet waren sie jedoch ein Teil des Zweiten Weltkriegs. In der Folge musste Finnland große Teile Kareliens abtreten, und es kam zu einer großen Fluchtbewegung.«

Henrik erzählt von diesen Flüchtlingen aus Karelien, die sich ein eigenes Leben aufbauen konnten, weil sie Land bekamen. Das war außergewöhnlich. Karelische Bauern, die das Land verloren hatten, wurden entschädigt und bekamen neues. Wer in Finnland ein Anwesen hatte, größer als 20 Hektar, der war verpflichtet, Land an karelische Bauern abzugeben. »Man hätte verlangen können, dass die karelischen Bauern das Land kaufen müssen, aber ihre Besitztümer waren verloren, die Flüchtlinge hatten kein Geld. Dass Land abgetreten werden musste, war eine politische Entscheidung, um eine Art Klassenkampf zu vermeiden. Ein solcher Konflikt hätte nur der Sowjetunion geholfen. Das Ergebnis war sozialer Frieden, auch, weil die Landbesitzer eine Entschädigung erhielten.«

Die großen tragischen europäischen Kriege seien für

Finnland in der Folge oft positiver gewesen als für die meisten anderen Länder, meint Henrik. Das sei auch eine Frage der Geographie. »Finnland war weltpolitisch nie wirklich wichtig, anders als beispielsweise Polen. Hier wohnen viel weniger Menschen. Wenn man sich ansieht, wie groß Finnland ist, dann ist das Land fast leer.« Henrik nennt ein weiteres Element für das finnische Selbstverständnis: »Nur 2000 Zivilpersonen starben, das ist eine unglaublich kleine Zahl. Viel kleiner als in Dänemark oder Norwegen. Die Finnen konnten nicht nur ihre Unabhängigkeit behalten, sondern auch die Zivilbevölkerung schützen. Das war ein sehr starker Impuls für das Nationalgefühl. Vielleicht haben wir deshalb immer noch die Wehrpflicht. Die Armee steht in hohem Ansehen. Und in der finnischen Verfassung steht, jeder Bürger hat die Pflicht, sein Land zu verteidigen. Das ist normal und ganz selbstverständlich.«

Von der großen Akzeptanz des Militärs habe ich in Finnland immer wieder erfahren. Den Wehrdienst verweigert kaum jemand. Er wird überwiegend als eine Pflicht angesehen, die sogar gern erfüllt wird. In Deutschland inzwischen undenkbar.

Ähnlich wie bei den großen Weltkriegen, meint Henrik, habe auch das finnische Glück mit der geographischen Lage des Landes zu tun. »Finnland war die meiste Zeit in seiner Geschichte an der Peripherie. Viele Entscheidungen wurden woanders getroffen, nicht in Finnland.« Die nordischen Länder seien »zum Glück« nicht zwischen Machtblöcken eingequetscht wie Osteuropa oder die Baltischen Staaten. »Anderseits sind wir aber nah genug an den wichtigen Märkten in Europa und in Übersee.« Diese Kombination, an der Peripherie zu liegen, aber trotzdem gute Beziehungen zu Zentral- und Westeuropa und über den Atlantik zu haben, »war immer eine gute Kombination für das Land«, führt er aus.

Er beschreibt ein Grundkonstrukt der finnischen Gesellschaft: Die Verteilung von Landbesitz. Während in Schweden 45 Prozent des Landes den Aristokraten und der Krone gehörten, waren dies in Finnland nur 10 Prozent. 90 Prozent waren in Besitz der Bauern. Wobei nur ein kleiner Teil des finnischen Landes kultiviert ist und als Ackerland genutzt wird. Diese Besitzverhältnisse haben Auswirkungen auf die finnische Gesellschaft: »Unsere Hierarchien sind flach. Wir haben keine Aristokratie mit riesigen Ländereien wie in Zentraleuropa oder in Schweden.«

Henrik denkt kurz nach: »Natürlich hat auch Finnland ein Klassensystem, wie andere Gesellschaften auch, aber das Klassensystem hier ist flacher als zum Beispiel in Deutschland. Das hat einerseits historische Gründe, wie das Fehlen des Adels, hat aber auch mit dem Schulsystem zu tun. Wir hatten 1968 eine Reform. Seitdem haben wir in Finnland ein durchgehendes Schulsystem, alle Schüler bleiben zusammen, bis sie 16 Jahre sind. Dann können sie entscheiden, wie sie weitermachen. Das ist ein sehr erfolgreiches System. In Deutschland musst du dich entscheiden, wenn du elf bist, nach der vierten, spätestens der sechsten Klasse.« Das komme für viele zu früh.

»Diese Reform war möglich, weil in Finnland die Gesellschaft, ihre Klassenstruktur flacher ist. Man könnte sagen, dies ist das Ergebnis dessen, dass wir nicht so extreme Kapitalkonzentrationen haben. Natürlich haben auch wir extrem reiche Menschen in Finnland. Aber es ist gesellschaftlich nicht überzeugend, wenn du das betonst, deinen hohen Klassenhintergrund, im Verhalten, im Führen von Titeln. Unsere Strukturen sind einfacher.«

Und dann bringt Henrik Meinander in zwei Sätzen die Finnen und ihr Glück auf eine so simple wie klare Formel: »Das ist wahrscheinlich ein Grund für das Glück – die Struktur der Klassengesellschaft. Wir beneiden im Grunde keinen, denn die Unterschiede sind nicht so groß.«

Glückstipp:

Wenn du historisch interessiert bist oder auch nur das Land bereist, lies die Bücher von Henrik Meinander.

TAG
7

Järvenpää

Korvapuusti im »Vellikello Kahvila«

Das Glück der Finnen hängt natürlich auch mit der Sauna zusammen. Dieses Volk von nur 5,5 Millionen Menschen verfügt angeblich über weit mehr als 2 Millionen Saunen. Damit ist Finnland die größte Saunalandschaft der Welt! Während ich diese Zeilen schreibe, erreicht mich die Nachricht, dass die UNESCO die Saunakultur in Finnland nun sogar in die repräsentative Liste des Immateriellen Kulturerbes der Menschheit aufgenommen hat. *Onnea!* Herzliche Glückwünsche!

In jedem Haus ist eine zu finden, in Mietshäusern gibt es zumeist im Keller eine Gemeinschaftssauna, mit Belegungsplänen, auf denen sich die Bewohner eintragen können. Aber viele haben zusätzlich noch eine eigene Sauna in ihren Bädern installiert, dafür ist Platz selbst in der kleinsten Butze. Absolutes Highlight ist natürlich die Sauna am oder im Sommerhaus – idealerweise an einem See gelegen und damit mit direktem Zugang zum Wasser.

Der Besuch des Schwitzbades erfüllt die Finnen mit Glück, in der heimeligen Wärme öffnet sich der sonst so stumme Finne, wird mitteilsam und sogar gefühlig. Die Sauna ersetzt für manchen quasi die Therapeutencouch.

Zum Thema Saunakultur in Finnland will ich heute Pauliina Jarmu befragen. Sie lebte einige Jahre in Solingen, heute betreibt sie in Järvenpää, 40 Kilometer nördlich von

Helsinki, ein Sommercafé. Das »Vellikello Kahvila« ist eine alte Holzscheune, unscheinbar von außen, innen ein Juwel: »Rustikal«, wie der Ostwestfale sagen würde, und zugleich sehr, sehr heimelig. Benannt ist das Café nach der *vellikello*, der Suppenglocke, die die Gutsbesitzer und Bauern früherer Zeiten läuteten, um die Knechte und Mägde von den Feldern zu rufen, für eine Suppe als Mittagsmahlzeit.

Ich hatte mich per E-Mail angekündigt, nachdem mir Freunde aus Ostwestfalen Pauliinas Café als »Reiseempfehlung« ans Herz gelegt hatten. Vor zwölf Jahren hatten Rüdiger, Claudia, Jörn und Nicole auf einer Finnlandreise Pauliina und ihre Schwester Kaisa kennengelernt. Rüdiger hat eine wunderschöne alte Wassermühle in Bergkirchen an der Porta Westfalica geerbt, wo die beiden Finninnen inzwischen schon mehrfach im Februar ein zauberhaftes »finnisches Wintercafé« auf die Beine gestellt haben, mit allerlei Backwaren und Kunst. Sie packen ihren Kombi voll und bringen sogar echte finnische Butter mit, denn mit deutscher würden ihre Kuchen nun einmal nicht typisch »finnisch« schmecken!

Die vier Ostwestfalen hatten Pauliina von mir erzählt und mir von ihr, so dass wir einander erstaunlich vertraut sind, als wir uns nun zum ersten Mal persönlich begegnen. Hund Luna, »der beste Hund der Welt!«, wie mir Pauliina versichert, begrüßt mich als Erster. Das kleine weiße Energiebündel fordert mich vehement zum Spielen auf, es dauert, bis es sich wieder trollt. Pauliina hat noch zu tun, also probiere ich mich durch das Sortiment an Torten, Kuchen und Keksen. Ich esse finnische Kalorienbomben. Auch das ist pures Glück. Dann steige ich die Treppe hoch ins obere Stockwerk, wo Pauliina erlesene Kunst und Kunsthandwerk zeigt. Nach dem Gebäck ist die Treppe nicht gerade ein Sportprogramm, aber immerhin bin ich mit Rad hier, mein Hotel ist 10 Kilometer entfernt.

Als sich Pauliina später zu mir setzt, sind wir sofort in einem munteren Gespräch. Sie, die weitgereiste Innenarchitektin, war viele Jahre zuständig für die Ausstattung und Ausgestaltung der finnischen Botschaften weltweit. Möbel, Wände, Lichtkonzept, Kunstwerke – sie war für alles verantwortlich, für funktionale Büros ebenso wie für repräsentative Räume. Aber nach oft nur wenigen Monaten musste sie weiter, in ein anderes Land, zu einer neuen Botschaft. Zu wenig Zeit, um vor Ort Beziehungen aufzubauen, zu wenig Zeit, den Kontakt zu Familie und Freunden in Finnland zu pflegen. Auch deshalb, erzählt sie, habe sie immer schon davon geträumt, sich mit einem Café in Finnland selbständig zu machen. Hier, auf einem kleinen Hügel vor den Toren von Järvenpää, einem Ort mit 43 000 Einwohnern, hat sie eine neue Heimat gefunden.

In einem kleinen Haus mit großer Küche direkt gegenüber der Scheune backt sie nun gemeinsam mit ihrer zwei Jahre älteren Schwester Kaisa Köstlichkeiten nach alten Familienrezepten. Es gibt Traditionelles, aber auch Eigenschöpfungen wie Pauliinas berühmte *poropiirakka*, eine Art Rentiertarte mit einem besonderen Boden aus Kartoffeln.

Wir gehen hinüber zum Wohnhaus, in die Backstube, die voll ist mit Schüsseln, Formen, Rührgeräten und allerlei Zutaten, die die Schwestern für ihre raffinierte und doch bodenständige Küche brauchen. Kaisa produziert gerade die legendären *korvapuusti* – das Rezept stammt von der Großmutter. Mit »Zimtschnecken« ist dieses Aromawunder nur unzureichend übersetzt.

Ich bekomme eine frisch dampfende und herrlich duftende auf die Hand. Ich kaue und genieße und nuschele: »Es ist allein schon Glück, diese *korvapuusti* essen zu dürfen!«

Kaisa sagt etwas auf Finnisch, Pauliina übersetzt: »Und wir sind gleich zweimal glücklich: wenn wir sie backen und wenn wir sie essen.« Zwei fröhliche Bäckerinnen strahlen mit mir um die Wette.

Pauliina und Kaisa stammen ursprünglich aus Lappland, aus der Gemeinde Posio, knapp unterhalb des Polarkreises. Dort oben, am See Livojärvi liegt auch das familieneigene Sommerhaus. Seit frühester Kindheit wissen sie, was unberührte Natur ist.

Als ich sie nach dem Glück frage, sprudelt es im Wechsel nur so aus den beiden heraus: »Der Wald.« – »Die Weite.« – »Die Seen.« – »Die Einsamkeit.«

»Wobei, das ist natürlich nicht für alle Finnen so«, schränkt Pauliina ein. »Die Städter finden das auch manchmal unheimlich. Vielleicht liegt es daran, dass man sich auf eine Art selbst begegnet, wenn man allein im Wald unterwegs ist. Das kann auch ziemlich schockierend sein …«

Gehört die Sauna zum finnischen Glück?

Pauliina und Kaisa nicken heftig: »Unbedingt!«

Weil Pauliina einige Jahre in Deutschland gelebt hat, frage ich sie nach Unterschieden und Gemeinsamkeiten in der Saunakultur. Geradezu prustend sagt Pauliina: »Als ich das erste Mal in Deutschland in der Sauna war, habe ich alles, aber wirklich alles falsch gemacht.«

Wie jetzt? Die Saunaexpertin aus Finnland macht alles falsch?

»Ich bin damals mit einer finnischen Freundin in Solingen ins Schwimmbad gegangen, da gab es mehrere Saunen. Wir zwei hatten jede nur unser kleines Sitztuch dabei, das ist in Finnland üblich und normal. Da passt nur der Hintern drauf, mehr nicht. Alle anderen in der Sauna hatten riesige Badetücher dabei. Nach einer Weile fingen die ersten Frauen an zu tuscheln. Und dann sprach uns eine direkt an. Ich konnte damals noch nicht so gut Deutsch und habe nicht verstanden, was sie meinte. Also habe ich nachgefragt: ›Wie bitte?‹

Mit wildem Gestikulieren wurde uns bedeutet, dass unser Tuch zu klein sei. Weil wir kein anderes dabeihatten, versuchten wir, uns möglichst nicht zu bewegen. Aber natürlich berührten unsere Füße die Bank unter uns. Da muss auch ein Tuch sein, sagten die Frauen.«

Ich frage vorsichtig dazwischen: »Pauliina, waren die deutschen Frauen wenigstens freundlich?«

Als typische Finnin ist Pauliina extrem höflich. Sie zögert: »Naja, die haben damals ein bisschen so …« Sie zögert wieder und sagt dann überraschend bestimmt und noch immer etwas entrüstet: »Nein, die waren nicht sehr freundlich!«

Heute kann sie laut lachen über diesen »culture clash« zwischen zwei Finninnen und den gestrengen Damen aus dem Bergischen Land. Zumal der noch weiterging. »Wir waren froh, dass wir irgendwann allein in der Sauna waren und uns etwas entspannen konnten auf unseren kleinen Tüchern. Die nächste Überraschung für uns waren diese hölzernen Dinger an der Wand: Wann immer jemand hereinkam, wurden sie umgedreht. Solche Sanduhren kennen wir nicht. Wir gehen auch nicht nach 12 oder 15 Minuten raus, sondern bleiben so lange drin, wie wir wollen.«

Pauliinas Erzählung erinnert mich an den wunderbaren Film »Lost in Translation« mit Bill Murray, der in Tokio wegen kultureller und sprachlicher Missverständnisse in absurde und aberwitzige Situationen gerät. So muss sich Pauliina gefühlt haben. Als sie nach Deutschland kam, hatten Kollegen gefragt, wie viele Gänge sie in der Sauna machen würde. Sie konnte überhaupt nicht verstehen, was die meinten. »Was war dieser Gang, von dem sie sprachen? Ich kannte das Verb ›gehen‹ und wusste auch, dass man mit ›Gang‹ die Art beschreibt, wie jemand läuft. Aber was sollte das mit Sauna zu tun haben?« Die Erklärung dafür bekam sie nun im Schwimmbad von Solingen. »Eine der Frauen, die schon unser kleines Tuch bekrittelt hatten, öffnete nach einer Weile die Tür und sagte: ›Sie sind schon zu lange hier drin, Sie sollten eine Pause machen und dann den nächsten Gang.‹ Aha! Zwölf Minuten, dann raus, und dann noch mal zwölf Minuten. Als ich das endlich verstanden hatte, habe ich auch antworten können. Meine Antwort verstanden aber die Deutschen nicht. Sie konnten sich nicht vorstellen, dass wir manchmal einen kurzen Gang machen und dann zehn Gänge hintereinander. Ich erklärte ihnen, dass das allein davon abhänge, wie ich mich fühle, aber nicht von einer Sanduhr!«

Und dann erzählt sie noch vom Aufguss: »Wir kennen das nicht, dass dafür extra jemand kommt. Einen Aufguss macht jeder, der das will. Oder man bittet den, der direkt an den Steinen sitzt. Auch das mit dem Tuch war komplett neu für uns. Wir fragten uns: Was macht sie denn jetzt? Wieso wedelt sie damit herum? Erst später hat mir jemand erzählt, dass damit die Hitze verteilt werden soll! Wir konnten das nicht verstehen! Damals müssen wir geguckt haben wie zwei nasse Eichhörnchen.«

Auch im Ruheraum erging es Pauliina nicht besser. »Ich wollte dort nur meine Freundin abholen und sagte: ›Kristina, komm jetzt, gehen wir.‹ Sofort erklang ein vielstimmiges: ›Tsch! Tsch! Ruheraum! Da darf man nicht sprechen!‹ Als wir draußen waren, haben wir laut losgelacht.«

Wenn der Finne Ruhe haben will, geht er in den Wald. Der Deutsche geht in die Sauna. Das ist bei all dem »Lost in Translation«-Feeling, das Paulina und ihre Freundin erleben mussten, sicher der größte Unterschied. Sauna in Finnland ist Gemeinschaft, ist Kommunikation, gerne auch mal etwas lauter.

Pauliina ist selbst heute, Jahre später, immer noch etwas konsterniert: »Wir haben eigentlich gedacht, wir wüssten, wie Sauna geht, schließlich sind wir aus Finnland, aber wir wussten es nicht. Wir konnten uns gar nicht vorstellen, dass es in Deutschland Regeln in der Sauna gibt, weil bei uns alles ohne abläuft.«

Ich schäme mich beim Zuhören jetzt, Jahre später, noch »fremd« für die strengen Damen im Bergischen. Wie kann man nur so wenig neugierig und gesprächsbereit sein? Vielleicht hindert uns gerade diese Regulierungswut daran, einfach mal nur zu sein, zu sitzen und zu schwitzen? Liegt darin das Geheimnis finnischen Glücks?

Pauliina und Kaisa jedenfalls sind froh darüber, dass es in Finnland nur eine Saunaregel gibt. Sie lautet: Es gibt keine Regel.

Ordentlich schwitzen, gern auch jeden Tag, selbst im Sommer, sogar wenn draußen für finnische Verhältnisse eine Affenhitze herrscht, ist für beide pures Glück.

Meines sind die beiden *korvapuusti*, die ich mit auf den Weg bekomme. Die besten Zimtschnecken von ganz Finnland. Ich schwöre!

Glückstipp:

Genieße die *korvapuusti* und andere Kalorienbomben im »Vellikello Kahvila« in Järvenpää!

TAG
8

Riihimäki

Gläsernes Glück

Ich habe die Theorie, dass Glas und Glaskunst, dekorative Objekte wie auch »normale« Haushaltsgegenstände in Finnland zum alltäglichen Glück gehören. Man isst von Geschirr und trinkt aus Gläsern von Designern, deren Namen man kennt, deren Handwerkskunst man schätzt. In Deutschland kauft man inzwischen eher bei Ikea. Sicher, auch bei uns hat Glas eine lange Tradition, aber die edlen Stücke kamen selbst bei Tante Lina nur zu besonderen Anlässen auf den Tisch. Im Alltag benutzt der Deutsche eher Senfgläser, jedenfalls in Ostwestfalen. Wer Glas als Kunstform sehen will, der muss schon ins Museum gehen.

In Finnland gibt es beides. Großartiges Design auf dem Tisch und im Museum. Eines der berühmtesten ist das Suomen Lasimuseo in Riihimäki, das finnische Glasmuseum. Im Erdgeschoss gibt es eine sehr informative Ausstellung über die Geschichte der Glasherstellung in Finnland, im Obergeschoss sind jeweils wechselnde Ausstellungen zu sehen und natürlich unzählige Objekte aus dem Besitz des Museums. Jedes Jahr wird hier ein beeindruckender Glas-Flohmarkt veranstaltet, so zumindest würde man dieses Event wohl in Deutschland nennen. Dabei ist es weit mehr. Der *Lasi- ja keräilytapahtuma*, der Glas- und Sammlermarkt, ist ein Großereignis, veranstaltet vom »Freundeskreis des finnischen Glasmuseums«, *Suomen lasimuseon ystävät ry.*

Vor zwei Jahren geriet ich zufällig mitten hinein in das bunte Treiben. Ich hatte mich mit meiner Freundin Marja im Museum verabredet, keiner von uns wusste von dem Markt. Auf dem ganzen Gelände standen wackelige Tapeten- und Campingtische voller Glaskunst und Vasen, auch Geschirr war dabei, Gläser, Objekte und vieles mehr. Aber anders, als ich das von einem vermeintlichen Flohmarkt erwartet hätte, war nur wenig davon »günstig«. Hier standen echte Werte!

Wir schlenderten umher und schon nach wenigen Metern entdeckte ich eine meiner inzwischen heiß geliebten Mumin-Tassen. Die wollte ich haben! Als ich mich nach dem Preis erkundigte, blieb mir im ersten Moment die Spucke weg. Jährlich kommen neue Exemplare dieser Edition auf den Markt, sie kosten zwischen 20 und 40 Euro. Ich erwartete auf dem Flohmarkt also Preise zwischen 10 und 30 Euro. Weit gefehlt! Das hier waren echte Sammlerstücke, Becher aus seltenen Serien, in Kleinauflagen produziert.

Als ich hörte, dass diese Mumin-Tasse 180 Euro kosten sollte, setzte ich sie sehr behutsam wieder ab. Und ahnte nicht, dass ich mit dieser Tasse noch im unteren Preissegment unterwegs gewesen war. In eine andere, einige Tische weiter, verliebte ich mich geradezu. Der Preis: 380 Euro. Das teuerste Exemplar, das ich fand, lag bei 980 Euro! Ich bin mittlerweile stolzer Besitzer von immerhin 13 Mumin-Tassen. Allerdings sind meine Finnlandliebe und meine Mumin-Tassen-Leidenschaft so neu, dass meine Exemplare noch keine Sammler-Werte haben. Und lieber habe ich 13 im Wert von ungefähr 380 Euro als nur eine zu diesem Preis. Man würde sie ja nicht mehr benutzen wollen!

Am Abend fuhren wir zurück aus Tampere in Marjas Wohnung. Wir kennen uns lange, sind eng befreundet und ich bin immer wieder bei ihr zu Gast. Marja, die Mutter von Paula und Ville, den ich ja schon in Helsinki getroffen hatte, hat einige Jahre in Deutschland gelebt und gearbeitet, sie spricht perfekt Deutsch. Die Regale in ihrer Wohnung sind voller Bücher auf Finnisch, Deutsch und Französisch. An den Wänden hängt Kunst, und überall stehen Glasobjekte. Nur Mumin-Tassen hat sie nicht. Als ich sie darauf ansprach, lachte sie nur: »Nein, ich bin da etwas anders. Ich habe auch die Mumin-Bücher nie gelesen. Das ist nicht mein Ding! Aber ich bin trotzdem eine typische Finnin. Schließlich trage ich ›Marimekko‹, seit ich zehn Jahre alt bin.«

»Marimekko« ist mehr als nur eine Modemarke, die Firma steht für Wohndesign in jeder Hinsicht und ist finnisches Kulturgut. Das Design – oft großflächige, florale Muster – erkennt jede(r) hier, und jede(r) besitzt mehr als nur ein Kleidungsstück oder Objekt dieser Marke. »Marimekko« gehört zu einem finnischen Haushalt wie die Haustür zur finnischen Wohnung.

In einem Regal entdeckte ich bunte Glasvögel. Die sind wertvoll. Bei uns stünde so etwas sicher verwahrt in einer Vitrine, in finnischen Wohnungen stehen solche Objekte einfach überall herum. Marja klärte mich auf: »Die Vögel sind von Oiva Toikka. Und diese Trinkgläser habe ich von meinen Eltern bekommen. Man hat so etwas einfach. Das ist eine Tradition, das war schon immer so. Und das wird sicher immer so bleiben. Meine Tochter Paula hat auch schon Dinge aus Glas von mir bekommen, um damit ihre Wohnung schön zu machen.«

»Hast du auch diese Vase von Alvar Aalto?«

»Natürlich. Die gehört einfach zu einem finnischen Haus, zu einer finnischen Familie.«

Diese legendäre Vase trägt den Namen *aalto*, wie der Künstler selbst, auf Deutsch »Welle«. Und an eine Welle erinnernd umfließt die Glaswand unregelmäßig den asymmetrischen Vasenboden. 1936 gewann Alvar Aalto damit den »Karhula-Iittala«-Glasdesign-Wettbewerb. Seither wird dieses Objekt von der Firma Iittala unverändert hergestellt, jedes Exemplar ist mundgeblasen. Aalto wollte mit dieser Linienführung an die finnische Landschaft mit ihren unzähligen Seen erinnern, und gleichzeitig auch die Bewegung des Wassers imitieren. Diese Vase ist in Finnland eine absolute Designikone.

»Warum hat diese Vase bei euch so eine Bedeutung? Die ist ja eine Art Haus-Heiligtum.«

»Aalto ist für alle Leute, Bernd. Jeder kann sie besitzen, sie ist alltäglich, und jeder besitzt sie auch. In Deutschland ist das etwas anders. Da gibt es reiche Leute, die sich mit Luxus umgeben. Man soll diesen Luxus auch sehen, selbst wenn er nur in einer Vitrine steht. Man zeigt damit, dass man dazugehört, einen gewissen Stil pflegt, einen bestimmten Status hat. Bei uns ist diese Vase von Aalto ein Alltagsgegenstand. Sie verbindet uns mit anderen, sie macht keine Unterschiede, weil einfach jeder sie hat. Sie ist ein gemeinsamer Wert. Etwas, das alle schön finden. Niemand ist herausgehoben, alle sind gleich. Auch das ist absolut finnisch. Dazu kommt: Ein Finne hat diese Vase entworfen, eine finnische Firma stellt sie her, sie repräsentiert also auch dieses Land. So wie die Vögel von Oiva Toikka, die auch fast in jedem Haushalt stehen. Wir lieben diese Dinge, wir sind auch stolz auf diese andere, eigene Ästhetik. Ich weiß nicht, woher das kommt. Ich weiß nur, dass es uns glücklich macht solche Objekte zu besitzen, sie anzuschauen und auch bei anderen zu sehen.«

Nun, zwei Jahre nach meinem ersten Besuch, bin ich wieder auf dem Weg ins Glasmuseum von Riihimäki. Ich hatte gelesen, dass dort gerade eine Ausstellung mit den Werken von Oiva Toikka gezeigt wird. Tiira Lehtinen, die Museumsassistentin, führt mich herum. Als ich ihr erzähle, dass es bei uns sogenanntes Sonntagsgeschirr gibt, bricht sie in schallendes Gelächter aus: »In finnischen Familien gibt es auch verschiedene Service, dazu Schalen, Vasen und Objekte, aber alles, wirklich alles ist für den Alltagsgebrauch gedacht.«

Bei unserem Rundgang erzählt Tiira von der »Golden Time of Finnish Design«, als Künstler wie Alvar Aalto, dessen Frau Aino, Tapio Wirkkala, Kaj Frank, Timo Sarpaneva und andere von den späten 1940er- und 1950er-Jahren an den legendären Ruf finnischen Designs begründeten. »Es sind klare, einfache Formen, die finnisches Design so besonders machen.«

Ich bin beeindruckt von der Vielfalt, die es trotz dieser klaren Formsprache gibt. In der Präsenzausstellung stehen allein hunderte Flaschen, von kleinsten Ampullen und Arzneifläschchen über Parfümflacons bis hin zu großen Ballonen, jede ist anders, jede bestechend schön.

Und dann stehe ich schließlich vor den überwältigenden Werken von Oiva Toikka: geheimnisvolle Umschließungen eigenartiger Formen in quadratischen Glasblöcken. Nie gekannte Experimente in Glas, abgefahrene Formen und Farben, schräge Objekte, phantastische Wesen. An die Wand gesprayt ist der Name dieser Werkschau: »Les Misérables«, er passt zur überdrehten Seltsamkeit dieser Figurinen. Und natürlich sind auch etliche von Toikkas über 400 Glasvogelskulpturen ausgestellt. Ein Film zeigt die Geschichte ihrer Entstehung, man sieht, wie der Meister mit den Glasbläsern arbeitet, wie er dirigiert und korrigiert, bis seine Idee schließlich Gestalt annimmt. Ich bin so fasziniert, dass ich mir den Film gleich drei Mal hintereinander ansehe.

Im Museumsshop kaufe ich mir später zum ersten Mal in meinem Leben zwei Trinkgläser aus ästhetischen Gründen. Zwei Gläser aus Toikkas weltberühmter »Kastehelmi«-Serie, mit der er 1964 für die Firma Iittala einen Dauerbrenner und Welthit schuf.

Kastehelmi heißt »Tautropfen«. In Kreisen laufen diese Tautropfen um das Gefäß herum, jede Reihe in anderer Tropfengröße. Inzwischen trinke ich fast nur noch aus meinen türkisfarbenen Toikka-Gläsern. Jeder Morgen beginnt für mich mit dem Glück, diese Gläser zu sehen, eines davon zu greifen, die Tautropfen zu berühren, das Glas zu befüllen. Das ist ein wunderschöner, fast schon ritueller Tagesbeginn. Und danach gibt es Kaffee aus einer Mumin-Tasse.

Glückstipp:

Kaufe dir ein Trinkgefäß aus Glas, handgemacht. Vielleicht kaufst du sogar in einer Glashütte. Stelle es nicht in die Vitrine, sondern nutze es täglich. Am besten gleich morgens, dann beginnt der Tag schon mal mit einer Portion Glück. Es muss kein finnischer Designer sein, der das Glas gestaltet hat, aber finnisches Design erhöht unweigerlich den Glücksfaktor, zumal wenn du noch etwas unausgeschlafen am Frühstückstisch sitzt.

Orimattila

Hobby Horsing

Nach einem Auftritt im Frühsommer mit »Finne dich selbst!«, meinem Finnland-Programm für Kabarettbühnen, sprach mich eine Zuschauerin an – ob ich »Hobby Horsing« kenne.

»Und was bitte soll das sein?«

»Steckenpferdreiten.«

Ich musste lachen.

»Nein, die nehmen das sehr ernst.«

»Klar, sind ja Finnen.«

»Vor allem Finninnen. Es sind hauptsächlich Mädchen und junge Frauen, die diesen Sport machen.«

»Das ist ein Sport? Ernsthaft jetzt?«

»Sehr ernsthaft. Sie reiten Dressur und Hindernis, es gibt sogar Wettbewerbe. Wenn du nach Finnland fährst, schau dir das unbedingt an! Im Internet findest du auch eine Menge Filme dazu.«

Noch am Abend gab ich das Stichwort »Hobby Horsing« ein. Unfassbar! Auf der Seite von Euronews fand ich die Zeile: »Das Glück der Erde – Steckenpferde.« Ich schaute den Teaser von »Hobby Horse Revolution«, ein Film von Selma Vilhunen, der Hobby Horsing aus der Subkultur mitten hinein in die finnische Gesellschaft holte. Im Magazin *metro* hieß es: »Eine Ode an Toleranz, Freude und Phantasie!« Längst gibt es einen finnischen Verband, und die Bewegung wird immer größer, auch international. Mittlerweile wird es auch in Deutschland praktiziert. Sogar in die Europa-Ausgabe der ehrwürdigen *New York Times* hat es dieser Sport 2019 geschafft, und Sport ist es wirklich, denn zum Steckenpferdreiten braucht es enorme Athletik.

Für einen Neuling wie mich war es zuerst ein bisschen befremdlich, wenn man sich durch die Videos im Netz klickt. Ein Film hat mich besonders beeindruckt: »Trail riding with hobbyhorses.« – Ausritte mit Steckenpferden. Danach wollte ich mehr wissen. Über die finnische »Hobbyhorse Association« (*Suomen Keppihevosharrastajat*) nahm ich Kontakt auf mit Kati, der Mutter einer begeisterten Reiterin. Wir verabredeten ein Treffen.

Und nun ist es so weit. In Orimattila, einer Kleinstadt zwischen Järvenpää und Lahti, treffe ich zwei sehr coole junge Frauen, Tia Tuulia und Sonja Hiisvirta. Sie werden begleitet von Sonjas Eltern Kati und Timo und Schwester Tanja. Tia und Sonja sind echte Promis in der Szene mit jeweils 12 000 Followern auf Instagram.

Die beiden Reiterinnen stehen strahlend vor mir, jede führt stolz ihr Pferd am Zügel, nein, am Stock, am Stecken. Die »Tiere« heißen Tiana und Narija. Die zwei sind leidenschaftliche Reiterinnen und erfolgreich in verschiedenen Disziplinen und Aufgabenfeldern des Hobby Horsing. Sonja ist »erst« 17, aber schon seit Jahren im Organisationskomitee der finnischen Meisterschaften tätig. Tias »Paradedisziplin« ist die Dressur. Sie ist seit 2010 aktiv, gilt also als sehr erfahrene Reiterin. Das Besondere ist, dass man in diesem Sport beides »verkörpert« – Pferd und Reiter. Während man mit dem Unterkörper versucht, die verschiedenen Gangarten der Tiere vom Schritt bis zum Galopp möglichst naturgetreu nachzuahmen, nimmt der Oberkörper die Haltung der Reiterin ein, wobei man hier nicht nur die Zügel halten muss, sondern auch noch den Stecken mit Pferdekopf.

Das Motto der Reiterinnen strotzt nur so vor Selbstvertrauen: »Brave enough to ride?« – Bist du mutig genug, um zu reiten? Eine Portion Mut braucht es tatsächlich, denn fiese Spötter gibt es reichlich. Tia sagt: »Ich bin in der Schule auch oft gedisst, veräppelt und manchmal sogar schikaniert worden. Manche Leute sehen das eben nicht als Hobby und machen sich lustig darüber.«

Aber die jungen Frauen halten dagegen. Diese innere Stärke der Finnen hat einen eigenen Namen: *sisu*. Außerdem ist Finnland das Land der Individualisten, was diese Sportart einmal mehr unter Beweis stellt. »Die Finnische Meisterschaft ist natürlich das größte Event, aber es gibt auch regionale Treffen mit dreißig Teilnehmern und genauso gut kann man allein, mit der besten Freundin oder mit der Clique Wettbewerbe veranstalten. Oder einfach zusammen ausreiten«, erklärt Sonja. »Das ist ja das Gute daran. Man braucht nur ein Pferd, und schon kann es losgehen.«

Kati und Timo sind stolz auf ihre Tochter und ihr Engagement und unterstützen sie, wo sie nur können. Timo übernimmt den Fahrdienst, auch wenn das manchmal hunderte Kilometer Weg bedeutet. Der Austragungsort der Finnischen Meisterschaften, Seinäjoki, ist viereinhalb Stunden Fahrtzeit von Orimattila entfernt. Gut 2000 Menschen kommen dort zusammen. Auch viele internationale Gäste reisen inzwischen an und es gibt Extrawettbewerbe für die besten »ausländischen« Teilnehmerinnen. Die Disziplinen sind die gleichen wie im »richtigen« Reitsport: Springreiten, Dressur und Westernreiten im klassischen amerikanischen Stil, aber auch mit Variationen wie dem »barrel-racing«, dem »Fassrennen«, bei dem ein mit Fässern abgesteckter Parcours auf Zeit zu durchreiten ist. Kati zeigt mir im Netz einen kurzen Ausschnitt. Gerade die Hindernisparcours sind für mich atemberaubend. Die Höhen, die die jungen Frauen da akrobatisch mit ihrem Sportgerät überspringen, sind regelrecht schwindelerregend.

Auch die Pferde werden bewertet. Sonja hat dabei schon einmal den dritten Platz bei den Finnischen Meisterschaften belegt. Nachdrücklich sagt Mutter Kati: »Dritte von ganz Finnland!« Die meisten Reiterinnen basteln ihre Pferde selbst, auch das Zaumzeug aus geflochtenen Lederriemen. Im Internet gibt es unzählige Tipps, Lehrgänge und Anleitungen. Sonja hat inzwischen mehr als siebzig Pferde entworfen und gebaut, besonders gelungene Tiere werden schon mal im Netz »on sale« gestellt

»Und wenn du eines verkaufst?«

»Manchmal ist es schon hart, ein Pferd zu verkaufen, an dem du wirklich hängst.«

Inzwischen sind Sonjas Pferde sogar international unterwegs, in Deutschland, Großbritannien und den Niederlanden. Aktuell geht auch Tia übrigens mit einem Pferd an den Start, das Sonja gefertigt hat – und sie hat damit bereits gewonnen! 2017 und 2018 wurde sie bei den finnischen Meisterschaften jeweils Zweite in der Dressur. Ihr Ziel für die Zukunft? Beim nächsten Mal ganz oben zu stehen, als Champion. Sonja will sich weiter um ihre Aufgaben in der Organisation kümmern.

Interessant ist auch, wie sehr dieser Sport die eigenen Berufs- und Zukunftswüsche beeinflusst. Tia lernt im Polsterhandwerk. »Das kann ich gut gebrauchen beim Gestalten von Steckenpferden«, lacht sie.

Das alles klingt in deutschen Ohren sicher ungewöhnlich, aber die jungen Frauen sind mit ihrem Sport längst in der Mitte der finnischen Gesellschaft angekommen. Als der britische Prinz William 2017 Finnland besuchte, bekam er ein besonderes Gastgeschenk. Das Auswärtige Amt, das *Ulkoministeriö*, hatte die vielleicht prominenteste Vertreterin dieses Sports, die Bloggerin Alisa gebeten, zwei spezielle Hobby Horses zu gestalten: ein braunes für den damals vierjährigen Prinz George mit dem Namen »Smokey«, benannt nach Prinz Williams erstem Pony und diesem Tier naturgetreu nachempfunden. Das Auswärtige Amt hatte dieses Detail zuvor recherchiert und herausgefunden, welchen emotionalen Stellenwert Smokey für den jungen William gehabt hatte. Der erwachsene Prinz war bei Übergabe der Geschenke sichtlich gerührt. Seine Tochter, Prinzessin Charlotte, bekam ein weißes Hobby Horse mit Namen »Lumihiutale«, Schneeflocke.

Tia erklärt: »Wer an Finnland denkt, denkt auch sofort an Schnee und Winter! Wir waren alle so stolz auf Alisa.«

Sonjas Mutter Kati ergänzt: »Man muss diese Geschenke auch als Zeichen der Regierung sehen, gegen alle, die das Hobby Horsing lächerlich machen wollen. Es war ein klares Signal an die vielen Mädchen und einige Jungs in Finnland, dass sie stolz sein können, auf das, was sie tun.«

Großartig, wenn eine Staatsregierung das Hobby vieler und gerade junger Bürgerinnen so ernst nimmt! Glückliche Finnen!

Das Glück der Erde liegt ja bekanntlich auf dem Rücken der Pferde. Beim Abschied frage ich: »Reitet ihr eigentlich auch auf echten Pferden?«

Tia und Sonja lachen. »Ja, klar! Sehr gerne sogar.«

Aber nicht jede(r) kann sich ein richtiges Pferd leisten

oder teure Reitstunden nehmen. Beim Hobby Horsing kann man notfalls schon mit einem umgedrehten Besen zu üben beginnen. Und man spart sich das Füttern und das Stallausmisten.

Glückstipp:

»Brave enough to ride?« Trau dich und reite auf einem Steckenpferd aus! Oder guck dir zumindest im Internet die Filme zum Thema Hobby Horsing an.

TAG
9

Lahti

Bett und Haferbrei

Das »peti ja puuro« ist ein »Bed & Breakfast« in Lahti. Die wörtliche Übersetzung aus dem Finnischen lautet: »Bett und Haferbrei«. Der Name zeigt schon, das traditionelle finnische Frühstück ist eigentlich Haferbrei. Irma führt das Haus inzwischen seit zehn Jahren und mindestens seit acht Jahren ist das »peti ja puuro« eine meiner Lieblingsstationen im Land. Mit dem besten Frühstück mindestens von Nordeuropa. Opulent und grandios! Ich gelte hier als Stammgast, vielleicht bin ich sogar etwas mehr, denn ich wohne inzwischen ab und an sogar in Irmas *mökki*.

Das B & B liegt wenige Kilometer von Lahtis Zentrum entfernt, man erreicht es über eine idyllische Fahrt oder einen Spaziergang am Vesijärvi entlang. Alles, was hier auf den Tisch kommt, hat Irma selbst produziert: Sie hat das Brot gebacken, die Marmelade gekocht, und die Pfifferlinge im Rührei hat ihr Mann Roope von seiner frühmorgendlichen Waldrunde mitgebracht. Eine Mahlzeit wie im Paradies.

Die Finnen sind das glücklichste Volk der Welt? Wenn ich Irma und Roope erlebe, kann es gar nicht anders sein. Dieses fröhliche, ausgeglichene Paar – Großeltern inzwischen – ist verliebt wie am ersten Tag, und beide haben immer ein Lächeln im Gesicht. Sie arbeiten neben ihren bürgerlichen Berufen als Künstler, sie haben auch schon zusammen ausgestellt, Stoff-Metall-Kombinationen sind ihr Metier.

Beim Frühstück frage ich beide zum Thema Glück. Roope pustet leicht: »Puh. Da stellst du aber keine einfachen Fragen.«

»Für die leichten kann ich irgendwen fragen. Für die speziellen habe ich euch«, entgegne ich.

Roope überlegt. »Ich glaube, es geht der finnischen Gesellschaft insgesamt ziemlich gut. Wir haben ein gutes Gesundheitssystem, das Erziehungssystem ist sehr gut, die Korruptionsrate in Finnland ist die niedrigste der Welt. Vieles hier ist in einem sehr guten Zustand. Und es ist leicht, ein normales Leben zu leben.«

Irma ergänzt: »Wir müssen kein Leben haben wie in Amerika, wo man von allem ganz viel braucht. Wir sind zufrieden mit ziemlich wenig. Und das ist meistens völlig ausreichend.«

Diese tiefe Zufriedenheit, die man bei den beiden wirklich in jedem Augenblick spürt, scheint eine Art finnisches Zen zu sein. Der Satz von Irma wird mir noch den ganzen Tag über wie ein Mantra im Kopf bleiben: »Wir sind zufrieden mit ziemlich wenig.«

»Seid ihr eigentlich stolz, Finnen zu sein?«, frage ich.

»Ja klar«, sagt Roope, »absolut!«

»Ich würde nicht sagen stolz, aber glücklich. Lucky. Für mich ist es ein Glück, Finnin zu sein«, meint Irma.

Roope erklärt: »Ich denke, ich bin wirklich stolz, ein Finne zu sein. Aber das bedeutet nicht, dass ich etwas gegen andere Leute hätte. Dieser Stolz ist für mich ein positives Gefühl, ich will damit nicht werten.«

Man spürt deutlich, das ist weit weg von jeder Form des Nationalismus. Aber für uns Deutsche ist Nationalstolz eine komplizierte Angelegenheit.

Roope scheint meine Gedanken lesen zu können: »Es ist

sicher leichter als Finne, so etwas zu sagen.« Roope weiß, wovon er spricht. Die beiden sind viel herumgekommen. Inzwischen reist die Welt zu ihnen und kommt jetzt eben hierher, ins »peti ja puuro«.

Als Irma ihr B & B eröffnete, war es das erste, und lange Zeit das einzige in Lahti. Inzwischen gibt es mehrere, auf die sich die Gäste verteilen. »Wir haben jetzt je nach Jahreszeit manchmal nur zwei- oder dreimal im Monat ein paar Gäste. Aber ich bin trotzdem glücklich, denn hauptsächlich kommen Stammgäste wie du. Ich habe das Gefühl, ich treffe Freunde«, sagt Irma.

Roope lacht verschmitzt: »Wenn immer jemand käme, wäre das ja vielleicht zu anstrengend. Mir jedenfalls. Wenn Irma viele Gäste hat, dann packe ich die Hunde in den Wagen und flüchte in unser Sommerhaus. Und da bleibe ich dann ein paar Tage und genieße die Ruhe.«

Ruhe ist wichtig für Roope. Und die findet er vor allem in der Natur. Draußen unterwegs zu sein, Beeren zu pflücken, Pilze zu suchen, im Winter auf dem Eis des Näsijärvi unterwegs zu sein, mit Langlaufskiern an den Füßen, das ist pures Glück für ihn.

Und wie ist das für Irma?

»In den Wäldern unterwegs zu sein, jeden Tag, das ist absolut wichtig. Es ist eine Art Meditation für mich«, sagt sie. »Und zum Glück findet man in den Wäldern rund um Lahti Ruhe. Es sei denn, ›die Nordischen‹ sind gerade da!«

»Die Nordischen« kommen regelmäßig nach Lahti, die Sporthauptstadt Finnlands. Im Westen der Stadt steht ein riesiger Sportkomplex mit drei großen Skisprungschanzen. Von 1926 bis 2017 war Lahti schon achtmal Austragungsort der Nordischen Skiweltmeisterschaften. Bei der letzten war das Serviceteam der Kanadier für drei Wochen bei ihnen.

»Wir sind während dieser drei Wochen beide geflüchtet. Die Jungs hatten sogar ihren eigenen Koch dabei. Funny story ...«, sagt Irma.

Ich möchte natürlich wissen, was daran so lustig war.

»Die Kanadier waren zu acht und haben in den drei Wochen 700 Flaschen Bier getrunken!«, erzählt Roope.

»Bitte?!«

»Ja, aber es war alles tipptopp im Haus. Nur die leeren Flaschen haben sie dagelassen. Als ich die erste Fuhre ins Auto geladen hatte und der Flaschenberg kaum kleiner geworden war, habe ich mir den Spaß gemacht und die Pullen gezählt.«

»Hast du wenigstens Flaschenpfand bekommen?«

»Leider nein! Die Kanadier hatten importiertes Bier aus Estland dabei. Wahnsinn, was die weggezischt haben. Und bemerkenswert, dass sie immer noch in der Lage waren, wenigstens einem ihrer Langläufer die Bretter so zu präparieren, dass er damit zu Gold gelaufen ist.«

Als junger Mann war Roope selbst Sportler, Zehnkämpfer. »Nicht international, aber national auf einem ganz guten Niveau. Heute spiele ich Curling in der finnischen Liga.«

Ich muss lachen, obwohl das ein ernsthafter Sport ist, aber eine Liga für Curling ist für einen Ostwestfalen geradezu unvorstellbar. Roope grinst: »Wir sind nicht viele, und unsere Mannschaft ist auch nicht sehr gut. Aber es ist sehr lustig.«

Und dann springt er auf und zeigt mir pantomimisch die typische Bewegung beim Curling: »Push and brush!«, sagt er, schieben und bürsten. Auf Finnisch: *Heittää ja harjata*. Zurückübersetzt heißt das allerdings »Werfen und bürsten«. Roobe erklärt mir grinsend:

»*Heittää* heißt werfen, so wie beim Speerwurf. Korrekt müsste es *työntää* heißen, drücken. Da ist wohl irgencwie etwas schiefgelaufen beim Übersetzen ...«

Glückstipp:

Mindestens eine Übernachtung mit Frühstück im »peti ja puuro«

Lahti

FC Lahti gegen Ilves Tampere

Andere Länder, andere Sitten? Ich bin gespannt, ob das auch für den Fußball gilt. Ich sitze im Stadion von Lahti, der Verein spielt in der finnischen Bundesliga, der Veikkausliiga. Finnland ist ein kleines Land, es kommen – für deutsche Verhältnisse – Zuschauer wie zu einem schlecht besuchten Bundesligahandballspiel. 2500 sind es, verkündet der Stadionsprecher. Das Publikum applaudiert. Der heutige Gegner des FC Lahti ist der Tabellenführer »Ilves Tampere«, übersetzt: »Luchse Tampere«.

Hier in Finnland ist alles etwas anders als in der Bundesliga. Typisch finnisch muss man sagen. Hier stehen keine fetten Limousinen am Trainingsgelände, die meisten Spieler kommen mit Fahrrad zum Training, zumindest jetzt im Sommer.

Eine Besonderheit des finnischen Bundesligisten besteht darin, dass sie keine eigenen Jugendmannschaften haben. Lahti arbeitet zusammen mit dem hiesigen Verein »Reipas Lahti«, übersetzt etwa: »Schneidiges Lahti«.

Hier beim FC steht Patrick Rakovsky im Tor, gebürtiger Sauerländer. Der Absolvent der Schalker Jugendakademie hat in Deutschland alle Jugend-Nationalmannschaften durchlaufen, hatte beim FC Nürnberg fast einen Stammplatz sicher, als ihn eine komplizierte Fingerverletzung zurückwarf. Der nächste Verein in Belgien ging pleite. Dann kam Finnland. Eine gute Station, sich als Stammtorwart auszuzeichnen in einem dicht gedrängten Spielermarkt, findet Patrick. Er hat mir tags zuvor erklärt, dass Fußball in Finnland erst an dritter Stelle kommt, der hiesige Eishockey Club, die »Lahden Pelicans«, sind das Nonplusultra für die Fans und zu den Skisprungwettbewerben kommen Zehntausende.

Der Fußball steht hier im wahrsten Sinne des Wortes im Schatten der drei großen Schanzen, die sich rechts hinter dem Tor zum Himmel strecken. Eine eindrucksvolle Kulisse. Für den Besucher Lahtis ist es ein faszinierendes Bild, wenn im Sommer unter der größten der drei Salpausselkä-Schanzen ein temporäres Schwimmbad im Sprungauslauf geöffnet ist.

Im Stadion ist nur eine der Längstribünen geöffnet. Ich setze mich, obwohl noch viel Platz auf der Tribüne ist, neben einen Finnen und frage ihn auf Englisch, ob er mir was erklären könne zu den Torschützen, falls Tore fielen. Er nickt. Wir stellen uns vor. Die erste Überraschung: Er ist der Jugendkoordinator von »Reipas Lahti«, Jyrki Maisonlahti. Ich habe also Glück und sitze nicht nur neben einem Experten, ich sitze neben einem Verantwortlichen.

Die Tribüne füllt sich. Ein später Gast kommt mit seinen Kindern. Jyrki steht auf, die Männer schütteln sich freudig die Hände. Jyrki sagt zu mir: »Du kennst Jari Litmanen?« Ich bin leicht atemlos. Vor mir steht quasi der Günter Netzer von Finnland und reicht mir die Hand. Rekordnationalspieler und Rekordtorschütze.

Litmanen ist auf Besuch in seinem Sommerhaus hier in der Nähe. Er stammt aus Lahti und hat bei Reipas mit dem Kicken begonnen, die nächste Station war dann der hiesige FC. Es folgten Amsterdam, Barcelona und Liverpool, später stand er auch in Rostock, Malmö und Fulham unter Vertrag. Heute arbeitet er unter anderem als TV-Kommentator. Wir schütteln uns die Hände und plaudern. Diese unkomplizierte Nähe ist typisch für Finnland.

Dann der Anpfiff. Ich schaue unwillkürlich immer wieder vom Spiel zu den Schanzen. Als Mindener kennt man das gar nicht, obwohl wir an der Porta Westfalica unterhalb des Kaiser-Wilhelm-Denkmals auch gut eine hätten bauen können. In der 21. Minute fällt das 1:0. Lahti geht tatsächlich in Führung gegen den Tabellenspitzenreiter. Und nun tobt das finnische Publikum regelrecht. Jyrki lacht: »Lahti wakes up!« Und dann erzählt er stolz, dass der Torschütze Pyry Lampinen gerade einmal 17 Jahre alt und dieses Spiel sein Ligadebüt sei!

In der zweiten Halbzeit drückt Ilves extrem, aber Lahti verteidigt clever. Zehn Minuten vor Spielende ist plötzlich sogar eine Trommel zu hören. Und immer mehr Fans feuern ihre Mannschaft an. Patrick hatte mir am Tag zuvor erzählt, ich solle mich nicht wundern. Finnische Fans seien sehr zurückhaltend. Und die Mannschaft habe eigentlich nur fünf Ultras. »Ein Ultra ist man hier schon, wenn man zu jedem Spiel kommt«, sagte Patrick, der soeben auf dem Spielfeld die *keltainen kortti* sieht, die gelbe Karte, wegen Zeitspiels. Der Schiedsrichter hat allerdings übersehen, dass ein Ilves-Spieler am Boden liegt, auf den Patrick Rücksicht genommen hatte. Die »Gelbe« nimmt der »Unparteiische« trotzdem nicht zurück. »Der Schiedsrichter war heute nicht unser Freund«, sagt Patrick später. Er wird in dieser Schlussphase zum Matchwinner. Mit klugem Stellungsspiel bringt er Ruhe in seine Mannschaft. Ein extrem erfahrener Schlussmann, der nun auch noch einige sensationelle Paraden abliefert, phantastische Reflexe. Drei Minuten Nachspielzeit, die die Stadionuhr aber leider nicht anzeigt, was für Unruhe bei den Zuschauern sorgt. Lahti kommt kaum noch hinten raus. Patrick dirigiert und brüllt. Einige Ansagen an seine Mannschaftskameraden rutschen ihm laut auf Deutsch heraus.

Als ich ihn nach dem Spiel darauf anspreche, sagt er lachend: »In diesem internationalen Team ist Englisch die Mannschaftssprache. Aber Finnisch ist ja auch dermaßen schwer!«

Endlich der Abpfiff! Der Stadionsprecher sagt: »*Yksi – nolla.*« Eins zu null für Lahti.

Nach dem Spiel umarmt Patrick seine Frau Shannon. Sie haben sich in Nürnberg kennengelernt, als sie mit »Holiday on Ice« auf Tournee war. Shannon arbeitet als »Synchron-Eislauftrainerin«, eine Disziplin, die ich nicht einmal kannte, die aber in Finnland sehr populär ist. Shannon trainiert eine Mannschaft mit 16 Frauen und Mädchen und erarbeitet mit ihnen Choreographien. Jetzt allerdings pausiert sie erst mal, denn sie und Patrick erwarten in wenigen Wochen das erste Kind. Shannon freut sich über den Sieg: »Ich küsse ihm vor jedem Spiel seine Handschuhe! Als Glücksbringer.« Patrick grinst: »Da mussten wir ja gewinnen!«

Patrick zieht seine Handschuhe aus und gibt sie mir: »Hier, für dich als Andenken!« Ich werde seine Torwarthandschuhe stolz in meiner Wohnung in Minden neben den Fanschal vom FC Germania Helsinki hängen.

Und wie geht es weiter für Patrick und Shannon in Finnland? Patrick lächelt: »Mal sehen. Ich habe noch einen Vertrag bis zum Herbst, dann ist erst mal Spielpause bis April. Aber Lahti hat eine Option für die nächste Saison.«

Zurück nach Deutschland? »Gerne, wenn das Angebot

passt«, lacht Patrick und zwinkert Shannon zu: »Vielleicht
ja mal Amerika. Meine Frau hat Heimweh.«

Glückstipp:

Gehe zu einem Spiel der *Veikkausliiga* - oder zu einem anderen
Sportevent.

Sysmä

Arm aber glücklich

Heute ist Familientag. Ich werde meinen Bruder treffen, mitten im Wald, direkt am See. Nur für ein paar Stunden, wir haben das nicht anders organisiert bekommen, aber immerhin. Bei meiner Reiseplanung hatte ich nicht auf dem Schirm, dass Axel seine eigenen Pläne für den Sommer hatte: eine Kanutour auf dem Päijänne-See, dabei zelten auf einsamen Inseln. Das ist in Finnland erlaubt und vom sogenannten Jedermannsrecht gedeckt. Auch das ist sicher ein Glücks-Bestandteil, wobei es auch für Ausländer gilt. »Das Jedermannsrecht ist ein uraltes, auf Traditionen und teilweise auf Gesetzen basierendes Gewohnheitsrecht zur ungehinderten Nutzung von Land- und Wasserflächen, die sich im Eigentum anderer befinden«, schreibt der ehemalige Land- und Forstwirtschaftsminister Juha Korkeaoja dazu in einem Beitrag für das Buch »100 Soziale Innovationen aus Finnland«.

Der Paijänne, der längste See Finnlands, erstreckt sich mit vielen Ausläufern über 120 Kilometer zwischen Asikkala im Süden und Jyväskylä im Norden. Dass wir uns trotz der Paddeltour sehen können, liegt daran, dass sich das *mökki* von Axels Schwiegereltern Kati und Matti am Päijänne befindet.

Als ich ankomme, liegt Axels Boot schon am Ufer. Matti, Kati und er sitzen auf der Terrasse und trinken Kaffee.

Nebendran in der Außenküche köchelt die Suppe. Wie bei jedem meiner Besuche bekomme ich auch diesmal etwas Finnisch-Unterricht. Heute erweitere ich mein Vokabular mit Hilfe der Mahlzeit. Katis legendäre Lachssuppe heißt im Finnischen *lohikeitto*. Dazu gibt es Salat. Einige Worte sind einfach abzuleiten. *Persilja* ist Petersilie, *tilli* ist Dill, *peruna* die Kartoffel, *punajuuri* ist Rote Bete, *sipuli* heißt Zwiebel, *porkkana* ist Karotte. *Kurkku* ist die Bezeichnung für Gurke, und alles zusammen findet sich in Katis *salaatti*. Zwischen den einzelnen Bissen und teils mit vollem Mund nuschle ich nach, was mir vorgesprochen wird. Wenn ich das einigermaßen hinbekomme, lobt Kati: »*Hyvä!*« Gut!

Nach dem Essen fahren Kati und Matti zu Freunden, Axel und ich setzen uns unten auf den Steg.

»Und? Wie ist die Paddeltour?«

Drei Tage ist er schon unterwegs, zwei weitere sollen noch folgen.

»War schon sportlich«, lacht er. »Keine Erfahrung, keine Kondition!«

Riesige Wasserflächen, Wind. Ein Kampf, manchmal gegen die Naturgewalten, oft gegen den inneren Schweinehund.

»Irgendwann wusste ich nicht mehr, wo ich war. Zum Glück hatte ich das Handy dabei. Ich war definitiv nicht da, wo ich gedacht hatte. Aber wie du siehst, habe ich ja den Weg hierher gefunden!«

Axel ist einer, den es schon immer hinauszog. Unser Dorf war ihm früh zu klein. Auch die Städte, in denen er danach lebte. »Vielleicht war ich nirgendwo richtig glücklich. Ich wusste nur: Ich suche irgendetwas, und hier finde ich es nicht«, sagt er.

Natürlich hatte Axel damals »On the road« gelesen, von Jack Kerouac. Er träumte davon, auch einfach so durchs Land zu ziehen und zu bleiben, wo immer es ihm gefallen würde. Vielleicht kommt sein Fernweh ja auch aus der Familie, unser Vater war als Zimmermann auf Wanderschaft. Als Rolandsbruder, einer Gesellenvereinigung, kenntlich an der blauen »Ehrbarkeit«, der blauen Krawatte, war er viereinhalb Jahre unterwegs – in Deutschland, Österreich, der Schweiz und in Norditalien. Unsere Mutter hatte als junges Mädchen davon geträumt, nach Kanada auszuwandern. Axel hat noch eine andere Erklärung: »The grass is always greener on the other side.«

Mein Bruder wollte Deutschland schon lange verlassen, wusste aber nie wohin. »Ich dachte, ich muss in ein Land, wo ich die Sprache kann«, sagt er. Amerika wäre so ein Land gewesen. Aber die Chancen, bei der Greencard-Verlosung einen Treffer zu landen, sind in etwa so groß wie beim Lotto. Großbritannien hat ihn nie interessiert, andere Sprachen konnte er nicht. »Das Herumziehen ist ein Lebensstil, der in Europa ziemlich schwierig ist, weil alle paar hundert Kilometer ein neues Land mit einer neuen Sprache kommt. Skandinavien hatte ich nie auf dem Schirm. Ich bin vorher auch nie da gewesen, in Finnland erst recht nicht.«

Mein Bruder ist Teil einer internationalen Rock'n'Roll-Subkultur. Er reist zu Auftritten überall in Europa, auch nach Amerika. Und er spielt selber in Bands. Auf einem Festival in Spanien lernte er dann eine Finnin kennen, Viivi. Eine junge Frau aus einem Land, von dem er nichts wusste. Sie haben sich sehr gut verstanden und sind in Kontakt geblieben, dem Internet sei Dank. Ein paar Monate später hat sie ihn in Duisburg besucht, dann haben sie sich noch in Speyer bei einem Konzert getroffen.

»Bei diesem dritten Treffen habe ich sie schon gefragt, was sie davon halten würde, wenn ich zu ihr nach Finnland käme. Hier in Deutschland würde mich rein gar nichts halten. Und sie sagte einfach nur: ›Ja, kannst du machen.‹«

Im Mai 2007 flog Axel zum ersten Mal nach Finnland, im Sommer zog er um. Für mich ein absolut mutiger Schritt meines Bruders – tollkühn! – nach so kurzer Zeit. Für Axel ist das keine große Sache. »Es hat sich richtig angefühlt. Und das war das Entscheidende.«

Sein Weg nach Finnland war anders als der der meisten Deutschen, die ich kenne. Axel ging ohne Stelle, ohne Netz und doppelten Boden. Ohne Sprachkenntnisse. Ohne viel Kohle auf der hohen Kante. Mein Bruder ist gelernter Bürokaufmann und wäre fast Diplom-Sozialwissenschaftler geworden, hätte er nicht kurz vor dem Abschluss hingeschmissen. Eine gute Qualifikation für den finnischen Arbeitsmarkt war das nicht. Heute, nach einem Studium in Lahti, ist er Wirtschaftsinformatiker.

Der Einstieg in Finnland war über Jahre knallhart. In Lahti fand er keine Arbeit. Er probierte es auf dem Bau. Als er sich vorstellte, hieß es: »Kein Finnisch? Nee, dann kannst du den Job nicht haben.«

»Ich will ja nicht reden, ich will Steine schleppen.«

»Nee, nee, die anderen Bauarbeiter sprechen kein Englisch, das geht nicht ohne Finnisch. Die wollen das nicht.«

Von anderen Leuten hörte er, dass Einwanderer in Metropolen wie Vantaa auch ohne Sprachkenntnisse Jobs gefunden hätten. Axel putzte schließlich in einem Supermarkt. Abends ab 19 Uhr, die Fisch- und Fleischtheke. »Wir waren zu dritt, eine Kenianerin, ein Nigerianer und ich. Sechs Abende pro Woche, open end, bis alles blitzblank war. Ganz fies waren die Spieße, auf denen tagsüber die Grillhähnchen steckten. Das wurde nur mit Chemie sauber. Hard-corezeug, das wolltest du nicht auf die Haut kriegen!«

Schließlich bekam Axel vom Arbeitsamt einen Sprach-kurs, die wichtigste Grundlage für das spätere Informatik-studium. Nebenher musste er weiter jobben, denn während der vorlesungsfreien Zeit im Sommer fließt für drei Mo-nate keine Unterstützung. Axel hatte zeitweise drei Jobs, zwei Putzstellen in Supermärkten, die eine morgens, die andere abends, dazu kam die Postfiliale in Asikkala, 25 Kilo-meter entfernt.

»Ich kam abends halb zwölf zurück, hab vier Stunden geschlafen, bin dann aufgestanden, damit ich rechtzeitig um sechs Uhr morgens in Asikkala im Supermarkt war. Mit der Maschine durch die Gänge, dann die Toiletten schrub-ben. Ganz schlimm war der Pfandautomat. Verklebt und stinkend nach Bier. Abends das Gleiche noch mal, und an drei Tagen noch die Post. Das war schon hart.«

Und das war nun sein Lebensglück? Diese Schinderei? War es eine falsche Entscheidung, nach Finnland zu gehen?

»Nein, Bernd. Ich war glücklich! Einer Freundin in Deutschland habe ich damals geschrieben: arm, aber glück-lich.«

Axel wiederholt diesen Satz mit Nachdruck: »Ich war wirklich arm, aber auch absolut zufrieden mit meinem neuen Leben. Sicher, ich hab manchmal auch geflucht. Aber es war nun mal das, was in diesem Augenblick notwendig war. Und wenn ich dann in Lahti am Vesijärvi stand und auf den See hinausgeblickt habe, waren alle Qualen vergessen. Diese Wasserfläche, in der sich die Wälder und die Hügel drum herum gespiegelt haben. Ich habe gedacht: Wow! Ich lebe jetzt da, wo andere Leute Urlaub machen. Es sah aus, als wäre ich irgendwo in Kanada gelandet. So weit. So menschenleer. Wenn du durch Finnland fährst, siehst du überall Seen und Wälder. Wasser beruhigt mich. Grün beruhigt mich. Wenn du hier in den Wald gehst oder an einen See, dann bist du in der Regel auch allein. Nicht so wie in Deutschland, wo es auch in der Natur voll ist!«

Wir schweigen einen Moment, jeder hängt seinen Gedanken nach. Ich muss bald los, mit dem Auto nach Sulkava. Drei Stunden über Land. Und Axel will mit dem Kanu weiter, durch Wind und Wellen. Hoffentlich hält das Wetter.

»Aber weißt du Bernd, was das größte Glück für mich ist? Dieses *mökki*. Ich erinnere mich noch gut an meine erste Fahrt hierher, mitten ins Niemandsland. Von der befestigten Straße irgendwann auf eine Schotterstraße. Dann, hinter einem alten Bauernhof, auf einen holprigen Waldweg. Und da stand plötzlich ein Schild: Sackgasse. Ich dachte, das kann jetzt aber nicht richtig sein, und dann ging es doch immer weiter und weiter, immer tiefer in den Wald hinein. Gigantische Ameisenhafen an Baumwurzeln, riesige Schlaglöcher auf dem Weg, der Wagen setzte immer wieder auf. Und dann tauchte irgendwann diese Blockhütte auf, die Lichtung, der See. Und ich dachte: Wow! Das will ich auch. Diesen ›peace of mind‹. Die absolute innere Ruhe. Seelenfrieden! Während des Sommers am *mökki* bin ich der glücklichste Mensch der Welt.«

Was mein kleiner Bruder da gerade erzählt, ist eine perfekte Anleitung zum Finnischsein. Oder eben zum Glücklichsein!

Meine letzte Frage: »Gibt es noch eine Sehnsucht für dich hier in Finnland? Was Unerledigtes?«

Axel muss gar nicht überlegen »Endlich einen Elch sehen, das fehlt mir noch zum Glück.« Dann lacht er: »Ich glaube, den gibt es gar nicht. Das erzählen die nur. Der Elch ist nur ein ›Phantom of the woods‹«.

Wir umarmen uns, dann steigt er ins Boot, legt mit kräftigen Paddelschlägen ab und winkt noch einmal. Zum ersten Mal fühle ich mich etwas melancholisch, aber gleichzeitig auch euphorisch beim Gedanken an seine Bootstour und meine Reise.

Glückstipp:

Streife durch die Wälder und hoffe auf einen Elch.

TAG
11

Sulkava

Endlich mit eigener Saunamütze

Das Sommerhaus liegt schon eine ganze Weile hinter mir, aber in Gedanken bin ich immer noch da. Aus dem CD-Player erklingen Songs von »Mental Shakedown«, der Band meines Bruders. Das ist neben der Natur seine eigentliche Welt. Er schreibt fast alle Songs selbst und steht auch hinter dem Mikro. Ich bin ein echter Fan und war tief gerührt, als er mir – aus dem Kanu heraus – zum Abschied eine selbstgebrannte CD mit den neuen Tracks überreichte. Im Rucksack hat er sie quer über den Päijänne bis zum *mökki* gepaddelt.

Mein Weg führt mich über Land mitten hinein ins Saimaa-Seengebiet. Nordeuropa lag während der letzten Eiszeit unter einer kilometerdicken Eisschicht. Als die sich hob, konnte sich auch die Erde, vom Druck der Eismassen befreit, heben. Es entstanden Mulden und Bruchkanten, weitläufige Moränenlandschaften, in denen das Schmelzwasser zusammenfloss – fertig waren die zahlreichen finnischen Seen. Tausende Jahre später sind wir im Anthropozän, dem vom Menschen bestimmten Zeitalter: Industrialisierung. Globalisierung. Ausbeutung des Planeten durch den Homo sapiens. Klimawandel.

Plötzlich muss ich an Greta Thunberg denken, die mit der Bewegung »Fridays for Future« international die Schlagzeilen in diesem Sommer bestimmte, Schulleiter wahnsinnig machte und die Eltern der protestierenden Kinder und Jugendlichen stolz. Wie betrachten die Finnen den Klimawandel? Und da kommt mir ein schrecklicher Gedanke: Fast fünfeinhalb Millionen Menschen leben in diesem Land, es gibt hier über zwei Millionen Saunen. Viele von ihnen sind täglich in Betrieb. Sie werden oft stundenlang befeuert, damit auch alle Familienmitglieder und Freunde Gelegenheit haben, in Ruhe zu schwitzen, so lange und so oft sie wollen. Was ist das für eine Hitze! Und wie leichtfertig lässt man sie entweichen! Mehr als zwei Millionen Saunatüren werden tagein, tagaus geöffnet, die ganze Wärme strömt hinaus in die Welt und hoch in die Atmosphäre. Für mich ist die Lage sonnenklar: Die Finnen erhitzen die Atmosphäre mit der Glut ihrer Saunahäuser! Die Finnen sind also schuld am Klimawandel! Ich bin gespannt, was sie sagen, wenn ich sie mit dieser Erkenntnis konfrontiere. Und meinen Beitrag zur Erderwärmung werde ich heute auch noch leisten, ich bin bei Pirkko und Günter in die Sauna eingeladen! Sie leben zwar in Kassel, verbringen aber viele Wochen im Jahr in ihrem *mökki*.

Der Besuch im Sommerhaus der beiden gehört seit Jahren zu meinem Standardprogramm in Finnland. Hier erwarten mich jedes Mal wunderbare Stunden mit Freunden am See.

Es ist später Nachmittag, als ich ankomme. Ich werde herzlich begrüßt, Pirkko kredenzt Kaffee und Blaubeerkuchen. Unvermittelt sagt sie: »Bernd, dir fehlt noch etwas Wichtiges für die Sauna gleich.« Lächelnd überreicht sie mir eine Saunamütze aus Filz.

In Finnland ist es durchaus üblich, mit Mütze in die Sauna zu gehen – das hilft angeblich gegen die Hitze. Ich weiß noch, wie konsterniert ich war, als ich vor Jahren in

Tampere zum ersten Mal Menschen mit Filzmützen im Schwitzbad sah. Meine eigene werde ich von nun an mit Stolz tragen.

Günter hat vorgeheizt. Seit meinem letzten Finnland-Besuch war ich in keiner Sauna mehr. Es ist im ersten Moment etwas ungewohnt, zumal mit dem Filzhut auf dem Kopf, aber so langsam komme ich rein in den Sauna-flow. Günter und ich gehen hinein, setzen uns, schweigen, schwitzen, wechseln hier und da ein paar Worte. Herrlich. Ich muss als Erster raus an die frische Luft und springe in den Saimaasee. Bei jedem Besuch hoffe ich, endlich einmal eine der legendären Saimaa-Robben zu sehen, und sei es nur für einige wenige Sekunden. Immerhin begrüßen mich heute die Schreie der Seeadler, die in der Nähe nisten.

Ich steige tropfend aus dem Wasser. Am Ufer liegt mein Handtuch, daneben das Handy. Drei Tage lang habe ich auf keine Zeitungsapp gedrückt, habe Deutschland Deutschland sein lassen und die Welt Welt Als Kabarettist trete ich jährlich mit einem Jahresrückblick auf, sollte daher also immer einigermaßen auf dem Laufenden bleiben. Aber auf meinen Finnlandreisen schalte ich in jeder Hinsicht ab. Auch das ist Teil meines Glücks hier. Was mich sonst so fasziniert, die tägliche Informationsflut, juckt mich hier nicht die Bohne. Mein kleines Glück im Alltag, beim Lesen der Überschriften teils schon satirisch zu reagieren und zu assoziieren, wird hier von einem viel größeren verdrängt: von der überwältigenden Natur, dieser inneren Ruhe, dem Schweigen und einem Nichts-hören-und-nichts-wissen-Wollen.

Ich mache mich auf den Weg zum Haus. Von meinen Gastgebern ist niemand zu sehen. Wo ist Günter hin? Gerade saß er noch neben mir in der Sauna? Wahrscheinlich reitet er die Außengrenzen des Grundstücks ab. Womöglich ist er just auf der Westweide. Und Pirkko? Im Ofen duftet ein Lachs, aber von der Köchin keine Spur. Ich suche nach König Alkohol. Jetzt. Sofort. Nur so, aus Lust. Ein finnisches »Lapin Kulta«, Lappländisches Gold. Legendäres Bier. Allerdings bin ich Ostwestfale, also höflich, schweigsam und vor allem: zurückhaltend. Ich warte normalerweise, bis man mir etwas anbietet. Ich nehme mir nicht einfach Dinge vom Tisch oder aus dem Regal. Oder Getränke aus dem Kühlschrank. Aber es gibt Situationen, da wird auch der Ostwestfale zum Draufgänger.

Entschlossen öffne ich den Kühlschrank und nehme eine Dose Bier heraus. Und hoffe, die beiden haben den Vorrat an Kaltgetränken nicht abgezählt.

Mit der Dose in der Hand gehe ich zurück in die Sauna. Von Günter immer noch keine Spur. Ich setze mich auf die mittlere Bank und schwitze trotzdem sofort. Ich trinke, wieder und wieder. Der Doseninhalt drängt sofort aus sämtlichen Poren heraus. Ich weiß nicht, wieso, aber mein Bier ist plötzlich leer. Ich gehe nach draußen, hinunter zum See. Wieso liegt da eigentlich noch mein Handtuch? War ich etwa gerade nackt bei meinen Gastgebern in der Küche am Kühlschrank?!

Auf den Schrecken hin brauch ich gleich noch 'n Bier.

Glückstipp:

Beim nächsten Mal gleich mit Bier in die Sauna! Und einfach das Handy ignorieren. Auch mal einige Tage lang.

Sulkava

Zum Glück ein Ingenieur

Finnland ist immer auch eine kulinarische Reise. Der Lachs, den Pirkko am Abend aus dem Ofen zieht, schmeckt phantastisch. Geangelt wurde er in Lappland. Die Kartoffeln sind vom Markt in Savonlinna, die Pilze aus dem Wald. Ich habe als kleines Gastgeschenk eine Auswahl an Obstsäften vom Rickelnhof aus meinem Heimatdorf mitgebracht. Aber was dann kommt, beschämt mich regelrecht.

Pirkko greift hinter sich. »Wir kennen uns schon lange, Bernd«, hebt sie an. Das klingt fast feierlich und ist es dann auch. »Mein Bruder ist letzten Herbst gestorben. Er sammelte Finnenmesser und stellte auch selbst welche her. Du bist inzwischen doch auch ein halber Finne. Und du gehörst irgendwie zur Familie. Wir möchten, dass du eines seiner Messer bekommst.«

Pirkko überreicht mir ein *puukko*, ein Messer mit Holzgriff aus Birke, das in einer Lederscheide steckt. Jetzt muss ich erst mal schweigen, um meine Rührung zu verbergen. Schweigen darf man in Finnland solange man will. Und für dieses kleine große Glück, bei Pirkko und Günter so willkommen zu sein – dafür muss ich lange schweigen, um das verarbeitet zu bekommen. Worte als Dank reichen dafür nicht aus.

Es dauert, bis wir unser Gespräch wieder aufnehmen. Irgendwann frage ich Pirkko, wie das denn damals war, als sie diesen deutschen Mann kennenlernte und ihn zum ersten Mal ihrer Familie vorstellte. Wie wurde es aufgenommen, dass dieser Mann nun ihr Glück werden, dieses Glück aber in Deutschland beheimatet sein sollte?

Pirkko erzählt: »In Deutschland stehen Ärzte und Rechtsanwälte als Schwiegersöhne hoch im Kurs. In Finnland ist es etwas anders. Meine Mutter war glücklich, als ich mit Günter ankam, nicht weil er so gut aussah, sondern weil er Ingenieur wurde. Das hat mit dem Krieg zu tun.«

»Mit dem Krieg?«, frage ich erstaunt.

»Finnland musste nach den beiden verlorenen Kriegen gegen die Sowjetunion – dem Winterkrieg 1939/40 und dem Fortsetzungskrieg von 1941 bis 1944 – hohe Reparationszahlungen leisten. Finnland musste einige Gebiete abtreten, außerdem Waren produzieren, die die Russen haben wollten. Eisbrecher, Maschinen für die Schwerindustrie und die Landwirtschaft. Und Gummistiefel! Damit hat Nokia ja mal angefangen. Die gingen alle nach Russland, wir Kinder bekamen so Billigdinger, die keinen Winter durchhielten.

Weil viele Ingenieure im Krieg gefallen waren und es hier auch zu wenige Studienplätze gab, gingen viele zum Ingenieurstudium nach Deutschland. Und mit ihnen kamen viele deutsche Ingenieure hierher, die dann auch blieben. Jeder in Finnland wusste: Wenn wir genug Ingenieure haben, können wir Güter entwickeln und produzieren, um so die Reparationszahlungen zu leisten. Und dann wird es den Tag X geben, an dem wir anfangen können, für uns selbst zu arbeiten.

Die Russen hatten gedacht: Das schaffen die Finnen nie! Die freuten sich schon auf den Tag, an dem sie sagen könnten: Die Finnen haben ihre Pflicht nicht getan. Was dann passiert wäre, möchte ich mir nicht vorstellen. Jedenfalls haben wir es geschafft, bis 1952 war alles bezahlt. Und seitdem sind Ingenieure so hoch geachtet bei uns.

Bei meiner Familie kam aber noch etwas anderes dazu. Wir hatten in der Nachbarschaft eine Familie mit sechs Kindern. Er war Ingenieur, seine Frau kümmerte sich um die Kinder, obwohl nach dem Krieg unzählige Frauen arbeiten gehen mussten; viele sind später auch berufstätig geblieben.

Wir waren zu Hause vier Kinder, mein Vater war »nur« ein kleiner Beamter. Aber er sagte: Eine Mutter von vier Kindern geht nicht arbeiten, sie bleibt daheim. Trotz seines schmalen Beamtengehalts galten wir als wohlhabende Familie. Wirklich wohlhabend waren aber unsere Nachbarn, denn die konnten sich sogar ein Essen im Restaurant leisten – für acht Personen. Deshalb sollte mein Bruder Ingenieur werden und die Töchter sollten wenigstens einen heiraten. Tja, und als ich dann in Deutschland Günter begegnete und erfuhr, dass er Ingenieurwissenschaften studierte, wusste ich: Jetzt muss ich zuschlagen.

Meine Mutter hatte mir einmal gesagt, als ich etwa 14 Jahre alt war: ›Naja, du bist nicht eben Miss Finnland, aber der liebe Gott hat dir einen klugen Kopf gegeben. Da kannst du ja, ohne dass die Männer dich stören, an deiner Karriere basteln.‹

Und da hab ich gedacht: »Mutter, ich bring dir einen Ingenieur! Der wird so gut aussehen und so erfolgreich sein, dass alle anderen Frauen neidisch auf mich sind. Und wenn ich nur 14 Tage mit ihm verheiratet bin! Und nun sind wir schon fünfzig Jahre verheiratet!«

Günter schaut seine Pirkko liebevoll an: »Deine Mutter hatte recht mit deinem klugen Kopf und den Ingenieuren. Aber für mich wirst du immer meine Miss Finn and sein!«

Für heute habe ich keine Frage mehr zum Glück der Finnen.

Glückstipp:

Wenn er oder sie vor dir steht, dein Lebensglück in Person, dann greife zu!

Kuopio

In der Rauchsauna

Nach dem Frühstück verabschiede ich mich von Pirkko und Günter und fahre nordwärts. Meine nächste Station wird Kuopio sein. Ich hatte einen Ort gesucht, an dem ich in die legendäre *savusauna*, die finnische Rauchsauna gehen könnte. Bei meinen Recherchen war ich auf das wunderbare »Kylpylähotelli Rauhalahti« in der Nähe von Kuopio gestoßen. Da gab es auch ein Spa, was immer das in Finnland bedeutete.

Die Rezeptionistin ist nett und charmant, aber sie spricht Finnisch. Rasend schnell. Ich hatte nur auf Finnisch gegrüßt »*Terve*«. Nun kann ich sie nicht mehr stoppen. Auch wenn ich nach all den Reisen durch Finnland die Sprache immer noch nicht sprechen kann, scheint inzwischen wenigstens meine Aussprache bei den wenigen Wörtern, die ich beherrsche, ganz gut zu sein. Zu diesen Wörtern gehören unter anderem *mansikka*. Erdbeere. Dann *mustikka*. Blaubeere. Und *nippuside*. Kabelbinder. Bei dieser Reihenfolge reagieren die Finnen fast immer mit Gelächter, denn niemand rechnet damit, dass ein deutscher Tourist ein so seltenes, im Alltag fast abwegiges Wort kennt.

Vor ein paar Tagen habe ich ein neues finnisches Wort gelernt, das allerdings gar nicht finnisch ist. Gewebe-Klebeband nennt man in Deutschland »Gaffa«. Das Zeug ist Zauberseil und Helfer für alles und jeden, egal ob für Künstler auf Tournee, Handwerker auf der Baustelle oder Camper am Fluss. Man kann es kurz ein- und dann abreißen, aber aufgeklebt hält es zwei Teile zusammen, als seien sie mit Stahlseilen umwickelt. In Finnland heißt dieses Gaffa-Tape »Jesus-Tape«. Die Begründung ist so einfach wie philosophisch: Jesus rettet jeden!

Die Rezeptionistin sprudelt weiter und reicht mir die Zimmerkarte. Als sie kurz Luft holt, schiebe ich rasch auf Englisch dazwischen, dass ich leider kein Finnisch spreche: »Only words.«

»Oh. Which words?«

Ich zähle auf: »*Mansikka. Mustikka. Nippuside.*« Bei Kabelbinder bricht sie in lautes Gelächter aus.

Auf Englisch erklärt sie mir die vielfältigen Sport- und Freizeitangebote des Hotels. Schwimmbad, Kletterwand, Fitnessraum. Gegenüber der Rezeption befindet sich die Karaoke-Bar, daneben das Tanzlokal »Estradi«, heute spielt eine Tangoband. Dreimal pro Woche ist das »Estradi« geöffnet, immer mittwochs ist Damenwahl! Ich sei kein Tänzer, sage ich vorsichtig.

Vorne auf der Halbinsel, erklärt sie, liege das Restaurant »Jätkänkämppä«, eine ehemalige Flößerunterkunft, mit typischem Essen und Musik. Von dort würden auch Boote ablegen, die nach Kuopio fahren. Und natürlich liegt die *savusauna* vorne am Wasser. Außerdem …

Für mich sind das viel zu viele Informationen und viel zu viele Möglichkeiten. Aber die Dame am Empfang ist einfach zauberhaft und lacht nur über meine Verwirrung.

Ich nehme mein Gepäck und steige in den Fahrstuhl. Mit mir steigt eine Frau ein und drückt die Nummer meiner Etage. Ich grüße: »*Terve.*« Sie grüßt zurück und spricht auf Finnisch weiter. Ich sage: »I am sorry, I don't speak Finnish.

I only know some words.« Kaum habe ich sie aufgezählt, öffnet sich auch schon wieder die Fahrstuhltür.

Am Nachmittag gehe ich mit meinem Saunafilzhut und einem Handtuch im Gepäck auf Erkundungstour. Über einen Uferpfad komme ich zur Flößerhütte. Gegenüber, direkt am See, steht die Rauchsauna, wegen der ich überhaupt hierhergekommen bin. Es war die Einzige, die wenigstens in etwa an meiner Reiseroute lag. Rauchsaunen sollen angeblich deshalb so selten sein, weil sie alle paar Jahre abbrennen. Vor allem sind sie aufwendig zu betreiben. Eine Rauchsauna hat keinen Schornstein, keinen Abzug im Gebäude. Über Stunden wird hier mit Holz geheizt, dicke Rauchschwaden hängen im Raum, ziehen in alle Ecken und Ritzen, hüllen Boden und Bänke ein. Erst kurz vor Öffnung der Sauna werden die Luftklappen kurz geöffnet, ein paar Aufgüsse gemacht und schon verzieht sich der Rauch. Der Geruch von verbranntem Holz bleibt.

In der Umkleide kommen mir verschwitzte Männer entgegen. Ich wundere mich über ihre seltsamen Hautveränderungen. Bei einem zieht sich eine dunkle Pigmentierung in einem breiten Streifen über die Schultern. Ein anderer hat ähnliche Hautveränderungen am Oberarm, ein dritter an der Hüfte. Mensch, Bernd! Im Geiste schlage ich mir mit der flachen Hand gegen die Stirn. RAUCHSAUNA! Rauch macht Ruß, und Ruß macht schwarz. Sie hatten sich lediglich an das rußige Holz gelehnt.

Am Eingang der Sauna hängt zu meiner Überraschung ein Schild mit Regeln in finnischer, englischer und russischer Sprache. Offenbar ist so eine *savusauna* nichts für Anfänger. Und offenbar rechnet man so weit nördlich nicht mit Deutschen. Vielleicht ist das auch eine reine Vorsichtsmaßnahme nach den Erfahrungen aus dem Lapplandkrieg.

Seitdem heißen wir bei einigen Finnen bis heute *lapinpolttaja* – »Lapplandverbrenner«.

Den Verhaltensregeln entnehme ich, dass man als Aufguss nur eine Kelle Wasser, *löyly*, »Dampf« auf die Steine geben und sich auch mit den anderen Saunagästen absprechen soll. Mal sehen, ob das klappt. Der Finne spricht ja bekanntlich nicht viel. Es zeigt sich: Mit mir sowieso nicht. Ich bin ja ein *lapinpolttaja*.

Ich betrete den dunklen Raum, und sofort schlägt mir der stechende Geruch von verbranntem Holz entgegen. Zwischen den Sitzenden bahne ich mir den Weg auf eine der oberen Bänke. Ich murmele Entschuldigungen auf Englisch, worauf ein geflüstertes »*Saksalainen*« die Runde macht. Als Deutscher bin ich also bereits erkannt.

Der erste Aufguss kommt ohne Absprache, er wird auch nicht mit der Kelle gemacht. Dabei gibt es in Finnland sehr, sehr schöne Kellen. Im Nationalmuseum in Helsinki hätte ich eine beeindruckende Sammlung solcher Saunakellen gesehen, an die hundert, jede beschriftet mit Besitzername und Entstehungsgeschichte. Von Vätern vererbt, mit Großvätern gebaut, seit Jahrhunderten ein beinah rituell genutzter Gegenstand. Hier hält man sich damit nicht auf, hier nimmt man die Kelle aus dem Bottich und kippt gleich dessen ganzen Inhalt auf die Steine. Die Jannes, Rikus und Mattis, oder wie die Herren auch heißen mögen, reden dabei und es muss irgendeinen Bezug zu mir haben. Ich vermute, dass sie soeben sinngemäß gesagt haben: »So lässt man dem Deutschen die Luft raus!«

Und genauso fühle ich mich jetzt. Ich sehe überhaupt nichts mehr vor lauter dampfenden Schwaden, die Hitze brennt in meinen Augen, und von meiner Stirn geht ein regelrechter Wasserfall nieder. Ich höre, wie die Tür geöffnet wird, und wenig später fällt etwas Licht herein. Ich sehe schemenhaft einen Mann mit einem Eimer in der Hand. Der wird doch nicht schon wieder? Natürlich wird er. Und hat er gerade wirklich den Finnen rundum zugenickt? Mit einem Schwall ergießt sich erneut der gesamte Eimerinhalt auf die heißen Steine.

Nein, ich werde nicht überstürzt nach draußen flüchten. Ich werde auch nicht auf die unterste Bank wechseln. Ich werde mich auf das kühle Bier konzentrieren, das ich nachher trinken werde.

Keine drei Minuten später habe ich die Dose in der Hand. Davor war ich aber schon im See zum Abkühlen! Schwaden stiegen auf! Dampf!

Glückstipp:

Besuche, wenn irgend möglich, irgendwo eine savusauna, eine Rauchsauna. Und keine Angst vor den verrußten Bänken.

TAG
13

Kuopio

Kaffee mit der Bischöfin

Schon zweimal war ich mit dieser Finnin im Aufzug gefahren. Und gerade war ich ihr am Frühstücksbüfett begegnet. Ein Zeichen! Ich spreche sie an. Sie heißt Elina und ist sogar Deutschlehrerin. Nach dem Frühstück gehe ich mit einem Kaffee auf die Hotelveranda und treffe sie dort mit einer Freundin. Ein weiteres Zeichen! Ob ich mich kurz dazusetzen dürfe?

Gerne, sagen die beiden Frauen. Elina allerdings ist verabredet, sie müsse leider los. Die fremde Frau sagt zu mir: »Bleib aber gerne sitzen.« Typisch finnisch. Gastfreundlich und offen.

»Ich bin Bernd, aus Deutschland. Ich bin Autor. Und ich suche nach dem Glück der Finnen.«

Die fremde Frau lacht und sagt: »Ich bin Irja, die erste Bischöfin von Finnland, seit 2017 im Ruhestand.«

Ich bin sprachlos. Mir gegenüber sitzt quasi die Margot Käßmann von Finnland. Ein absoluter Zufall. Diese Frau ist eine der führenden weiblichen Intellektuellen des Landes. Irja Askola.

Wieso spricht sie so gut Deutsch? Sie war fast zehn Jahre in Genf tätig. 2010 wurde sie die erste Bischöfin der Evangelisch-Lutherischen Kirche im Bistum Helsinki.

Sie wundert sich ein bisschen über sich: »Ich weiß nicht, warum ich gerade gesagt habe, dass ich Bischöfin bin! Ich sage nicht immer meinen Beruf. Oft wird das kompliziert. Menschen versuchen dann manchmal, regelrecht überhöflich zu sein. Deshalb sage ich eher, ich bin im Ruhestand und habe ein bisschen in der Kirche gearbeitet.«

Nun lache ich auch. Und freue mich sehr. Für mich sei das unbedingt ein Zeichen, sage ich, bei meiner Spurensuche eine Bischöfin getroffen zu haben. Ob sie Lust habe, ein wenig zu erzählen? Ein Gespräch mit einer Theologin sei mehr als ein Glücksfall für mich. Ich würde auch für ausreichend Kaffee sorgen, und wenigstens dem kann eine Finnin nicht widerstehen.

Sie lächelt und nickt. »Gerne.«

Ein so fröhliches wie ernstes Gespräch beginnt. Ich erfahre Spannendes über diese Frau und lerne gleichzeitig sehr viel über die Kirche in Finnland. Die ist stärker organisiert als in Deutschland. Laut ekd.de / Evangelisch-Lutherische-Kirche-in-Finnland, gehören 80 Prozent der Bevölkerung dieser Kirche in Finnland an, laut Wikipedia knapp 70, was immer noch sehr viel ist. Weniger als 30 Prozent sind konfessionslos. In den nördlichen Landesteilen und im westlichen Teil Finnlands sind sogar 90 Prozent der Bewohner Kirchenmitglied. Zählt man die Katholiken dazu, kommt man auf einen Anteil von 97 Prozent der Glaubenden. Die anderen 3 Prozent sind in der Orthodoxen Kirche. Weitere Religionen sind gar nicht erfasst. Irja sagt: »Es gibt viele Gemeinden, gerade im Norden des Landes, da ist es eine soziale Pflicht, in der Kirche zu sein.« Auch in Finnland, speziell in der Hauptstadtregion um Helsinki, träten zwar immer mehr junge Leute aus, aber in den Gemeinden habe die Kirche weiter eine wichtige Rolle.

Eine beeindruckende Frau sitzt mir gegenüber. Ich darf hier einen besonderen Blick in die finnische Gesellschaft werfen. Vor allem vom hohen Organisationsgrad der Kirche bin ich überrascht, aber auch von ihrer fast Monopolstellung gegenüber den Minderheitskirchen.

Irja, führende Evangelin, sagt aber sofort: »Ich bin sehr ökumenisch eingestellt.« Die Kontakte zu den Minderheitskirchen, zur römisch-katholischen und der orthodoxen Kirche, seien sehr gut. »Die orthodoxe Kirche ist klein, aber sehr aktiv. Es gibt ein orthodoxes Kulturzentrum in Helsinki. Und ich als Bischöfin, als Frau, bin ein Teil des Vorstands.« Als der »Apostolische Nuntius« für Finnland und alle anderen skandinavischen Länder ins Amt eingeführt wurde, stellte die lutherische Kirche dafür ihren Dom in Turku, ihre finnische Zentralkirche, zur Verfügung. »Darüber wurde auch international berichtet, dass so etwas überhaupt möglich war«, erzählt Irja. Und noch etwas sei besonders: »Weihnachten und Ostern haben die Orthodoxen normalerweise später, aber die orthodoxe Kirche hier hat entschieden, dass sie Weihnachten und Ostern zur gleichen Zeit feiern wie wir. Das war wichtig für die Kinder.«

Was gesellschaftliche Debatten angehe, sei die Kirche in Deutschland aktiver. Die Kirche in Finnland sei eher vorsichtig und nicht so meinungsstark, wie sie vielleicht auftreten sollte, bezogen auf Menschenrechte zum Beispiel. Sie mische sich insgesamt nicht so stark in gesellschaftspolitische Diskussionen ein.

Ich frage, ob nicht gerade das typisch finnisch sei?

»Ja«, sagt Irja. »Das ist ein Teil unserer finnischen Identität. Wir streiten nicht so viel. Wir demonstrieren nicht so zahlreich auf der Straße.«

Aber die Gesellschaft, und damit auch die Kirche, würde sich verändern. Die neue Generation denke international. Europäisch. Und würde für Menschenrechte eintreten. Und dann erzählt Irja von der großen »Pride«-Demonstration der Homosexuellen vor zwei Wochen in Helsinki, die mit dem Selbstbewusstsein »Ich bin, wie ich bin« für ihre Rechte auf die Straße gegangen waren. 80 000 Menschen kamen zusammen. »Das wäre vor fünf Jahren nicht denkbar gewesen. Ich war auch da, im bischöflichen Talar, genau wie viele Pfarrerinnen und Pfarrer.«

Irja war die erste Geistliche in Finnland, die Homosexuelle getraut hat, die auch ein homosexuelles Paar für den Dienst in der Kirche ordiniert, also geweiht hat. Sie ist eine Vorreiterin und Vorkämpferin, auch in ihrer Kirche.

Dreißig Jahre lang waren schon Pfarrerinnen im Amt, aber nie war eine Frau zur Bischöfin gekürt worden. War es schwer, diese erste zu sein?

»Ich habe sehr viel Unterstützung gehabt. Es standen viele Türen offen für mich, im gesellschaftlichen, aber auch im staatlichen Bereich, im Parlament, in den Ministerien. Auch unser Erzbischof hat mich unterstützt. Der ist nun im Ruhestand, aber auch die anderen Bischöfe waren froh, als ich gewählt wurde. Sie waren lange kritisiert worden als reiner Männerclub.«

Das klingt fast nach einhelligem Jubel, aber: »Als ich dann später meine eigene Meinung gesagt habe, auch über die Menschenrechte von Homosexuellen, oder über die Flüchtlingspolitik, da waren das plötzlich, wie sagt man auf Deutsch? Heiße Kartoffeln. *Kuuma peruna.*«

Über mehr als ein Jahr bekam sie sehr viele und extreme Hassmails. Teilweise mit brutalen Drohungen. »Da konnte ich wirklich nicht mehr schlafen. Die Mehrheit in der Kirche hat mich absolut unterstützt, und nicht nur die Leute, für die ich mich eingesetzt hatte, sagten: ›Wir brauchen dich. Du bist ein Vorbild für uns. Du gibst uns Mut. Jetzt können wir reagieren, weil du diese Dinge sagst und machst.‹«

Irja nutzt aus Prinzip öffentliche Verkehrsmittel. »Oft wurde ich in der Straßenbahn angesprochen. ›Du bist unsere Irja. Ich gehöre zwar nicht deiner Kirche an, aber ich bin froh, dass du unsere Bischöfin bist.‹«

Irja Askola legt größten Wert auf die Wahrung der Menschenrechte: »Es ist wirklich eine Gefahr für die Demokratie und für den Frieden in der Nation, wenn diese Rechte nicht gewahrt sind. Die Kirche ist lange Zeit so brutal gewesen. Gegenüber Homosexuellen, gegenüber den Roma. Ich sage immer wieder, dass jede und jeder willkommen sein muss, als Mensch.«

»Irja, bist du etwa eine finnische 68erin?«

Sie lacht: »Ich lebte da noch nicht in Helsinki, aber wer weiß, meine Seele vielleicht schon.«

Plötzlich so stark zu einem Vorbild zu werden, zu einem Rollenmodell, muss eine große Bürde gewesen sein. »Ja, ich fühlte mich anfangs etwas schüchtern sozusagen. Als ich in den Ruhestand ging, habe ich Tausende Briefe bekommen, was ich den einzelnen Menschen bedeutet habe. Vor allem Frauen.«

Als junge Frau in Finnland, wer waren ihre eigenen Vorbilder?

»In meinen Erinnerungen sind es tatsächlich Frauen. Sie haben unsere kleine Gemeinde in Lappeenranta geleitet. Die Geistlichen, die haben wir nur am Sonntag gesehen, im schwarzen Talar. Wir haben nichts verstanden von dem, was sie sagten. Aber die Sonntagsschullehrerinnen, die Diakonissen und auch die freiwilligen Helferinnen, die haben die Gemeinde geprägt. Bei ihnen ging es nicht darum: ›Gott straft dich, wenn du böse bist.‹«

Und dann sagt Irja einen ganz besonderen Satz: »Ich habe dort einen sanften, lächelnden Gott gefunden. Und als ich Bischöfin wurde, habe ich nachgedacht: Du hast als Kind keine Frauen in leitenden Positionen erlebt, obwohl sie den Laden geschmissen haben.«

Fast zehn Jahre, von 1991 bis 1999, hat sie als Exekutivsekretärin der Konferenz Europäischer Kirchen in Genf gearbeitet. »Das war natürlich auch in Europa eine sehr interessante Phase. Ich war im Weltkirchenrat, dem ökumenischen Zentrum, in der Europa-Abteilung tätig. Da habe ich so viele faszinierende Frauen getroffen, so voller Energie ... Sie kamen zum Teil aus kleinen Dörfern, ohne große Bildungschancen, und haben sich mit Stipendien nach oben gearbeitet. Ihre Lebensgeschichten haben mich beeindruckt.«

Das Stichwort Lebensgeschichten bringt uns zu einem anderen ernsten Thema – zu den Liebesbeziehungen finnischer Frauen mit deutschen Soldaten im Zweiten Weltkrieg, als 200 000 Deutsche als sogenannte Waffenbrüder in Lappland stationiert waren. Seit ihrem gewaltsamen Rückzug, auf dem sie alle Städte und Dörfer niederbrannten, galten die Deutschen wie gesagt bei vielen Finnen als »Lapplandverbrenner«. Die Liebesbeziehungen waren noch Jahrzehnte tabuisiert, die Frauen und die Kinder aus diesen Verbindungen stigmatisiert. Im furiosen Roman »Wildauge« von Katja Kettu geht es um eine solche Liebe.

Es waren schreckliche Monate in Lappland, erzählt Irja, als die deutschen Soldaten das Land niedergebrannt haben. Trotzdem habe es eben nicht nur Gewalt gegeben. »Es war so schwer zu verstehen: Der deutsche Soldat und die junge, nette finnische Frau, die sich geliebt haben. Dann kommt das Baby. Dann waren die Frauen stigmatisiert. ›Du hast unseren Feind geliebt!‹ In dieser schweren Situation wäre es die Aufgabe gerade der Kirchen gewesen, diesen Frauen zu helfen. Aber die Kirchen waren damals auch erfüllt von Nationalgefühl. Einige dieser Frauen sind dann nach Deutschland gefahren. Manche waren glücklich da, aber viele erlebten große Enttäuschungen. Weil ihre Liebsten in Deutschland verheiratet waren, dort sogar Kinder hatten, wovon die Frauen natürlich nichts wussten. Sie erlebten ein Trauma. Ich bin nicht willkommen in Deutschland! Mein lieber Mann und ich, die wir uns so geliebt und sogar ein Baby zusammen haben, er stößt mich zurück. Er sagt jetzt: Du darfst nicht hier sein. Und die eigene finnische Familie sagt: Du bist nicht mehr willkommen bei uns.«

Irja erzählt, wie ihrer Generation praktisch die Auskunft verweigert wurde. Trotz des Schweigens waren die Kriegsjahre auch für sie, Jahrgang 1952, spürbar. »Der Krieg war irgendwie noch da, selbst die Schatten des Bürgerkrieges von 1917/1918. Die Familie meiner Mutter stand aufseiten der »Roten«, der sozialistischen Arbeiterschaft, die meines Vaters war für die »Weißen«, die Bürgerlichen. Eltern und Großeltern haben gesagt: ›Das ist so schwer, wir wollen nicht darüber sprechen.‹ Was war mit unseren Familien los? Das alles war mit einem Tabu belegt. Ich wollte gerne mit meiner Tante darüber reden. Aber sie meinte nur: ›Nein Irja, das war so schrecklich, ich kann nicht darüber sprechen.‹«

In den Dörfern und Städten war es andererseits ganz normal, dass die Großmütter, die Tanten und die Mütter jegliche Arbeit machten. »Denn erst waren die Männer in den Kriegen, und dann kamen sie nicht mehr zurück.«

Und ihr eigener Weg? In ihrer Familie war Irja die Erste mit Abitur, die Erste, die studiert hat. Die Großeltern waren sozialdemokratische Politiker. »Meine Großeltern haben wirklich gekämpft, dass in der Schule jedes Kind ein kostenloses Mittagessen bekommt. Das war auch eine Strategie, damit die Mädchen zur Schule gehen konnten. Denn damals hieß es: ›Das reicht, wenn der Junge in die Schule geht, die Mädchen müssen helfen, im Haus, mit den Kühen, auf dem Feld.‹«

Und wie ist das nun im Ruhestand nach diesem erfüllten beruflichen Leben?

Auch nach ihrem Ausscheiden aus dem Amt sei sie als Gesprächspartnerin gefragt, immer wieder werde sie gebeten, zu predigen, erzählt Irja. »Und ich habe ein neues Hobby: Ich lese jeden Donnerstagvormittag im Kindergarten vor, Märchen und eigene Texte.«

Sie hat inzwischen sieben Gedichtbücher geschrieben und lächelt, als sie sagt: »Ich habe jetzt mehr Zeit für meine künstlerische Leidenschaft.«

Und natürlich, auch das ist Glück.

Glückstipp:

Gehe in eine finnische Bibliothek und suche ein Buch von Irja Askola. Lies eines ihrer Gedichte, auch wenn du es nicht verstehst. Vielleicht lässt du dir von einem Übersetzungsprogramm aus dem Internet helfen. Oder bitte jemanden, dir den Text zu übersetzen. Der neue Kontakt ist vielleicht der nächste Schlüssel zum Glück.

TAG 14

Alapitkä

Folge dem Schleifenquadrat!

Ich habe auf meinen Finnlandreisen gelernt, mich treiben zu lassen. Und ich habe gelernt, auf graphische Zeichen zu reagieren. Ich fahre gerade durch eine Ortschaft namens Alapitkä, als rechts am Wegesrand mal wieder eines dieser braunen Schilder auftaucht: Mit einem »Schleifenquadrat« darauf, also einem Quadrat, an dessen Ecken sich jeweils eine kreisförmige Schleife befindet. Wikipedia weiß: »Das Symbol wurde Anfang der 1950er-Jahre zuerst von finnischen Heimstättenverbänden zur Kennzeichnung von Kulturdenkmälern vorgeschlagen und seit den späten 1960er-Jahren in den skandinavischen Staaten als Verkehrszeichen verwendet, um auf historische Fundstätten oder auf Sehenswürdigkeiten allgemein hinzuweisen.«

Neugierig war ich vor Jahren einem dieser Schilder ins Nirgendwo gefolgt und mit einer faszinierenden Ausstellung mitten im Irgendwo belohnt worden. Seither mache ich das immer wieder. Diese Schleifenquadrate führen zu ganz unterschiedlichen, aber immer interessanten Orten, die oft in keinem Reiseführer beschrieben sind. Man kann sie vielfach nur finden, wenn man bereit ist, von der eigentlich geplanten Reiseroute abzuweichen.

Ich kann nur jedem raten: Folge dem Schleifenquadrat, es lohnt sich! Man sollte diese Schilder als Direktive nehmen, als käme der Befehl direkt aus dem Navi. Leider stehen auf den Schildern keine Kilometerangaben. Man weiß also nicht, wie viel Zeit diese Entdeckungen erfordern können und welche unwegsamen Pisten vor einem liegen. Ich bin immer wieder kilometerweit durch Wälder gefahren, fast geirrt und wollte mehrfach umkehren. Das ging aber oft gar nicht, weil es nirgends eine Wendemöglichkeit gab. Letztlich war ich dann immer froh über die unerwarteten Highlights.

Auch jetzt biege ich spontan von der Hauptstraße ab. Ein holpriger Weg führt zu einer rotgestrichenen Scheune, die einsam inmitten von Feldern steht. Etwas zurückversetzt liegt ein Bauernhof.

Ich parke und gehe die letzten Meter zur Scheune zu Fuß. Rechts neben dem Tor hängen einige Schilder an der Holzwand. Hier »prangt« nichts in großen Lettern, erst als ich fast davorstehe, kann ich die Aufschriften lesen: Von Hand geschrieben steht da »*Auki*«, geöffnet, und »*Tervetuloa*«, herzlich willkommen. Auf dem dritten Schild prangt wieder das Schleifenquadrat, daneben eine Tasse Kaffee. Na, immerhin werde ich in dieser offenbar sehenswürdigen Scheune einen Kaffee bekommen. Ich entdecke ein weiteres, gedrucktes Schild: »*Suomen Asutusmuseo*«, darunter die Öffnungszeiten während der Sommermonate.

Das Scheunentor steht offen, ich trete ein. Zur Rechten ein kleines Museumscafé, an den Wänden allerlei Exponate und Infotafeln in finnischer Sprache. Ich habe absolut keine Ahnung, worum es hier geht. Die beiden Frauen vom Café klären mich darüber auf, dass das eigentliche Museum der Bauernhof sei. Ich rechne damit, dort eine Ausstellung zum bäuerlichen Leben früherer Zeiten zu sehen, und bin überrascht, als mir eine der beiden mit größter Fröhlichkeit erklärt, dies sei ein Museum über die Geschichte der Ansiedelung karelischer Flüchtlinge nach dem Winterkrieg (1939–1940) und dem »Fortsetzungskrieg« (1941–1944) gegen die Sowjetunion.

Uff. Das ist eigentlich harte Kost, aber ein wichtiges Kapitel in der finnischen Geschichte. Eines, von dem mir Henrik Meinander bereits erzählt hatte.

»Möchtest du an der Führung teilnehmen?«, fragt Ilona.

»Es gibt eine Tour?«

»Ja, für 5 Euro.«

»Wann beginnt die Tour denn?«

»Wann du willst. Du bist unser einziger Besucher.«

Und da lacht sie auch schon wieder, laut und herzlich.

»Gut, aber zuerst brauche ich einen Kaffee!«

»Wie ein echter Finne«, grinst sie.

Nach dem Kaffee schlendern Ilona Tuomi und ich von der Scheune zum Gehöft, vorbei an frisch gemähten Wiesen, auf denen Heumännchen stehen, sogenannte Heuhocken: ein in die Erde gerammter Pfahl mit einigen hölzernen Quersprossen, auf denen das Gras zum Trocknen aufgetürmt wird.

Finnen seien sehr ernst, heißt es oft, und sie würden nicht viel reden. Ilona ist definitiv anders. Ilona sprudelt. Eigentlich ist sie Wissenschaftlerin und hat mittelalterliche Geschichte studiert. »Dieses Museum hier und dieser Teil der finnischen Geschichte ist also sehr modern für mich«, sagt sie und kichert ihr wunderbares Lachen. Zehn Jahre lang lebte und forschte Ilona in Irland. Ihr Ziel ist der PhD, der Doktortitel. Aktuell arbeitet sie mit anderen an einer Buchveröffentlichung: »Charms, Charmers and Charming in Ireland: From the Medieval to the Modern«. Im Herbst soll es erscheinen. Sofort sage ich: »Dann kaufe ich dein Buch.«

Schon wieder lacht sie: »Na, dann habe ich schon zwei Käufer. Denn meine Eltern müssen auch eins kaufen!«

Ich frage nach der Historie des Museums. Es sei inzwischen sogar auf Facebook, sagt sie. Und fügt mit Augenaufschlag hinzu: »Believe it or not! Die Idee dazu ist in den 1990er-Jahren entstanden, im Jahr 2000 war Eröffnung. Das Museum wird von einer Stiftung unterhalten, deswegen müssen wir auch Eintritt nehmen. Und deswegen ist es auch nur zwei Monate im Sommer geöffnet.« Es gebe nur eine Museumsmitarbeiterin, erzählt sie so stolz wie gewitzt, und das sei sie.

Das Museum will an die Ansiedlungen unzähliger Flüchtlinge nach dem Zweiten Weltkrieg erinnern. Weil Finnland Gebiete an die Sowjetunion abtreten musste, verloren mehr als 420 000 Finnen ihre Heimat, 407 000 davon Karelier. In der Folge kam es zur größten Landverteilung in der Geschichte Finnlands. Zunächst wurden verlassene Bauernhöfe zu neuem Leben erweckt, dann gaben Städte und Kommunen Land ab, auch Pfarreien und Kirchen beteiligten sich. Das Land wurde neu parzelliert, es entstanden neue, kleine Höfe. Großbauern, die ebenfalls Land abgeben mussten, bekamen eine Entschädigung.

Ich unterbreche Ilona und frage nach, ob die denn damit einverstanden waren.

»Nein, natürlich war nicht jeder froh darüber. Im Gegenteil. Das war ein Problem in der Gesellschaft. Nach Lapinlahti – wo heute knapp 10 000 Menschen leben – kamen damals 2000 nun Heimatlose aus Karelien. Das war anfangs kein schönes, kein gutes Zusammenleben.«

Es gab also eine Art Fremdenfeindlichkeit gegenüber den eigenen Landsleuten?

Ilona nickt. »Es gab verschiedene Gründe dafür. In Karelien sprachen die Menschen Karelisch, aber kein Finnisch. Oder nur mit schwerem Akzent. Es kam zu vielen Missverständnissen, weil die Menschen sich nicht verstanden. Die Karelier wurden gemobbt, teilweise musste die Polizei eingreifen. Von den Einheimischen wurden die Neuankömmlinge nicht unterstützt, im Gegenteil, ihre Versuche, hier Fuß zu fassen, wurden oft regelrecht boykottiert. Hinzu kam, dass in manchen Teilen Kareliens die Menschen griechisch-orthodoxen Glaubens waren. Für viele Finnen waren das schlichtweg Russen.«

Wir stehen inzwischen vor dem Bauernhaus. »Hier lebten Anni und Yrjö Mure, Bruder und Schwester. Als sie aus Karelien kamen, waren sie fünf Geschwister, auch die Mutter war noch evakuiert worden, starb aber wenig später. Die Mures kamen aus Salmi am Ladogasee. Die Menschen aus Salmi wurden hauptsächlich in der Gegend rund um Kuopio angesiedelt. Das war eine der Grundideen dieser Besiedlung: Man wollte die Menschen, die vorher in einer bestimmten Region gelebt hatten, nicht trennen. Sie sollten ihre sozialen Beziehungen weiter pflegen können.«

Man habe damals auch darauf geachtet, dass die Menschen ihren ursprünglichen Berufen weiter nachgehen konnten. »Wenn du Fischer warst, dann hast du Land am oder in der Nähe von Wasser bekommen, damit du dein Leben als Fischer weiterführen konntest. Das war in einer schrecklichen Situation ein humaner Ansatz.«

Die Mures hatten in Karelien einen großen Hof, und der Staat erstattet ihnen diesen Wert – je nach Größe der einstigen Besitztümer fiel die Entschädigung also unterschiedlich aus. Wer arm war, blieb auch nach der Umsiedlung arm, aber immerhin nicht besitzlos.

1947 kaufte die Familie diesen Hof und lebte für einige

Jahre im Schuppen. Das neue Haus, heute das Kernstück des Museums, baute Yrjö erst 1952. Er hatte sich lange gescheut, eine Hypothek aufzunehmen. Aber sie begannen sofort mit Viehwirtschaft und dem Ackerbau. Die Milch wurde an die Molkerei der Genossenschaft verkauft. Ilona zeigt auf mehrere stolz gerahmte Urkunden der Genossenschaftlichen Molkerei Kuopio. »Damit wurde Yrjö ausgezeichnet für die Lieferung von erstklassiger Milch. Die Arbeit mit den Kühen hat allerdings Anni gemacht, Yrjö kümmerte sich nur um das Pferd. Aber er bekam die Urkunden«, erzählt Ilona lachend. Yrjö hatte eine Kriegsverletzung am Kopf, weshalb er keine anderweitige Arbeit hatte, die Milch war ihr einziges Einkommen.

Keines der fünf Geschwister hat geheiratet, es gab keine Erben, und deshalb war der Hof der ideale Ort für dieses Museum. Auch, weil im Haus und den Wirtschaftsgebäuden über die Jahre kaum etwas verändert worden war. Der größte Schatz aber sind die Briefe der Geschwister, über 2000 Schriftstücke sind heute im Besitz der Museumsstiftung. Ilona schwärmt: »Sie schrieben damals, wie man spricht. Direkt. Unmittelbar. Selbst wenn es um Gefühle geht. Dekaden sind seitdem vergangen, der Blick zurück ist teils verschwommen, Dinge werden verdrängt und vergessen, aber diese Briefe sind unverfälschte Zeugnisse einer einzigartigen Situation. Und sie sind nur da, weil die Mures sie regelrecht pedantisch aufgehoben haben.«

Ilona führt mich durch die Räume. »Häuser wie dieses gab es damals in ganz Finnland. Sie wurden auf dem Reißbrett entworfen, Modellhäuser, die überall gleich waren. Weil es nur ein großes Schlafzimmer gab, schlief Anni in der Küche.«

Wir gehen zur Scheune. Eine Auffahrt für Gespanne

führt seitlich auf den Boden über dem Stall. Hier stehen verschiedene Schlitten, einer extra für die sonntägliche Kirchfahrt, ein anderer zum Wasserholen, daneben entdecke ich bekannte und unbekannte landwirtschaftliche Geräte. »Das hier«, sagt Ilona, »ist die coolste und genialste Erfindung überhaupt. Eine Pflanz- und Setzmaschine.« Das Ding sieht aus wie eine Art Schubkarre mit Trichter obendrauf. »Diesen Hebel schiebst du auf die hier mit Namen gedruckten Pflanzsorten, dann hast du jeweils den passenden Reihenabstand und die Pflanztiefe eingestellt. Die Setzlinge kommen oben in den Trichter, und werden einer nach dem anderen von Greifern gefasst und im richtigen Abstand zueinander in den Boden gepflanzt.«

Fast am Ende der Führung lerne ich dank dieses Gerätes noch ein paar neue finnische Vokabeln: *herbe* – Erbse, *papu* – Bohne, *palsternakka* – Pastinake, *retiisi* – Rettich, *pinaatti* – Spinat, *selleri* – Sellerie, *nauris* – Steckrübe.

Wir sind mittlerweile im Stall, wo Ilona auf einen sehr kleinen Melkschemel zeigt. »Anni war eine sehr kleine Frau, nur 1,49 groß. Quite petite!«

Mein Blick fällt auf die recht großen Fenster. Das Panorama ist großartig. Ilona, die meinen Augen gefolgt ist, lacht: »Kein Wunder, dass die Kühe so viel ›firstclass excellent milk‹ gegeben haben, sie hatten einen schöneren Ausblick als die Menschen, direkt auf den See hinaus.«

Zum Abschluss zeigt sie mir den Pferdestall. Feierlich sagt Ilona: »Ich glaube, wir sind das einzige Museum der Welt, in dem man authentische Pferdeäpfel aus dem Jahr 1974 ansehen kann. Damals starb das letzte Pferd der Familie.«

Tatsache! In der Box liegen unverkennbar, wenn auch reichlich vertrocknet, Pferdeäpfel. Ein größeres Maß an

Authentizität ist in einem Museum wohl nicht zu erreichen.

Glückstipp:

Lass dich auf die Schleifenquadrate ein, sie halten jede Menge
Überraschungen bereit. Und nimm jedes Museum mit, und sei es
noch so klein und noch so weit ab vom Schuss!

TAG 14

Valtimo

Karelisches Kukko

Heute habe ich mich mit meiner Zeit komplett verkalku-
liert. Ich habe – etwas größenwahnsinnig – mittlerweile
das Gefühl, ich sei ein Finne und würde mich auskennen.
Ich war gar nicht mehr auf die Idee gekommen, auf meine
Karte zu schauen. Tja. Ich bin zuerst gen Norden gefahren,
Richtung Iisalmi, dann weiter nach Kajaani. Hätte ich einen
Blick auf die Karte geworfen, hätte ich bemerkt, dass ich
schon kurz hinter Kuopio Richtung Osten hätte abbiegen
müssen, in Siilinjärvi, um mein heutiges Ziel zu erreichen,
das zur Abwechslung mal ein rein kulinarisches ist.

Ich will die karelische Küche kennenlernen. Ich hatte diesen Tipp von Irma und Roope bekommen. Ein phantasti-
sches Restaurant, das auf meinem Weg liegen müsste. Ich
krame nach der Notiz mit der Adresse und suche den Ort
auf der Landkarte. Ich bin wesentlich weiter nördlich, als
ich hätte sein sollen. Was tun? Weiter stur geradeaus Richtung Rovaniemi und das Essen ausfallen lassen? Oder doch
zurück auf Los? Lohnt das?

Und dann denke ich, dass ich mir Fragen wie die letzte
eigentlich verbieten sollte. Hier in Finnland war noch nie
ein Weg umsonst. Außerdem ist doch immer der Weg das
Ziel. Nur weil ich zu faul war, rechtzeitig in die Karte zu
schauen, sollte ich mir ein möglicherweise grandioses Essen
entgehen lassen? Hm. Heute ist Freitag, Rita kommt Sonn-

tag, bis dahin liegt noch eine Strecke von 350 Kilometern vor mir. Ohne den Umweg. Andere fahren jedes Wochenende 400 Kilometer zu ihrem *mökki* und zurück. Und Konfusion, der große ostwestfälische Weise, hat gesagt: »Wer nur den geraden Weg geht, kommt nur an ein einziges Ziel.«

Ich wende den Wagen und drücke aufs Gaspedal.

Mein Navi sagt mir, dass ich mein Ziel frühestens um 19 Uhr erreichen werde. Ich rufe im »Puukarin Pysäkki« an. Die Chefin selbst ist dran, Anni. Und sie spricht sogar sehr gut Deutsch. Ja, ein Zimmer habe sie noch. Aber für die Küche sei es zu spät, um noch à la carte zu essen. Ich frage, ob sie mir nicht einfach eine Mahlzeit fertig machen könne, so auf 19.30 Uhr. Etwas typisch Karelisches, was auch immer das dann sei. Ja, da werde sich schon was machen lassen.

Zwei Stunden später bin ich endlich am Ziel. Und staune. Das »Puukarin Pysäkki« liegt etwas abseits der Hauptstraße. Ein paar Autos parken davor, einige wenige Menschen sitzen in der gemütlichen Gaststube. Ich stelle mich vor, ich hätte angerufen. Alles klar, ich solle doch schon mal Platz nehmen. Wenig später beginnt meine kulinarische Reise. Was ich hier als »mal sehen, was sich machen lässt« auf den Tisch gestellt bekomme, ist ein typisches karelisches Mehr-Gänge-Menü. Karelische Tapas, könnte man sagen. Und zum ersten Mal esse ich *kukko*: Rindfleisch und Schweinefleisch in Brot gebacken. Der Hammer! Inzwischen weiß ich, dass es *kukko* auch mit eingebackenem Fisch gibt. Absolut typisch für die ostfinnische Küche.

Ich bin etwas irritiert von den Blumen auf meinen Tellern. Ich schiebe sie vorsichtig beiseite. Anni »erwischt« mich dabei und nickt mir aufmunternd zu: »Die Blumen müssen gegessen werden!«

»Das ist ein Witz!«, sage ich.

Sie entgegnet fast streng: »Ich mache keine Witze mit Blumen!«

Dann gibt sie mir noch den Zimmerschlüssel und macht Feierabend. Und ich gehe in die Sauna! Mit Bier!

Am nächsten Morgen schaue ich vor meiner Abreise noch kurz bei Anni in die Küche. Sie hat Brot gebacken, typisches finnisches rundes Roggenbrot mit einem Loch in der Mitte, *ruisreikäleipä*, Roggen-Loch-Brot. Gerade »fädelt« sie die zum Trocknen auf eine Holzstange auf, die sie über den Ofen unter die Küchendecke hängt. Die Brote sind für die Läden in der Umgebung und einige andere gastronomische Betriebe. »Brot ist das Wichtigste. Wir backen diese Roggenbrote mit Sauerteig. Dann nutzen wir die Hitze des Ofens für die Zubereitung anderer Sachen.«

Ich frage Anni, was aus ihrer Sicht das Besondere an ihrem Haus sei. Mit größtem Selbstvertrauen antwortet sie: »Wir sind das beste Restaurant der Welt. Wer sonst macht so ein wunderbares karelisches *kukko*?«

Die Leidenschaft am Kochen, an ihrer ganz eigenen Küchenwelt funkelt in ihren Augen. »Wir machen das, was wir machen, sehr, sehr gern. Und das schmeckt man auch.«

Am Fenster der Küche stehen Blumen, mehrere Sträuße. »Das ist keine Deko«, sagt Anna, »das sind Zutaten. Einige Blüten hattest du ja gestern schon auf dem Teller. Der Sommer ist die beste Zeit, da gibt es jede Menge essbarer Blumen, Wildblumen oder auch welche aus dem Garten. Blumen geben dem Essen Geschmack.«

Im Eingangsbereich des »Puukarin Pysäkki« sind mir verschiedene *diplomi* aufgefallen. Nur die wenigsten konnte ich übersetzen, da ging es um ihre vielfältige ökologische Küche. Anni wehrt meine Nachfrage ab: »Ach, das ist nicht der Rede wert. Ich habe so viele *diplomi*.« Und lacht. Sie betreibt das Haus seit 2012. Es ist ganzjährig geöffnet, auch im Winter kommen Gäste, vor allem zum Skilaufen.

Was suchen die Menschen hier?

Anni lacht: »An diesem Ort? Natur, Natur, Natur! Und gutes Essen.«

In der Gaststube trinke ich noch einen letzten Kaffee, in der Küche herrscht unüberhörbar »Sturm und Drang«. Aber wieso spricht Anni Englisch? Dem will ich dann doch noch auf den Grund gehen.

Des Rätsels Lösung lässt nicht lange auf sich warten. Aus der Küche kommt eine Frau, die sich mir so vorstellt: »Hi, I'm Jamie Lee Freda from New York City.«

Sie ist hier als »Praktikantin«, in ihrer Heimat ist sie selbst eine erfolgreiche Gastronomin. Bei Anni sucht sie Anregungen und Ideen für ihr »Project Pasta«. Sie produziert in New York vegane und glutenfreie Pasta.

Vegane Pasta?

Jamie Lee lacht: »Pasta geht auch ohne Ei und schmeckt ganz wunderbar. Nur Hartweizengrieß, Mehl und Wasser. Aber du kannst auch noch viel mehr dazugeben für einen tollen Geschmack. Sogar Blumen.«

In Finnland hatte sie zuerst auf einer Farm gearbeitet, dann erzählte ihr jemand von Anni. »Ich wollte das hier unbedingt entdecken. Mein Ziel ist es, Dinge aus dieser Küche in meine eigene zu integrieren.«

Faszinierend, dass eine amerikanische Frau für ihren eigenen kulinarischen Weg nach Finnland kommt, um zu suchen, zu sehen, zu lernen und zu experimentieren. Und wenn man sieht, wie diese beiden Profiköchinnen in der kleinen Küche des »Puukarin Pysäkki« miteinander agieren wie bei einem Ballettduett – ja, auch das ist Glück.

Glückstipp:

Koche eines der beiden *kukko*-Rezepte aus dem Buch »Traditionelle finnische Hausgerichte« nach. *Kalakukko Savosta*, S. 119 und *Lanttukukko*, S. 121.

Zwischen Pudasjärvi und Ranua

Der Finnland-Flüsterer

Das »Puukarin Pysäkki« liegt nun schon einige Stunden hinter mir. In Pudasjärvi war ich wieder mal blind einem Schleifenquadrat gefolgt und hatte kurz hinter der Stadt eine beeindruckende alte Holzkirche entdeckt und das phantastische Heimatmuseum. Der Zaun, der den Friedhof der Kirche umgibt, ist laut nordicmarketing.de der längste »mit Brettern besetzte Zaun der Welt: 1371 Meter«. Nah der Kirche, im Museum, stehen kleine Hütten, in denen die Kirchgänger früher übernachteten, wenn sie am Vorabend des Gottesdienstes anreisten. Im Museum erfahre ich, dass Flößer sogar ein Saunaboot mit sich führten, und lerne Wissenswertes zur Kulturgeschichte der Motorsäge. Wie man die ersten Geräte überhaupt anheben geschweige denn einsetzen konnte, ist mir ein Rätsel. Nur Gewichthebern mit Olympiaqualifikation konnte das gelingen.

Wieder war ich viel länger geblieben, als für diesen Wegabschnitt bis Ranua überhaupt eingeplant. Dort will ich auch noch in den Zoo, den nördlichsten Finnlands mit arktischen, in Polarregionen und in Nordeuropa lebenden Tierarten.

Ist das jetzt eigentlich schon Lappland? Jedenfalls steht ein Warnschild am Straßenrand: »Vorsicht, Rentiere.« Ich stoppe und fotografiere mein Auto vor dem Schild. Das

Foto schicke ich als SMS mit Gruß an Peter Pauls, Freund und Kollege in Köln. Er wird in wenigen Wochen auf genau diesem Streckenabschnitt unterwegs sein. Wir verpassen uns quasi nur um Tage.

Peter ist ein echter Finnlandexperte und mit dem Land seit Jahrzehnten verbunden, im Land gebunden war er auch. Fünf Jahre lang, an Riitta. Das mit dem Verkehrsschild hat noch eine besondere Bewandtnis. Peter plant die Reise mit seiner »heißen Jugendliebe«, einem Saab Sonett II, einem Zweisitzer Baujahr 1968. Es war ein alter Traum von ihm, mit einem Oldtimer zum Nordkap zu fahren.

Peter stammt wie ich aus Ostwestfalen, er kommt quasi »umme Ecke wech«, aus Espelkamp. Er war Chefredakteur des *Kölner Stadtanzeigers*, was bei dem alten Unverständnis zwischen »sturen« Ostwestfalen und »lebenslustigen« Rheinländern eigentlich ein Ding der Unmöglichkeit ist. Die Kölner können nichts über seine Herkunft gewusst oder er muss sie verschwiegen haben, sonst wäre es niemals zu dieser Stellenbesetzung gekommen.

Finnland war und ist eine Leidenschaft in seinem Leben, seit er 1975 zum ersten Mal durch das Land trampte. Da traf er auch gleich Riitta, weshalb er hier als junger Mann schon Wochen, oft Monate verbracht hat. Damals war Finnland für ihn ein isoliertes Land: »Im Westen war die See, im Osten Russland. Es gab eine Sprache, die keiner versteht, eine Bevölkerung, die in Sachen Fremdsprachen zu den Besten gehören, sie aber nicht sprechen, weil sie sich nicht blamieren wollen. Die Leute blieben am liebsten unter sich, da gab es nichts, was über die Grenzen hinausdrängte«, erzählt er mir bei einem Treffen kurz vor Beginn meiner Reise.

Heute sei das anders, nicht zuletzt durch Nokia, durch die durchlässig gewordenen Grenzen, die Durchdringung des Alltags mit modernster Technologie, »von der wir nur träumen können!« Noch in der letzten Ecke des Landes spreche jemand Englisch, sagt Peter, oder bezahle sein Päckchen Kaugummi mit einer Kreditkarte oder Apple Pay.

Und die Menschen selber?

Die Finnen hätten ein paar Eigenschaften, die man generell schätzt, meint er. »Wenn du erst mal ihren Schutzpanzer durchdrungen hast, stecken dahinter wahnsinnig nette, zuverlässige und treue Menschen. Und nicht nur, weil ich hier meine erste große Liebe fand, wird Finnland – das klingt jetzt sehr pathetisch – immer einen festen Platz in meinem Herzen haben.«

Meine Standardfrage stelle ich natürlich auch Peter: Sind die Finnen das glücklichste Volk der Welt?

»Ich kann mir das schon vorstellen. Finnland ist wie ein Baukasten, in dem alles bereits vorhanden ist. Du musst das Ganze nur für dich zusammenbauen. Eine Freundin sagte mal: Glück ist einfach. Das finde ich nicht. Vielmehr ist Glück in den einfachen Dingen, und vor allem in der Macht dieser Natur. Ein Birkenwald nach dem Regen kann wunderschön sein, sehr ästhetisch. So eine Tiefe findest du nicht in der Stadt.«

Peter meint, vielleicht würden die Finnen auch deshalb Glück empfinden, weil sie dem Leben hier einiges abtrotzen müssten. Das fange beim Wetter an, den harten Wintern. »Je weiter man in den Norden kommt, um so mühsamer wird der Anbau von Erdbeeren und Kartoffeln, aber umso besser schmecken sie auch. Eben weil es so hart war, sie der Natur abzuringen. Du genießt, was du hast, selbst den Regen.«

Das Glück der einfachen Dinge, so einfach ist das also. Heute spricht er von den neuen, kommunikationsbereiten Finnen. »Du erfährst viel. Es ist ein ganz eigener Kosmos, die Nähe zur Literatur, zu Versen, zum Tango. Und dazu diese humorvollen, manchmal ein bisschen kauzigen Menschen. Für mich ist das alles eine große Bühne.«

Peters Neugier und Begeisterung verstehe ich sofort. Mir geht es nicht anders. Aber woher kommt diese neue Offenheit und Mitteilungsbereitschaft bei den Finnen, die wir beide erlebt haben, die aber vielem widerspricht, was man ihnen sonst nachsagt?

»Man kennt das ja von uns Ostwestfalen: Wenn du einen von uns erst ein paarmal getroffen hast, musst du unsere etwas sparsame Gestik und unseren eher restringierten Sprachgebrauch zu lesen wissen. Du musst abschätzen und dir die Frage stellen: Komme ich mit dem aus? Das ist in Finnland auf gewisse Weise ähnlich. Du musst über die erste Klippe rüber, danach kommst du in die Ebene, und meistens klappt es da dann ganz gut.«

Ich hatte in meinem ersten Buch »Finne dich selbst!« die Behauptung aufgestellt: »Der Finne ist der Ostwestfale Europas.« Hier war die Beweisführung!

Wenige Wochen nach seiner Reise veröffentlichte Peter im *Kölner Stadtanzeiger* einen Reisebericht über seine »sonette« Fahrt zum Nordkap unter dem vielsagenden Titel: »Alter Schwede, das war weit«. Er als echter Suomi-experte hat mir kürzlich einen Ehrentitel verliehen. In einem Facebook-Post bezeichnet er mich als »Der Finnland-Flüsterer«. Ein Kompliment zum Erröten.

Glückstipp:

Peter rät: Erdbeeren auf dem Markt in Helsinki kaufen, mit der Fähre nach Suomenlinna rüberfahren und dort auf den Steinen liegend, wie er einst mit Riitta, Erdbeeren und Finnland genießen und den vorüberfahrenden Booten und Fährschiffen zusehen.

TAG 16

Rovaniemi

Lappland-Marathon

Spät in der Nacht bin ich in Rovaniemi angekommen und sofort ins Bett gefallen. Gerade habe ich mich am exzellenten Frühstücksbüfett bedient und trage meine Beute zum Platz. Ich bin höflich und grüße im Vorbeigehen die Leute am Nachbartisch. Ich werde sofort als Deutscher identifiziert. Kein Wunder, denn Jorma arbeitet für deutsche Firmen. Mehr noch, er ist Vertreter für Möbelbeschläge aus Deutschland, deren Hersteller allesamt wo beheimatet sind? Irgendwie bin ich bei seiner Antwort schon gar nicht mehr überrascht – in Ostwestfalen, im Raum Bielefeld / Herford. Langsam werden mir diese »zufälligen« Ostwestfalen-Bezüge regelrecht unheimlich.

Ich frage, ob er und seine Frau Hanne hier Urlaub machen. Ja und Nein, kommt es vom Nebentisch. Erst jetzt sehe ich, dass Hanne ein Shirt mit angesteckter Startnummer trägt, Nummer 80. »Heute ist doch der Lappland-Marathon hier in Rovaniemi«, erzählt sie fröhlich. Aha. Start am Abend, ein Lauf in der Mitternachtssonne.

»Geht ihr beide an den Start?«

Jorma sagt grinsend: »Nein, ich bin nur ihr Trainer und Manager.«

Hanne war über fünfzig, als sie ihren ersten Marathon absolviert hat. Seitdem beschenken sich die zwei mit interessanten Städteläufen. Helsinki, Stockholm, Oslo und

Kopenhagen, aber auch im isländischen Reykjavik ist sie schon gestartet. »Das große Ziel ist der New York Marathon«, sagt Hanne. Die Atmosphäre sei immer etwas Besonderes bei diesen Stadtläufen, aber New York müsse einfach großartig sein.

Der Lappland-Marathon scheint das genaue Gegenteil zu sein. Hier gibt es keine Häuserschluchten, und hier sind für die Maximaldistanz nur 47 Läufer gemeldet. Immerhin. Die Zahl der Läufer in New York liegt bei über 50 000, ist also fast so hoch wie die Einwohnerzahl von ganz Rovaniemi mit 63 000.

Natürlich stehe ich später bereit, um Hanne anzufeuern. Start und Ziel ist am Hotel Pohjanhovi, es geht auf dem asphaltierten Fußweg am Fluss Kemijoki entlang. Aber bevor die »Großen« drankommen, stehen noch die Kinderläufe an. Jukka Vaara von den »Rovaniemi Roadrunners« hat noch einen Moment Zeit für mich, bevor die Läufe beginnen. 150 Kinder starten auf Distanzen zwischen 150 und 1000 Metern. Bei den Erwachsenen, erzählt er, sind 150 Läufer für 10 Kilometer gemeldet, weitere 150 für den Halbmarathon. Insgesamt, sagt Jukka stolz, sind 15 Nationen am Start. Erst zum zweiten Mal veranstalten sie diesen Lauf, eine Kombination aus »Rovaniemi City Run« und »Lappland-Marathon«, aber sie hoffen für die Zukunft auf steigende Teilnehmerzahlen durch Läufer aus aller Welt.

Jukka schwärmt, dass man hier in Lappland das ganze Jahr hindurch super trainieren könne. Sehr gut seien die Bedingungen von April bis in den späten Oktober. Gerade ab September liefen die meisten Sportler aus Nordfinnland persönliche Bestzeiten. Aber im Winter? Jukka sagt: »Erst wenn die Temperaturen unter 25 Grad minus fallen, machen wir Indoor-Lauftraining.« Im Schnee zu laufen sei wunderbar, »wie auf Sand«. Läuft er auch Marathon? Ja klar, sagt er mit entwaffnendem Lächeln. Seine Bestzeit ist beachtlich, 2:57 Stunden. Hammer!

Macht ihn das Laufen glücklich? Natürlich! Aber er genießt es auch, ein Event wie dieses organisieren zu dürfen. Denn das sei kein »high level event«, sondern ein Lauf für ganz normale Leute. Und wenn er dann sieht, wie die Teilnehmer strahlen, wie sie mit einem Lächeln im Gesicht die unterschiedlichen Strecken bewältigen, wie sie ihre Ziele verfolgen, die Zeiten erreichen, die sie sich vorgenommen haben, dann ist das der größte Lohn für seine Arbeit. Das ist für ihn wahres Glück!

Wir sind in Lappland, daher muss ich das fragen: »Wie ist das mit den Moskitos beim Laufen?«

Scheinbar todernst beantwortet er meine witzig gemeinte Frage: »Wenn du den Kilometer in 5:30 Minuten läufst, musst du dir keine Sorgen wegen der normalen Mücken machen. Aber wenn die größeren, schwereren Arten angeflogen kommen, da musst du schon 15 Kilometer in der Stunde laufen. Wenn du mehr als 4 Minuten auf einen Kilometer brauchst, dann können sie dich schon erwischen!«

Er grinst. Dann muss er los zum Kinderlauf, auch um seinen eigenen Nachwuchs anzufeuern. Alle vier Kinder sind am Start. Ich sage Danke, *kiitos*, für die Zeit und die Erklärungen.

Wenig später treffe ich wieder auf Hanne und Jorma. Sie ist sehr zuversichtlich und entspannt. Sie freut sich auf den Lauf. Noch zuversichtlicher ist Jorma. Auf seinem Rad hat er sie beim Aufwärmtraining begleitet.

Mit einem Kaffee in der Hand setze ich mich an den Rand der Laufstrecke und schaue zum Fluss, zur Brücke und genieße Finnland. Ich bin mehrfach glücklich. Ich fühle mich wohl auf meiner Reise und heimisch in diesem Land. Wenn mir nach einem Gespräch zumute ist, finde ich jederzeit jemanden zum Reden, der mir interessante Dinge mitteilt. Und wenn ich schweigen will, schweige ich. Das alles ist Glück. Und mehr noch, morgen landet Rita. Wir werden dann gemeinsam unterwegs sein. Wir sind seit zehn Jahren ein Paar und haben uns gegenseitig neue Welten eröffnen können. »Zum Glück« haben wir uns jeweils gegenseitig begeistert, nun begleite ich sie in die Berge, sie mich nach Finnland. Ich freue mich sehr auf ihre Ankunft.

Und heute? Marathon in Rovaniemi. Wer hätte das geahnt! Glück ist auch, durch einen absoluten Zufall zu diesem Lauf gekommen zu sein. Ohne die Begegnung am Morgen hätte ich davon vielleicht überhaupt nicht erfahren. Ich fühle mich wie ein Mitglied einer Wohngemeinschaft, weil ich mit Hanne und Jorma im selben Hotel wohne. Ich werde mitzittern und anfeuern. Nur noch wenige Minuten. Ich richte mich auf und schaue den Läufern entgegen. Punkt 18 Uhr wird der Marathon gestartet. Ich sehe Hanne konzentriert zum ersten Mal an mir vorrüberlaufen.

Ich selbst bin als Läufer über einen einzigen Halbmarathon, den allerdings auf dem Rennsteig, nicht hinausgekommen. Hier fühle ich mich trotzdem als Sportsfreund und Fachmann. Ich schaue mich um. Wie wohl in Finnland die Verpflegungsstationen für die Läufer aussehen? Ah, auch hier gibt es Bananen. Aber anders als bei uns dazu noch Gewürzgurken, *maustekurkkuja*.

Die Strahlen der Sonne fallen auf die Läufer, scheinen zwischen den Birken hindurch, die am Ufer stehen, und tauchen das Flussufer des Kemijoki in ein honigfarbenes Licht.

Mittlerweile ist es kurz vor neun. Drei Stunden schon sind die Teilnehmer der Marathon-Distanz unterwegs. Und dann kommt es ganz anders als erhofft. Das Glück verlässt Hanne. Sie hat schon nach einer Stunde mit Magenkrämpfen gekämpft. Das erzählt sie mir aber erst am folgenden Morgen. Nach drei Stunden und 18 Minuten muss sie aus dem Rennen aussteigen. Maßlos enttäuscht und traurig geht sie wortlos zurück zum Hotel. Auch Jorma kann sie nicht trösten.

Irgendwann läuft der glückliche Sieger durchs Ziel. Es folgen weitere »Finisher«. Einen frage ich: »Und? Wie war es unterwegs?«

Er heißt Paavo und gibt lächelnd eine echt finnische Antwort: »I don't really enjoy jogging!« Im Grunde macht mir Laufen gar keinen Spaß! Glücklich wirkt er trotzdem.

Dann lachen wir gemeinsam, und ich gratuliere zum Erfolg.

Glückstipp:

Joggen in Lappland. Wandern tut es natürlich auch schon. Aber unbedingt Mückenspray mitnehmen.

Rovaniemi

Krasse Sonne am Polarkreis

Der 17. Tag meiner Finnland-Reise. Heute am späten Nachmittag landet meine Rita. Ich freue mich sehr. Ab jetzt reisen wir gemeinsam. Was auch bedeutet, dass ich mich nicht
mehr ganz so treiben lassen kann wie bisher. Für Rita sind
Umwege *Un*-wege, schon allein aus ökologischen Gründen.
Aber eine Episode wie meine verpasste Abzweigung vor-
gestern kann gar nicht mehr passieren, denn ich habe ab
jetzt zwei Navis, mein Gerät und dazu Rita, ganz »old
school« mit unserem Shell-Autoatlas, in dem wir seit Jahren wichtige Orte, Landmarken, Landschaften, Museen,
Hotels und anderes notieren, was wir gerne noch einmal
bereisen wollen.

Natürlich möchte ich »meine Frau«, wie ich sie auch
ohne Heirat ab und an nenne, im »schönsten Kleid« empfangen. Ich trage also meine Neuerwerbung, das T-Shirt
aus der »Baari U. Kaleva«. Auf meinem Bauch lugt ein
stilisierter Urho Kekkonen mit Glatze und Punktaugen
hinter seiner dicken Brille über den Kneipen-Schriftzug
wie der berühmte amerikanische »Kilroy« über die Mauer.

Ich warte am Flughafen. Am Gebäude steht: »offizieller
Flughafen des Weihnachtsmanns«. Hier hat er wohl eine
eigene Start- und Landebahn für sich und seine Rentiere.
Wenige Kilometer entfernt kann man ihn persönlich treffen, im Weihnachtsmanndorf mit Weihnachtsmann-Post-

amt, wo man jederzeit Post fürs Fest aufgeben kann. Ritas Flieger ist pünktlich, er schwebt am frühen Abend, aber immer noch bei schönstem Sonnenschein ein.

Mit dieser Hitze hat Rita in Lappland nicht gerechnet. Lachend sagt sie, als wir zum Auto gehen: »Ich hab die ganz falschen Klamotten eingepackt.«

»Macht nichts, wir müssen morgen früh sowieso shoppen gehen.«

Dann fahren wir – natürlich – als Erstes zum »Artic Circle«, zum Polarkreis, ins besagte Santa Claus Village. Hier ist er angeblich zu Hause, der *Joulupukki*, der Weihnachtsmann. Touristischer geht es zwar nicht, aber das muss jetzt sein. Es sind vom Flughafen nur etwa 5 Kilometer Richtung Norden. Die großen Besuchermengen für heute sind längst »durch«. Wir halten uns an den Händen und springen zusammen über die legendäre Linie, die hier auf den Boden gemalt ist. Rita hat zum ersten Mal in ihrem Leben den Polarkreis überschritten. Und dann gleich übersprungen. Ein kleiner Schritt für die Menschheit, aber für eine Niedersächsin mindestens beachtlich.

Der Polarkreis verläuft auf dem 66. Breitengrad um die Erde herum. Richtung Osten zuerst durch Russland, Alaska, Kanada, Grönland, Norwegen, Schweden und schließlich durch Finnland. Genau da, wo wir jetzt stehen. Ich trete zurück über die Linie, und wir küssen uns; Rita steht dabei in der Arktis, ich in Südeuropa.

Dann fahren wir über die beeindruckende *Jätkänkynttiläsilta*, die Holzfällerfackelbrücke, nach Rovaniemi hinein. Die Stadt ist nicht heimelig, hier gibt es keine Holzhäuser, und gerade das Zentrum ist eher funktional und wirkt kühl. Idylle sieht anders aus, aber mir als Deutschem steht eine solche Formulierung als Kritik sicher nicht zu. 1944 waren fast 90 Prozent der Gebäude im Stadtzentrum niedergebrannt, Opfer des Rückzugs der Deutschen, der ehemaligen »Waffenbrüder«. Übrigens hat Alvar Aalto, Architekt, Stadtplaner und Designer (der mit der Vase) gemeinsam mit zwei Kollegen den neuen ungewöhnlichen Grundriss der Stadt mit Straßenverlauf in Form eines Rentierkopfes entworfen.

Das Zentrum dominieren die beiden Flüsse, die hier zusammentreffen: der Ounasjoki, der in den Kemijoki fließt, den längsten Fluss Finnlands. An Ritas erstem Abend schlendern wir an diesem Zusammenfluss entlang. Die Sonne setzt sich nur ein wenig auf den Horizont und sackt nun keinen Millimeter mehr tiefer. Wenn man das zum ersten Mal erlebt, ist das ein irritierender Anblick.

»Und die geht wirklich nicht unter?«, fragt Rita.

»Nee, das bleibt jetzt so bis morgen früh. Dann steigt sie wieder hoch.«

»Krass!«

Wir haben gleichzeitig viel zu erzählen und viel zu schweigen. Wir freuen uns aufeinander und aneinander. Ich habe ein Übermaß an Erlebnissen und muss mich bremsen, sie damit nicht zu überschütten. Ich neige dazu, gerade wenn es um Finnland geht. Aber ich muss Rita Zeit und Raum lassen, um anzukommen. Das ist ja nicht mit einem simplen Sprung über den Polarkreis erledigt.

Deshalb lade ich sie »zum Einstand am Eisstand« auf ein finnisches Glück ein, eine Riesenkugel Lakritzeis, *lakritsijäätelö*. Wir setzen uns unterhalb des Hotels »Pohjanhovi« auf der Koskenranta auf eine Bank, schlecken unser Eis und schauen zum anderen Ufer. Ein Badestrand. Mir war erzählt worden, dass im letzten, extrem heißen Sommer hier die Rentiere mit den Finnen zusammen baden gegangen seien. Das finnische Fernsehen habe sogar darüber berichtet.

Ich deute zu einem kleinen Anlegeplatz an unserem Ufer.

»Da sind wir morgen verabredet.«

»Aha?«

»Wir sind auf eine Bootsfahrt eingeladen.«

Wird Rita das als Auftakt zu viel? Nein, sie freut sich.

»Super. Wer lädt uns denn ein?«

»Ulrike und Peter. Die habe ich hier vor Jahren kennengelernt, damals waren sie noch ein Paar. Aber sie sind immer noch eng befreundet, und Ulrikes neuer Freund, Markku, kommt auch mit. Den kenne ich auch noch nicht.«

Wir laufen weiter den Kemijoki entlang. Kurz nach der Einmündung des Ounasjoki zeigt, weithin sichtbar, ein riesiges Glasgewölbe, eine Art gigantisches Gewächshaus, wie ein Finger zum Fluss: das Arcticum, Wissenschaftszentrum und Museum zugleich. Ein Muss. Im Arktischen Zentrum dreht sich alles um Klima und Ökologie der nördlichen Regionen; Schwerpunkte im Museum sind die Kultur Lapplands, die Geschichte der Sámi und der Klimawandel. Im Pilke Science Center nebenan gibt es eine faszinierende Ausstellung rund um Holz und Wald. Absolut lohnend ist auch der Besuch im Korundi, dem nicht minder beeindruckenden Kunstmuseum und Kulturzentrum in einem ehemaligen Postwagendepot.

Das Arcticum liegt direkt an einem Park, der Park liegt direkt am Wasser, und natürlich kommt, was kommen muss: Mücken! Nicht in Massen, aber genug, dass man in Bewegung bleiben muss, um sie fortzuwedeln oder draufzuhauen. Jetzt, Ende Juli, ist das Jahr schon weit genug fortgeschritten, die Hauptsaison für Mücken ist vorbei. Trotzdem habe ich wegen dieser kleinen Plagegeister eine

Einkaufstour am folgenden Morgen geplant. Wir drehen um und machen uns auf den Weg zum Hotel. Mücken begleiten uns. Ich versuche, mich an die Kilometerzeiten zu erinnern, die Jukka mir gestern genannt hatte. Ob wir den Viechern wohl entkommen, wenn wir einen Zahn zulegen?

Glückstipp:

Für Paare: ein Kuss über dem Polarkreis.
Soloreisende müssen springen!

TAG 18

Rovaniemi

Ein Finne im Fluss

Als ich mich in Lahti von Irma und Roope verabschiedete, hatte Irma gesagt: »Bernd, du brauchst in Lappland unbedingt ein Kopfnetz, wenn du draußen unterwegs bist.«

»Bitte?«

»Naja, die Mückenzeit ist noch nicht komplett vorbei. Hier, ich schenke dir meins.«

»Aber das brauchst du doch selber.«

Sie schüttelte den Kopf: »Bring es mir bei deinem nächsten Besuch einfach wieder mit!«

Diesen Mückenschutz habe ich nun für Rita parat gelegt. Sie schaut etwas ratlos. Das Ding sieht aus wie ein Einkaufsnetz: »Und das setzt man jetzt einfach so auf den Kopf? Da kommen die Mücken doch durch.«

Ich hatte das Problem auch schon erkannt. Würde man dieses Netz einfach so über den Kopf ziehen, müssten sich die durstigen Tiere nur auf den Schädel setzen und könnten wie beim Schiffe-Versenken bequem durch die kleinen Quadranten des Netzes ihre Treffer landen.

»Naja, vielleicht müsste man noch eine Kappe darunter aufsetzen!«, sage ich.

Unsere kleine Einkaufstour heute soll eine Lösung bringen. Wir beginnen in einem Laden, in dem wir unsere geliebte Teerseife bekommen. Dann gehen wir endlich shoppen, um uns zu wappnen. Wir rüsten uns im Outdoorladen für die Expedition in den Norden! Unerlässlich: Wasser-flaschen und Wanderhemd. Vor allem: Wir kaufen zwei Moskitohüte, *sääskihattu*. Die sehen dann doch etwas wir-kungsvoller aus als Irmas Netz. Wenn man den Drahtrand des Hutes doppelt eindreht, kann man ihn flach in die Jackentasche stecken. Entfaltet man ihn wieder, wird er zu einem Hut mit breiter Krempe, wie ein Cowboyhut, und automatisch fällt ein Moskitonetz herunter, als würde im Theater der Vorhang fallen. Wir sind gespannt, wann wir die Hüte einweihen können – oder sogar müssen. Oder bes-ser, wann wir uns trauen, sie einzuweihen, denn in modi-scher Hinsicht scheint uns diese Kopfbedeckung mindes-tens fragwürdig.

Als wir am frühen Nachmittag am Steg stehen und in gleißender Sonne auf unser Boot warten, haben wir die Hüte jedenfalls nicht dabei, sie liegen in unserem Zimmer im Hotel. Und Rita trägt ein luftiges Sommerkleid. Sie war also doch auf diese Temperaturen eingerichtet. Ich beruhige mich mit dem Gedanken, dass die frische Brise an Bord die Mücken irgendwie verblasen wird. Oder dass unser Kahn hoffentlich schneller fährt, als die Insekten fliegen.

Dann sehen wir ein Boot flussabwärts kommen. Ich freue mich riesig. Skipper Peter habe ich hier in Rovaniemi bei meiner Finnlandumrundung kennengelernt. Schon damals haben wir eine tolle Tour gemacht, den Ounasjoki strom-aufwärts. Wir waren abends um 22 Uhr Richtung Polarkreis gestartet und erst morgens um 4 Uhr zurückgekommen. Seine damalige Frau Ulrike traf ich einige Jahre später in Südhessen. Sie war auf Elternbesuch in Deutschland, ich gastierte im Nachbarort. Nach dem Auftritt stand sie vor mir, grüßte von Peter, und wir hatten die halbe Nacht ge-redet, obwohl wir uns bis dahin gar nicht kannten. Als ich ihr schrieb, dass wir kommen würden, antwortete sie: »Vielleicht lädt Peter uns alle auf eine Bootstour ein.« Tatsächlich kam die Einladung postwendend.

Rita hatte mich am Vorabend gefragt: »Die laden uns einfach so ein? Und wo geht es hin?«

»Keine Ahnung.«

»Und wie lange dauert das?«

»Weiß nicht.«

»Aha. Okay. Du hast vielleicht ein Glück, dass du Menschen kennst, die uns einfach so einladen.«

Das Boot dreht bei. Wir sehen die Besatzung: eine Frau, zwei Männer und ein Hund. Wir gehen an Bord und werden mehr als herzlich begrüßt von Ulrike, Peter und Markku. Der Hund heißt Wilma, ich kenne ihn schon von unserer damaligen Tour. Wilma sitzt im Bug wie eine Kühlerfigur und genießt den Fahrtwind.

Peter steuert das Schiff stromaufwärts in den Ounasjoki. Er arbeitet als Deutschlehrer, Ulrike im Tourismusbereich, Markku ist Jurist und Dozent für Europäisches Recht und berät das Sami-Parlament. Das befindet sich in Inari, unserem nächsten Reiseziel, zu dem wir morgen aufbrechen werden. Als Markku und Ulrike davon erfahren, verabreden wir uns spontan. Markku hat in den nächsten Tagen beruflich in Inari zu tun und lädt uns ein zu einem Besuch im Sámi-Parlamentsgebäude.

Hat unser Schiff eigentlich einen Namen? Alle drei drucksen etwas herum. Peter sagt, nachdem er »African Queen« mit Humphrey Bogart gesehen habe, sollte das Boot eigentlich *Northern Queen* heißen. Dann gab es einen gewissen »Eigentümerwechsel«, seither sind Ulrike und Markku Mitbesitzer und damit stimmberechtigt, die Namensfrage sei auch deshalb noch nicht entschieden. Markku wiederum kennt jemanden, dessen Boot *Unsinkable II* heißt. Wir lachen uns kaputt. Peter ergänzt, es würde aber ohnehin Unglück bringen, ein Schiff umzubenennen. Ulrike grinst: »Fortsetzung folgt.«

Nach einer Weile legt Peter in einem kleinen Hafen an. »Ich geb mal einen aus«, sagt er und verschwindet in den Tiefen dieses sehr flachen Schiffes. Mit einem 5-Liter-Bierfass kommt er wieder an Deck: »Das habe ich zum Geburtstag von Ulrike und Markku bekommen. Ich dachte, heute ist ein guter Tag, um es endlich anzustechen.«

Auf dem Aufkleber steht »Märzen«. Klingt deutsch.

Ulrike erklärt: »Das kommt aus einer kleinen Brauerei auf Hailuoto. Die betreibt ein Deutscher.«

»Hailuoto?«, fragt Rita.

»Eine wunderschöne Insel oben im Norden vor Oulu. Wenn ihr könnt, müsst ihr unbedingt einen Abstecher machen.«

Zurück an Bord geht es wieder Richtung Rovaniemi, zum Zusammenfluss der Ströme, unser Skipper dreht das Ruder, und wir biegen in den Kemijoki ein. Es geht flussaufwärts, vorbei an Skisprungschanzen, die den Fluss säumen. Rita ist absolut fasziniert und ich nicht minder. Wir schauen und staunen und plaudern, und die Zeit vergeht wie im Flug.

Plötzlich zieht Markku sein T-Shirt aus, steigt auf die Reling und springt ohne weitere Ankündigung ins kalte Wasser. Ein Finne eben. Ein Finne im Fluss. Peter leitet lachend das legendäre »Mann-über-Bord«-Manöver ein, dann holen wir Markku über eine kleine Bootstreppe wieder an Bord.

Ein paar Kilometer weiter erwartet uns dann das Paradies. Peter biegt in eine sehr kleine Sandbucht an einer der

Flussinseln ein. Wir setzen auf, springen an den Strand und ziehen das Boot noch etwas weiter aus dem Wasser. Unser Picknickplatz! Aber zuerst geht die gesamte Bootsbesatzung schwimmen, inklusive Wilma. Die ist aber am schnellsten wieder aus dem Wasser draußen. Rita war in ihrem ersten Leben sicher eine Robbe und genießt den Fluss. Ich werfe alle Angst vor dunklem Wasser über Bord und schwimme hinterher. Der Finne ist gerade sogar bei voller Fahrt in den Fluss gesprungen. Da muss ich jetzt auch rein, komme was da wolle.

Dann folgt Arbeit. Wir suchen Holz auf der Insel, zerkleinern es, sammeln Steine und machen eine kleine Feuerstelle im Ufersand. Peter holt eine große Eisenpfanne vom Boot und einen Korb mit Gemüse und *makkara*, Wurst. Alles wird klein geschnippelt und in die Pfanne gegeben, dazwischen kommen daumendicke Knoblauchzehen.

Was unsere zwei »eingefinnischten« Deutschen und Markku da in kurzer Zeit zaubern, ist beeindruckend. Während das Essen vor sich hin brät, sitzen wir am Ufer, schauen auf das Wasser, trinken Wein und Bier, und wir fühlen uns wie Gott in Finnland. Es ist fast Mitternacht, als wir zurückfahren, die Sonne blendet tief in Rotgold und hält sich am Horizont fest, um nur ja nicht tiefer zu sinken. Lappland ist ein Paradies, das Boot war schneller als die Mücken – und solche Freunde sind ein Lebensgeschenk.

Glückstipp:

Für Nordland-Reisen - am besten vor Ort, da macht es mehr Spaß und die Verkäufer sind kundiger - einen Moskitohut kaufen. Ein großer Spaß und größte Wirkung!

Kittilä

Schwimmen unter Sternen

Wir wachen ganz beseelt auf nach unserer Bootstour. Nach dem Frühstück packen wir den Wagen, nun geht es weiter nach Norden. Rovaniemi liegt zwar schon in Lappland, aber eigentlich beginnt Lappland erst am Ortsausgangsschild. Ab jetzt kommt sehr viel Gegend. Zwei Einwohner je Quadratkilometer. Lange Fahrten auf geraden Straßen durch Wald. Oder durch Tundra. Ich wusste nicht, dass es so lange, schnurgerade Straßenabschnitte gibt. Und ich glaube, Ampeln gibt es in ganz Lappland nicht. Sogar Kreuzungen sind selten. Und Brücken gibt es nur über Gewässer, nie über Straßen.

Nach wenigen Kilometern das legendäre Warnschild: Achtung, Rentiere kreuzen. Darunter das Zusatzschild: auf den nächsten 50 Kilometern. Dieses Schild gilt eigentlich sogar bis zur nördlichen Landesgrenze, also bis Norwegen. Wir machen ein Selfie und schicken es Freunden, die eher nach Italien reisen.

Sieben Kilometer weiter steht dann tatsächlich das erste frei laufende Rentier am Straßenrand. Warum sie manchmal direkt auf der Straße vor uns herlaufen, warum sie immer in dem Moment, in dem ich mich endlich zu überholen traue, doch quer vor das Auto traben, ist ein Geheimnis dieser nördlichen Tierrasse. Hier sind 80 Stundenkilometer erlaubt, die ich angesichts der ständigen Anwesenheit der Rentiere im Grunde nie zu fahren wage. Ich schätze, dass mein Benzinverbrauch je Kilometer noch nie so niedrig war wie hier.

Bevor wir Inari ansteuern, unser nördlichstes Ziel, möchte ich mir einen großen Wunsch erfüllen und das Museum des finnischen Malers Reidar Särestöniemi in Kittilä besuchen. Nur ein einziges Bild kenne ich von ihm, das aber hat mich absolut fasziniert. Mit nur wenigen Pinselstrichen, ähnlich wie Picasso in seiner legendären Stierkampf-Serie, hat er ein Rentier beim Durchschwimmen eines Gewässers gezeichnet.

Noch 20 Kilometer bis Kittilä. Plötzlich führt uns das Navi in den Wald. Ich misstraue dem Gerät, aber es ist am Ende immer schlauer gewesen als ich. Das Navi ist das Ende des freien Willens. Ich gehorche mittlerweile zwar blind, aber zweifeln ist erlaubt. Erstaunlich, wo es sich überall auskennt, sogar mitten in Lappland, mitten im Wald. Ich würde mich sicherer fühlen, wenn ich eine Motorsäge im Auto hätte. Oder wenigstens eine Axt. Ich habe das Gefühl, gleich den Weg freischneiden zu müssen. Dazu die tiefen Schlaglöcher, über die man Planken legen müsste. Dann sind wir mitten im Wald tatsächlich am Museumsparkplatz. Dahinter ein abgelegener Bauernhof. Massive finnische Holzhäuser. Das Elternhaus, das Atelier und die Galerie des Künstlers, der hier 1925 als Bauernsohn geboren wurde. Erstaunlich für die Zeit, erkannten die Eltern seine Begabung und förderten ihn. Reidar Särestöniemi sollte einer der wichtigen Künstler Finnlands werden. Nach Jahren des Studiums, auch im Ausland, zog er wieder auf den elterlichen Hof, wo er bis zu seinem Tod lebte und arbeitete.

Wir bekommen eine faszinierende Führung durch die Gebäude und eine Einführung zu Leben und Werk durch

Tuija. Ganz beseelt erzählt sie: »Eine Ausstellung von Reidar Särestöniemi hier in dieser Galerie war meine erste Kunstausstellung überhaupt. Ich war noch ein Kind, meine Eltern haben mich mitgenommen. Seitdem interessiere ich mich für Kunst und Kultur.«

Tuija erzählt von Särestöniemis Eltern. Alma, die Mutter war sehr religiös, Vater Matti war Kommunist. Eine explosive Mischung offenbar, denn wann immer er zu Hause politische Reden hielt, holte sie ihr Gesangbuch und begann, laut zu singen.

Bei einem Brand wurde Reidar Särestöniemis erstes Atelier komplett zerstört, dazu ein Großteil seiner Werke. Er baute ein neues, zweites Atelier auf, verbannte aber von nun an die Farben aus seinem Werk. Der homosexuelle Künstler hatte in demselben Jahr seinen Geliebten verloren, mit dem er im damals sehr konservativen Finnland eine heimliche Beziehung führen musste.

Wir sind beeindruckt von den Werken, aber auch von den Gebäuden, die er nach eigenen Plänen hatte bauen lassen, mit Blick auf die finnischen Wälder. Und natürlich darf auch hier die Sauna nicht fehlen. Staatspräsident Kekkonen schätzte die Arbeiten des Künstlers und war mehrfach zu Besuch. Ein Zeitungsartikel zeigt die beiden Männer im Schwitzbad.

Am Ende der Führung gehen wir in der Galerie in den ersten Stock. Auch hier: Kunstwerke. Aber hier hatte Särestöniemi sich auch ein Schwimmbecken einbauen lassen. Sicher sehr ungewöhnlich für die damalige Zeit. Diese Galerie, tagsüber für Besucher geöffnet, war dann am Abend sein Schwimmbad. An den Wänden rund um das Becken hängen großformatige Ölgemälde. Tuija berichtet, der Maler habe damals gesagt: »Ich will zwischen meinen Bildern schwimmen wie eine Robbe.« Ein Dachfenster wölbt sich über die Kopfseite des Beckens. Särestöniemi konnte beim Schwimmen in den Himmel blicken und die Sterne sehen. Im Winter erlebte er die Nordlichter, während er sich im Becken treiben ließ.

Reidar Särestöniemi starb 1981 mit nur 56 Jahren an einem Herzinfarkt. Das gesamte Anwesen wurde danach in ein Museum umgewandelt.

Am Ende unseres Rundgangs frage ich Tuija nach dem Glück der Finnen. Sie zeigt auf ein großformatiges Gemälde über dem Becken. »Dieses Bild hing damals, als meine Eltern mich mit hierhernahmen, an genau diesem Platz. Es hat mich tief berührt. Beeindruckt. Im Grunde veränderte es mein Leben und bestimmte meinen Berufsweg. Für die diesjährige Ausstellung habe ich es hier wieder für ein Jahr platzieren können. Es jeden Tag ansehen zu können, das ist für mich Glück.«

Auch wir sind glücklich und erfüllt nach unserem Besuch, beeindruckt vom Künstler wie von der Kunstvermittlerin. Nun fahren wir weiter, durch die Landschaften, die Särestöniemi gezeichnet und gemalt hat. Das Land umfängt uns mit seiner unendlichen Natur und Weite. Dass hier noch zwei Menschen pro Quadratkilometer leben sollen, halten wir für ein Gerücht.

Das Navi schickt uns irgendwann rechts auf eine Piste. Mein Auto sieht aus, als würde ich an der Rallye Paris-Dakar teilnehmen. Will uns das Ding eigentlich veräppeln? Wälder, Moore, Tundra. Dazwischen rollen wir sanfte Bergrücken rauf und runter. Dann wieder ein Abzweig mitten im Nirgendwo nach irgendwo. Überraschend taucht links eine Kneipe auf. Die »Tieva-Baari«. Außen und innen sieht sie aus wie die Kulisse in einem Kaurismäki-Film.

Wir möchten Kaffee, eine Kleinigkeit essen vielleicht. Wir warten fünf Minuten. Auch hier drinnen ist eine Stille wie in Lappland draußen. Wir nehmen Platz und schauen uns um. Eine Theke mit Gebäck und Schnitten. Geweihe an der Wand. Ein ausgestopfter Auerhahn. Zehn Minuten sind um. Seltsame Dinge werden hier verkauft. Ein Kleiderständer mit für in einer Bar überraschenden Angeboten. Dazu Angeln und Zubehör. Eine Anglerhose. Pullover. Eine Motorrad-Kombi. 15 Minuten. Wir rufen mehrfach, aber niemand kommt. Wir fühlen uns jetzt, als säßen wir in einem Kaurismäki-Film. 17 Minuten. Nun nehmen wir Kaffee aus der Kanne in zwei Becher, Wasser aus dem Kühlschrank und legen das Geld dafür auf den Tresen. Plus Trinkgeld. Allein dass es diesen sensationellen Laden gibt, erfordert Trinkgeld, auch ohne dass eine Bedienung zu sehen ist. Außerdem sind wir nun sicher: Aki Kaurismäki filmt uns in diesem Moment. Wir gehen zum Auto, die glorreichen zwei, und fahren lieber weiter. Ich schaue in den Rückspiegel zur »Baari« mit einem Gefühl zwischen Faszination und gerade noch mal davongekommen zu sein.

Das Navi veräppelt uns weiter, und irgendwann fällt uns auf, dass wir schon eine Ewigkeit keinem anderen Fahrzeug mehr begegnet sind. Wahrscheinlich haben wir die Grenze zu Norwegen unbemerkt passiert und stehen gleich am Nordpolarmeer. Doch dann liegt er mit einem Mal vor uns: der Inarisee, der nördlichste Punkt unserer Reise.

Wir steigen aus, grinsen und dann klatschen wir uns ab, als hätten wir zwei gerade den Lappland-Marathon absolviert. Irgendwie ist es ja auch so. Unser ganz persönlicher Finnland-Marathon, einmal längs durchs Land, von Helsinki über Rovaniemi nach Inari. Na gut, Rita hat etwas abgekürzt, aber ich will mal nicht so sein. Hauptsache, man geht gemeinsam durchs Ziel.

Glückstipp:

Ein Besuch des Särestöniemi-Museums, aber mit Führung. Der Weg lohnt sich.

Zurückgespult

»Zugvögel ... Einmal nach Inari«

Zum ersten Mal vom Glück in Finnland habe ich 1997 im Kino erfahren, im kleinen großen deutschen Film »Zugvögel ... Einmal nach Inari«. Gedreht und geschrieben von Peter Lichtefeld. Sein Protagonist, der verschrobene Hannes, ist im Grunde seines Herzens selber ein Finne, aber ohne es zu wissen. Ein Finne im Körper eines Dortmunder Brauerei-Auslieferungsbeifahrers. Gespielt wird Hannes von Joachim Król, damals noch am Anfang seiner Karriere, aber schon ein Typ mit ausgeprägtem Charakter. Sein Hannes ist ein schrulliger Einzelgänger, freundlich, aber etwas seltsam, was nicht nur an seinem Hobby liegt: europäische Bahnverbindungen. Er lernt Kursbücher auswendig und sucht nach den optimalsten Verbindungen im europäischen Zugverkehrsnetz. Sein Traum ist die Teilnahme am ersten Internationalen Fahrplan-Wettbewerb im lappländischen Inari.

Der Film beginnt mit einem Zitat aus »Spiel mir das Lied vom Tod«. Man sieht ein Windrad, das sich quietschend dreht, aber statt auf eine Bahnstation fällt der Blick hier auf eine Tankstelle an einer Straße in Inari, direkt am See. Über der Straße hängt ein Transparent: »1st International Time Tabler Competition Inari 1994.« Darunter eine Werbung von Lapin Kulta, der legendären Biermarke des finnischen Nordens.

Die Gegend drum herum: menschenleer. Schnitt. Kamerafahrt über dunkles Wasser, dazu eine Erzählerstimme: »Nördlich des Polarkreises im finnischen Lappland liegt eine endlose Wald- und Seenlandschaft. Der Inarisee. In der Mitte des Sees taucht aus dem dunklen Wasser ein kleiner steiler Hügel auf. Die heilige Insel Ukonkivi.«

Im Zug lernt Hannes die Finnin Sirpa kennen. Er erzählt ihr von seinem Reiseziel, und sie sagt in schönstem finnischem Deutsch: »Inari ist das Ende der Welt.«

»Wovon träumst du?«, fragt sie ihn.

»Naja, erst mal will ich den Wettbewerb gewinnen. Vielleicht kann ich einen Job draus machen. Bahnexperte bei der EU. Wovon träumst du?«, fragt er zurück.

»Von einer Rosenzucht in Seinäjoki.«

»Was hält dich ab?«

»*Kohtalo*, Schicksal.«

Solche wunderbar lakonischen Dialoge kannte man sonst nur aus Filmen der Kaurismäki-Brüder, von Jim Jarmusch oder Detlev Buck. Regisseur Lichtefeld ist erstaunlich tief in die finnische Seele gedrungen.

Der Weg nach Inari wird für beide Protagonisten der Weg zum Glück. Hannes doziert über optimale Zugverbindungen in dieses für ihn sagenhafte, unvorstellbar weit entfernte Inari.

Sirpa sagt: »Ich suche immer die Beste.«

Hannes wirft ein: »Aber die Schnellste ist doch die Beste!«

»Der schönste Weg nach Inari geht über Nordschweden, über Haparanda. Aber da musst du übernachten.«

»Nein, wenn ich reise, will ich schnell fahren und schnell ankommen.«

»Hast du so viel zu tun?«, fragt Sirpa.

»Na …, ich muss nicht schnell sein, ich will schnell sein!«

»Aber ich bin gerne unterwegs.«

Hannes fragt irritiert: »Wie meinst du das?«

»Mit dem ICE gewinne ich Zeit … aber was berühre ich von der Gegend, durch die ich fahre? Keine Häuser, keine Menschen, keine Landschaften.«

»Nein, aber ich will schnell sein. Ich will keine Zeit verlieren.«

»Gehört sie dir denn, die Zeit?«

Am Ende, im Finale des Wettbewerbs stehend, nennt Hannes nicht den optimalsten und schnellsten Weg, sondern diese Strecke über Haparanda. Er gibt dadurch den sicheren Sieg aus der Hand, gesteht damit aber Sirpa seine Liebe. Eine Szene, romantisch und berührend wie das Happy End in einem Walt Disney Zeichentrickfilm.

Nun, mehr als dreißig Jahre später, schaute ich mir diesen Film noch einmal an. Ich war mitten in den Reisevorbereitungen. Mein Thema, das Glück, hatte ich bereits gefunden, aber welche Orte wollte ich besuchen? Ich wusste, dass ich mit dem Auto vorfahren und Rita etwa zwei Wochen später zu mir stoßen würde, an einem Flughafen, der zur Route passte. Gemeinsam waren wir noch nie nördlicher als Jyväskylä gewesen. Nach Filmende stand mein Plan fest. Rita würde bis Rovaniemi fliegen, dann würden wir zusammen weiterreisen zum Inarisee und zum Ukonkivi. An diese Orte würde ich mit meiner Liebsten fahren, auf den Spuren von Sirpa und Hannes.

Inari

Wandern unterm Mückenzelt

Nach der langen Fahrt gestern und dem intensiven Kurst-erlebnis wollen wir heute einfach draußen sein und in Lappland umherstreifen. Früh am Morgen laufen wir los, wir haben die Natur für uns allein, kaum ein anderer Wanderer begegnet uns. Eine großartige Stille umfängt uns. Bei bestem Sonnenwetter geht es am Inari entlang und durch die hügeligen Wälder zu einem kleinen See, zur Wildniskirche von Pielpajärvi. Es ist eine phantastische Wanderung. Jeder Schritt bringt eine neue Perspektive, eine neue Entdeckung – und neue Mücken. Scheinbar hat sich unsere Ankunft unter ihnen herumgesprochen. Sie sind zahlreich, und sie sind hartnäckig. Ihre Verluste, wenn wir sie direkt auf der Haut erwischen, nehmen sie klaglos hin. Wir schneiden ein paar Zweige ab und nutzen sie als Mückenwedel. Das ist eine durchaus effektive Methode. Moment, fällt mir da ein, wir haben doch Besseres. Wir sind vorbereitet! Ich stoppe, setze den Rucksack ab, und hole unsere Moskitohüte heraus. Sie entfalten sich wie von Geisterhand, und kaum haben wir sie aufgesetzt, fällt auch schon das Netz vom breiten Hutrand herab und hüllt Gesicht und Nacken ein. Unsere Augen müssen sich erst noch daran gewöhnen, der Blick durch diesen Schleier wirkt wie eingetrübt. Schon höre ich ein Summen. Ha! Die erste Mücke, die hereinwill, hinter die engen Maschen. An Haut und

Blut. Magisch angezogen scheint sie zu sein, und schon kommt eine zweite, eine dritte! Sie scheitern allesamt am Netz. Großartig!

Es ist ein eigenartiges, aber auch gutes Gefühl, so verschleiert, aber nun gesichert durch den Wald zu stapfen. Nach wenigen Schritten schon haben wir uns daran gewöhnt. Ein regelrechtes Glücksgefühl steigt in uns auf, je öfter wir die Vergeblichkeit der Flugangriffe sämtlicher durstiger Zweiflügler erleben. In meiner Euphorie vergesse ich, dass meine Hände und Unterarme nicht bedeckt sind. Ich entdecke ein paar der Leichtgewichte dort viel zu spät. Es juckt schon. Man spürt es leider nicht, wenn sie ihren Saugrüssel in die menschliche Haut rammen. Man merkt nur den Biss der Bremsen. Wenn man den aber schmerzhaft spürt, ist es sowieso zu spät! Wir sprühen unsere Hände und Arme zusätzlich mit Mückenspray ein, und ich krempele das Hemd herunter.

Am frühen Mittag sind wir am Ziel. Die Holzkirche ist leider geschlossen, aber allein der Anblick des Gebäudes, mitten im Wald, am Ende einer sanft ansteigenden Blumenwiese, mit Blick auf den See Pielpajärvi ist wunderschön.

Auf dem Rückweg, entlang an Gewässern und über Stege, kommen uns permanent Wanderer entgegen. Sie wedeln mit Zweigen, sie schlagen um sich und auf sich. Die Mücken haben ihre zahlreichen Opfer sofort gewittert, auf sie mit Gesumm. Wie gut, dass wir von all dem verschont bleiben unter unseren Moskitohüten. Die anderen Wanderer staunen über unsere Hüte und mustern uns mit offensichtlichem Neid. Wir werden in mindestens fünf verschiedenen Sprachen auf diese *sääskihattu*s angesprochen, wie wir sie in einem sicher nicht korrekten Plural nennen. Die meisten kennen diese Kopfbedeckungen gar nicht. Und wir hätten ohne den Tipp von Irma hier genauso gelitten wie alle anderen. Zerstochen und leergesogen wären wir wahrscheinlich kraftlos in dieser Wildnis verendet. Aber so kehren wir beglückt zum Hotel zurück, wo wir dankbar unsere Mückenzelte absetzen.

Am Nachmittag haben wir noch eine Verabredung mit Ulrike und Markku. Wir treffen die zwei im Sajos, dem Verwaltungs- und Kulturzentrum der Sámi. Markku zeigt uns den Sitzungssaal des Sámi-Parlaments von Finnland. Hier tagt das *Sameting* mit seinen 21 gewählten Vertretern. Markku Kikkeri fungiert als juristischer Berater.

Danach sitzen wir im Restaurant »Aanaar«, so heißt Inari auf Inarisamisch. Dort kommen wir auch ins Gespräch mit dem Geschwisterpaar Kaisu und Heikki Nikula. Sie sind Sámi und betreiben das Hotel »Kultahovi« und das dazugehörige Restaurant. Das sprichwörtlich »erste« Haus am Platz existiert seit über achtzig Jahren, die Geschwister haben den Betrieb von der Mutter übernommen. Wir bekommen in all diesen Gesprächen nach und nach einen Crashkurs in Sámi-Kultur und -Politik. Das wollen wir morgen noch weiter vertiefen. Wir haben einen Besuch im Siida geplant, dem Sámi-Museum und Naturzentrum. Außerdem hat Markku für mich noch eine Verabredung mit einem Kollegen organisiert. Antti ist Sami, ein Kollege von Markku und arbeitet für das Parlament. Wir werden ihn auf der Rückfahrt nach Rovaniemi besuchen. So langsam geraten wir in Stress mit unseren ganzen Programmpunkten … Aber schließlich erfahren wir ständig Neues, Faszinierendes.

Ein Blick auf die Uhr zeigt, dass wir auch jetzt unter Termindruck stehen. In 30 Minuten beginnt unsere Saunazeit, die wir im Hotel reserviert haben. Uff! Sie haben dort ein kleines Saunahäuschen mit Glaskuppel direkt am See, das man für je eine Stunde nutzen kann. Wäre es schon dunkel, könnten wir beim Saunieren durch das gläserne Halbrund die Nordlichter bestaunen.

Unsere Zeit am Inari ist herrlich. Tagsüber wandern, dann in die Sauna, abends gibt es Leckeres vom Rentier, und dann sitzen wir irgendwann mit einer Flasche Wein am Ufer, schauen auf den See, auf die Wolken und schweigen. Und auch wenn weit und breit niemand zu sehen ist: Wenn wir doch einmal reden, dann flüstern wir nur miteinander. In dieser unfassbaren Stille Lapplands erscheint uns eine normale Lautstärke wie Lärm. Außerdem wollen wir die *tonttus,* die finnischen Trolle, nicht stören.

Glückstipp:

Mindestens einen Kaffee trinken, oder besser noch eine ganze Mahlzeit im »Aanaar« verspeisen. Kaisu und Heikki haben eine Kamera im Fluss vor dem Haus installiert, im Juutuanjoki, die ihre Bilder auf einen großen Bildschirm ins Restaurant überträgt. In den Stromschnellen des Flusses kann man die Fische noch kurz vorbeiflitzen sehen, die man sich soeben bestellt hat.

Inari

Auf dem Ukonkivi

Wir sind schon seit Stunden im Siida, dem beindruckenden Museum und Naturzentrum, und lernen Details über die Geschichte und Kultur der Sámi, über Flora und Fauna Lapplands. Die Präsentation sämtlicher vorkommender Mücken- und Bremsenarten beeindruckt mich besonders. Man sieht die Tiere »ausgewachsen«, flugbereit, also hungrig, aber auch im Larvenstadium. Wie sie sich als Parasiten unter dem Rückenfell ihrer Wirtstiere entwickeln, schlägt in seiner Wirkung auf mich jeden Zombiefilm. Ich muss mich unwillkürlich kratzen. Hoffentlich schlafe ich gut heute Nacht.

Im Außenbereich befindet sich ein Freilichtmuseum zu samischer Lebenskultur, ausgestellt sind Hütten, Boote und wirklich fiese, aber effektive, raffinierte, historische Tierfallen. Nicht nur die Exponate sind faszinierend, auch der Museumsshop bietet jede Menge, zu allen Feldern samischer Kunst, Kultur und Geschichte, die man nur dort so kompakt präsentiert vorfindet.

Aber dann drängt schon wieder die Zeit, denn wir wollen heute, an unserem letzten Tag in Inari, unbedingt noch eine Bootstour zum Ukonkivi machen. Der Berg liegt auf der Insel Ukonsaari, und die ist eine von 3318 Inseln im »mystischen Meer der Samen«, wie es auf der Webseite von Inari heißt. Der Inarijärvi, auf Nordsamisch *Anájávr*, auf Inarisamischi *Aanaarjärvi* ist der drittgrößte und zweittiefste See Finnlands. Die Tour auf diesem geheimnisvollen Gewässer ist unser letztes Highlight hier im hohen Norden. Der spirituelle Höhepunkt, und alles nur wegen des Films »Zugvögel«. In einer Szene stehen Sirpa und Hannes am Ufer des Inarisees.

Hannes: »Man hat mir gesagt, dies sei der schönste Ort der Welt.«

Sirpa: »Kennst du die heilige Insel Ukonkivi? Meine Oma hat mir davon erzählt, als ich klein war. Wenn ein junger Same heiraten wollte, musste er vorher sieben Tage auf der Insel verbringen, allein. Er durfte keine Nahrung mitnehmen. Er sollte beweisen, dass er eine Familie ernähren konnte.«

Hannes: »Und die Frau musste nichts beweisen?«

Sirpa: »Am siebten Tag musste die Frau unbemerkt vom Mann auf die Insel gelangen, mit gekochtem Rentierfleisch, und den Mann musste sie auf der Insel finden. Bei ihrem ersten Kuss mussten sie auf der Spitze des Berges stehen, ganz oben, ganz allein.«

Hannes: »Stimmt die Geschichte denn?«

Sirpa: »Ich weiß nicht.«

Hannes: »Ich glaube, deine Oma gefällt mir.«

An dieser Stelle wird eine Luftaufnahme gezeigt, man sieht einen mit kleinen Bäumen bewachsenen, großen Felsen mitten in schwarzem Wasser, umgeben von weiteren kleinen Inseln.

Nach anderthalb Stunden Fahrt über den See nähert sich unser Boot Ukonsaari. Der felsige Berg ist 30 Meter hoch, 50 Meter breit und 100 Meter lang. Für die Sámi ist das ein mythischer, ein sakraler Ort. Eine Opferstätte. Funde belegen das. Deshalb sind wir etwas irritiert über die intensive touristische Nutzung. Und etwas befremdet von der aufgekratzten Urlaubsstimmung der Touristen an Bord. Dafür, dass wir in Finnland sind, fühlen wir uns plötzlich viel zu nah zusammen mit viel zu vielen fremden Menschen.

Eine breite Holztreppe führt vom Bootsanleger auf die Inselspitze. Unsere Mitreisenden stürmen von Bord die Treppe empor und überfluten den Felsen. Wir warten und gehen erst hoch, als die Ersten nach kurzem Rundblick wieder zurückkehren. Schweigend stehen wir zwischen Birken, erkunden den Felsen, schauen auf die Inselwelt und versuchen, etwas von der Aura des Ortes aufzunehmen. Nur zwei Besucher außer uns sind jetzt hier oben, uns bleiben noch zehn Minuten bis zur Abfahrt des Bootes.

10 000 Besucher kommen pro Jahr zu dieser heiligen Stätte der Sámi. Im Winter bringt man sie mit Motorschlitten über das Eis. Es gibt Konflikte deswegen, die Sámi fordern ein Betretungsverbot. Auf Wikipedia lese ich später von »der schwierigen Balance zwischen dem Nutzen des Tourismus, ökologischen Standards und den kulturellen Rechten der Sámi«. Hätten wir das vorher gewusst, hätten wir auf die Überfahrt verzichtet? Wir waren zwar durch unsere Gespräche mit Markku und anderen sensibilisiert, aber offenbar nicht sensibilisiert genug. In Australien ist das Betreten und Besteigen des Uluru, des heiligen Berges der Aborigines, bis vor kurzem eines der berühmtesten Touristenziele, inzwischen verboten. Nach unseren heutigen Erlebnissen wünschen wir uns einen solchen Schritt auch für die Sámi und die Insel Ukonsaari. Man könnte die Touristen stattdessen eine der kleinen Nachbarinseln besuchen lassen, mit Blick auf den Ukonkivi, den Stein des Ukko. Aus der Ferne kann man sich dann vorstellen, wie dort Schamanen versuchen, Ukko, den Gott des Himmels,

der Wetter und der Gewitter zu befrieden. Oder wie eine samische Frau und ein samischer Mann sich auf der Spitze des Berges küssen.

Am Abend sehen wir ein letztes Mal der Sonne zu, die wie ein leuchtender Ballon knapp über den Baumwipfeln am Ufer des Inarisees liegt. Dieser Anblick ist einer meiner speziellen finnischen Blutdrucksenker. Eine Meditation. Wir sitzen auf »unserem« Baumstamm am Ufer und trinken noch einen finnischen Gin mit finnischen Blaubeeren. Irgendwann fragt Rita nach der Uhrzeit. Mitternacht. Ideal für ein Bad.

Ich stehe auf und ziehe mich wortlos aus.

Rita staunt: »Ist dir das nicht zu kalt?«

Doch. Ich stehe schon bis zu den Knien im Wasser. Für meinen kleinen inneren Stolz ist der »point of no return« schon überschritten. Als sie dann noch ruft: »Ich bewundere dich«, ist auch die letzte Chance auf ein Zurück vertan.

»Mann oder Memme?«, ist eine von Ritas Lieblings-Provokationen. Ich stoppe kurz, drehe mich um, winke und mache dann einen Kopfsprung vornüber. Ich tauche eine kleine Strecke, komme prustend wieder nach oben und blinzele in die Mitternachtssonne, die sich im Wasser glitzernd spiegelt und somit doppelt blendet. Dann drehe ich mich auf den Rücken und schaue zurück zum Ufer. Rita winkt, und ich bin sehr glücklich.

Glückstipp:

Schau dir den Film »Zugvögel ... einmal nach Inari« an.
Ein Film wie ein Glückskeks.

Ivalo

Watercross auf dem Ivalojoki

Heute beginnt unsere Rückreise. Aber wir haben noch eine Kleinigkeit hier zu tun, gestern fehlte uns die Zeit dafür. Auf dem Gelände des Siida gibt es einen Spielplatz, vielleicht eher etwas für Kinder, aber wir zwei wollen noch etwas wirklich Finnisches erleben: Hobby Horsing für Rita, und »Reindeer Herding« für mich. Auf dem Spielplatz gibt es einen Parcours und Steckenpferde zum Leihen. Wir fühlen uns in Finnland inzwischen regelrecht integriert, mindestens »routiniert«. Wir schrecken vor nichts mehr zurück.

Rita sucht sich ein Pferd aus. Die Niedersächsin entscheidet sich – natürlich – für einen edlen »Hannoveraner«, eine Stute mit braunem Fell, mit einer Blesse, also weißem Fleck auf der Stirn, und einem sogenannten Milch- oder Mehlmaul, einer weißen Schnauze. Mutig besteigt Rita das Steckenpferd, geht eine Proberunde im Schritt, dann eine im Trab, und wechselt schließlich in den Galopp. Sie zügelt das Pferd. Dann inspiziert sie den abgesteckten Hindernisparcours. Sie tänzelt auf der Stelle. Natürlich, Pferd und Reiterin sind nervös. Nun ein kurzer Trab, dann galoppieren sie los. Rita springt hoch ab und landet sicher. Sie bewältigt Hindernis um Hindernis. Wir lachen uns kaputt, und ich knipse mit dem Handy diese außerordentliche Darbietung. Ein fast fehlerfreier Ritt. Souverän für eine Anfängerin. Sie wurde nicht abgeworfen, und hat nur ein Hindernis gerissen.

Ich als Mann habe hier im Norden Lapplands eine ganz andere Aufgabe. Ich habe ein Rentier einzufangen. Stolz steht es da, aus Holz, mit einem Geweih aus Metall. Ich greife mir das Wurfseil. Als ehemaliger ostwestfälischer Cowboy interessiere ich mich besonders für die Schlinge. Sie wird gebildet mit einer Öse in Form einer Acht, genannt »Honda«. Früher wurde die Honda aus Tierknochen geschnitzt, heute ist alles aus Kunststoff.

Nun wartet das Ren auf meinen zielsicheren Wurf. Ich mache ein paar Probewürfe und überlege, wie ich Schlinge und Seil halten, wie ich werfen muss, wie ich dabei das Seil aus der linken Hand abrollen lassen kann. Dann ist es so weit. Ich konzentriere mich. Schon mit meinem zweiten Wurf bin ich erfolgreich. Ich drehe mich um. Rita kümmert sich nach dem schweißtreibenden Ritt noch um ihr Pferd. Es gibt daher leider kein Foto von meinem Meisterwurf.

»Schau doch mal«, rufe ich.

»Gemogelt?«, fragt sie.

»Von wegen!«, sage ich

»Mach noch mal«, fordert sie mich auf.

Aber ich will das alte Motto der Skatspieler befolgen: »Nach einem guten Spiel soll man passen!« So hat man das Glück des Erfolgreichen und nicht den Frust des vielfach Gescheiterten.

»Dann tu einfach so, das merkt doch keiner, und ich fotografiere dich«, lacht sie.

»Auf keinen Fall fake ich meine Erfolge!«

Nach diesem so lustigen wie sportlichen Auftakt steigen wir ins Auto. Am Vorabend hatten wir von einem Event gehört, nur 40 Kilometer von Inari entfernt. In Ivalo finden heute auf dem Ivalojoki die Endläufe für die finnische Meisterschaft im Watercross statt. Im Wasserüberqueren also, aber mit hochmotorisierten Schneemobilen. Das ist mal wieder eine echte finnische Erfindung: mit schweren Schneemobilen auf dem Wasser Wettrennen fahren, als wären es Wasserski.

Als wir den Wagen in Flussnähe parken, hören wir bereits Motorenlärm wie bei einem Formel-1-Rennen. Auch ein Fahrerlager gibt es. Überall wird geschraubt und geschwitzt. Bei der Rallye Monte Carlo könnte es nicht ernsthafter zugehen. Wir sehen verwegene junge Finnen, die ihre Coolness demonstrativ zur Schau stellen. Es riecht nach Öl und Aftershave. Und nach Testosteron in allen denkbaren Nuancen. Aber auch ein paar junge Frauen gehen an den Start.

Die Zuschauer stehen am Flussufer oder sitzen auf Tribünen. Wir suchen uns einen Platz und staunen. Bei jedem Rennen starten drei Fahrzeuge. Sie stehen bereit, aufgebockt am Ufer, der Transportriemen läuft. Die Fahrer warten auf das Startzeichen, dann werden die Standhilfen weggeschlagen und die Schneemobile mutieren zu Wassermobilen.

Der plötzliche Schub der Motorleistung lässt die Fahrzeuge vorne hochsteigen, sie schießen auf das Wasser wie ein Motorrad beim »Wheelie« auf dem Hinterrad. Dann senken sie sich ab, und die Fahrer rasen, nun quasi auf Wasserskiern, drei Wettbewerbsrunden durch das Wasser. Wer falsch in die Welle des Vorderen einfährt, wer in der Kurve zu viel Gas wegnimmt, der versinkt unweigerlich in den Fluten. Für den Fall der Fälle ist am Fahrzeug eine kleine Signalboje befestigt, die dann aufsteigt und die Stelle markiert, an der das Gefährt untergegangen ist. Bei manchen ist das nur eine kleine Plastikflasche am Bindfaden. Die Schneemobile werden dann mit einer Art Katamaran geborgen, die Fahrer werden mit einem Jetski ans Ufer zurückgebracht.

Wir sehen spektakuläre Stürze, Start-Ziel-Siege, aber auch tragische technische Defekte kurz vor dem Zieleinlauf. Und wir sehen strahlende Sieger, die nach dem Rennen mit ihrem Watermobil aufs Ufer rumpeln und dann mit heldenhaftem Stolz und größter Coolness bis zurück zu ihrem Stellplatz fahren. Von den Umweltaspekten wollen wir an dieser Stelle lieber nicht reden. Trotzdem ist das alles hier ein großer Spaß.

Als ich im Fahrerlager einigen der robusten Jungs meine Standardfrage stelle, sagt Ville, der nach den heutigen Läufen als einer der Favoriten auf den Meistertitel gilt: »Glück? Als Finne? Glück ist, wenn du hier auf dem Fluss einen sauberen Lauf fährst.«

Sein Techniker Pekka grinst und sagt: »Glück ist, wenn Ville in einem Stück zurückkommt, und ich unsere Maschine nicht aus dem Fluss fischen muss.«

Glückstipp:

Da es schwierig ist, wirklich zu einem Wettbewerb vor Ort zu sein: Schau dir verschiedene Watercross-Läufe im Internet an, mit Stürzen und manchmal sogar Sprüngen.

TAG 22

Rovaniemi

»Nicht meine Muttersprache«

Das Navi befiehlt: Kurz vor Rovaniemi links ab von der Hauptstraße! Dann geht es etliche Kilometer durch den Wald. Wenn wir auf dieser Reise irgendwo eine Chance auf eine Elchsichtung haben, dann hier. Ich bin mir ganz sicher. Aber keiner zeigt sich. Dann sind wir schon am Platz für unsere nächste Verabredung. Wir parken an einem Minihafen und hören ein Motorboot herantuckern. Antti kommt mit Tochter Hilda von seiner kleinen Insel herüber und bringt uns in sein Sommerhaus. Ein Paradies, in dem karelische Piroggen und Blaubeerkuchen auf uns warten, frisch gebacken von Anttis Frau Laura Junka-Aikio, Forscherin an der Universität in Tromsö / Norwegen und Bloggerin, die zu Sámi-Themen arbeitet und schreibt. Die fünf blonden Kinder der beiden stehen wie aus Bullerbü lachend auf der Veranda und rufen auf Deutsch »Guten Tag«. Dann springen sie davon, um den Hund und die frei laufenden Hennen zu füttern, die die Familie über den Sommer von einem Bauern übernommen hat. Wir sind begeistert über deren »Titel«: Pensionshühner.

Dann gehen wir ein paar Schritte abseits und reden. Antti Aikio ist Sámi. Er ist Jurist und spezialisiert auf die Rechte dieser Minderheit. »Ich wollte etwas machen für mein Volk, und ich dachte, als Jurist gäbe es da die größten Möglichkeiten.«

»Siehst du dich eher als Sámi oder als Finne?«

Antti lacht. »Ich habe Wurzeln in beiden Kulturen. Meine Mutter ist Finnin, mein Vater Sámi. Daher bin ich beides.«

Ich erzähle Antti von meiner Suche nach dem Glück und dem Welt-Glücksreport. Wurden die Sámi auch dazu befragt?

Antti schüttelt den Kopf.

»Bist du selber glücklich?«, frage ich.

»Als Sámi bin ich nicht glücklich! Denn unsere Rechte werden nach wie vor nicht erfüllt und nicht geschützt.«

Das traditionelle Leben der Sámi sei in Gefahr, das Land werde ausgebeutet, vor allem von Minenunternehmen und der Forstwirtschaft. Dazu kämen der Straßenbau und die geplante Bahnlinie bis Murmansk. Die Sámi befürchten als Folge große Bergbauvorhaben in Gegenden, wo sie sanften Tourismus und Rentierzucht betreiben. »Die Sámi sagen: ›Erst nahmen uns die Finnen unsere Sprache, nun nehmen sie unser Land‹«, erklärt Antti.

»Die Sámi sind die einzige ethnische Gruppe in der Europäischen Union, die als indigenes Volk anerkannt sind«, schreibt Veli-Pekka Lehtola in seinem Buch »Die Sámi – Traditionen im Wandel«. Sie leben in Norwegen, Schweden, Finnland und Russland und haben eine ganz eigene Kultur und Sprache bzw. Sprachen. Allein in Finnland werden drei unterschiedliche gesprochen: Nordsamisch, Inarisamisch und Skoltsamisch. In Finnland, so Lehtola, leben mindestens 7000 Sámi.

Ein Politikum ist die Definition, wer Sámi ist, denn das ist entscheidend für die Aufnahme in die Wählerlisten für das Sámi-Parlament. Das Wahlkomitee, für das Antti als Jurist arbeitet, entscheidet, wer auf diese Listen kommt.

Markku hatte uns dazu erklärt: »Entweder sprachen deine

Eltern oder Großeltern als erste Sprache eine Sámi-Sprache, oder deine Vorfahren waren schon auf der Wahlliste. Dann gibt es aber noch Sonderregelungen, und Menschen, die vom Wahlkomitee nicht als Sámi eigestuft werden, können dagegen klagen.«

Antti kritisiert hart, dass diese Klagen am Ende von einem finnischen Gericht in Helsinki entschieden werden: »Hohe finnische Funktionsträger entscheiden darüber, wer Sámi ist und wer nicht.« Aber er berichtet auch, dass es hier möglicherweise zu Änderungen komme, das Menschenrechtskomitee habe dem finnischen Staat eine Deadline gesetzt.

Antti steht mit seinem Einsatz in der Familientradition. Sein Vater Pekka Aikio war dreimal – von 1998 bis 2008 – Präsident des Sámi-Parlaments, auf Nordsamisch *Sámediggi*. Jeder in Finnland kennt einen, der einen kennt … und nun stelle ich fest, ich kenne seinen Vater Pekka. Ich hatte für mein zweites Finnland-Buch ein Interview mit ihm geführt.

Damals wie heute ist das Ziel der Aikios der Schutz ihrer Kultur und ihrer Sprache. Ist Antti stolz auf das bisher Erreichte?

Er sagt: »Wir sind mitten im Kampf, es gibt noch nichts, um stolz zu sein. Sicher, ich bin stolz auf die tapferen Kollegen, die nicht aufgegeben haben. Ich bin stolz, verbunden zu sein mit den Sámi-Schwesten und -Brüdern außerhalb Finnlands, in Schweden, Norwegen. Auch in Russland. Sie sind wenige, wir sehen sie nicht oft, sie führen ihren eigenen politischen Kampf. Was Finnland angeht, hat das Human Rights Komitee der Vereinten Nationen festgestellt, dass aktuell gleich mehrere Artikel verletzt werden. Unser Kampf ist also noch lange nicht zu Ende.«

Teilweise würden die Sámi sogar massiv angefeindet.

Antti erzählt sichtlich betroffen von Bedrohungen. »Es gibt Anrufe, da sagt jemand am Telefon: ›Du wirst getötet. Du und deine Familie.‹« Antti sagt, diese Anrufe hätten zwar nicht ihm persönlich gegolten, aber anderen Mitarbeitern des Parlaments.

Ich bin geschockt. Mir fällt ein Moment aus dem Gespräch mit der Bischöfin Irja Askola ein. Sie sagte: »Unsere Gesellschaft und auch die Kirche war sehr brutal. In der Schule durften die Sámi-Kinder nicht mal in der Pause die eigene Sprache sprechen. Ihnen sind schreckliche Dinge widerfahren. Gerade für uns Christen ist das eine sehr traurige Episode in der Geschichte unseres Landes.«

Eine finnische Professorin, erzählte sie, habe Schulbücher analysiert, mit dem Ergebnis, dass die Kinder mehr über die Aborigines wüssten, über andere Ureinwohner und First Nations weltweit als über die Sámi im eigenen Land. »Wir sind besser geworden, aber womöglich zu spät.« Irja seufzte: »Eine untergehende Kultur.«

Diesem Untergang stellen sich Antti und seine Mitstreiter entgegen. Er ist froh, dass die Dialekte der Sámi nicht länger verpönt sind, dass es sogar »Sprachnester« gebe – rein samischsprachige Vorschulkindergärten, wo spielerisch die Grundlagen für die Sprache gelegt werden. Natürlich gehen seine Kinder, wie auch die von Heikki und Schwester Kaisu in Inari, in diese Einrichtungen und lernen dort wieder die Sprache der Inarisámi. Heikki hatte sehr stolz gesagt: »Das ist einfach sehr cool!«

Antti gehört zu der Generation der Sámi, die ohne ihre Sprache aufwuchsen. Schon sein Vater Pekka hatte die Sprache komplett durch die Restriktionen in Schule und Gesellschaft verloren. Er konnte sie nicht weitergeben an seinen Sohn. »Es war nicht ihre Schuld. Es war die Zeit der

Assimilation in die finnische Kultur. Samische Kinder wurden gemobbt. Und ihre Eltern dachten, es wäre besser, wenn sie die Sprache der Mehrheit sprächen.«

Heute sind die Sámi in der Gesellschaft sichtbarer. Es gibt bedeutende Künstlerinnen und Künstler in vielen Ausdrucksformen, in der Musik, der bildenden Kunst, der Dichtung. Es gibt ein neues Selbstvertrauen, ein neues Selbstverständnis unter den Sámi, auch wenn es trotzdem noch ein langer Weg ist.

»Mein Vater ist nach meiner Geburt aktiv in der Politik geworden. Er hat sein Leben lang für die Rechte der Sámi gekämpft. Aber so vieles ist verlorengegangen. Er selbst hat mir die Sprache nicht beibringen können. Er hatte immer Angst, dass das wenige, das er noch beherrschte, nicht ausreichen würde. Wenn ich meine Kinder höre, geht mir das Herz auf. Ich selbst versuche es immer wieder, aber ich kann es nicht gut. Es ist einfach nicht meine Muttersprache, obwohl ich zu diesem Volk gehöre. Und das macht mich traurig.«

Glückstipp:

Wer sich für die Situation, Geschichte und Kultur der Sámi interessiert, sollte das Museum *Siida* in Inari und das *Arktikum* in Rovaniemi besuchen.

Als Lektüre kann ich empfehlen:

Sachbuch: Veli-Pekka Lehtola, »Die Sámi-Traditionen im Wandel«

Roman: Kirsti Paltto, »Zeichen der Zerstörung« und Robert Crottet, »Mein Freund Mauno«

Lebenserinnerungen: Johann Turi, »Erzählung vom Leben der Lappen«

Oulu

Sommerfrische

Wir sind in Oulu und wohnen in einem der schönsten
Hotels unserer Reise. Und wir sind in einer der schönsten
Städte Finnlands, jedenfalls scheint uns das so. Oulu ist
eine vitale Studentenstadt, am Meer gelegen, und der Ort
begrüßt uns mit bestem Wetter. Das »Hotelli Lasaretti« ist
ein ehemaliges Krankenhaus, und die Verbindung von his-
torischem Gebäude und Moderne ist mehr als gelungen.
Vom Bett aus können wir zum Fluss Oulujoki schauen.
Aber uns hält es nicht »indoor«, da kann der Ausblick noch
so schön sein. Wir erradeln uns lieber Stadt und Umgebung. Durch Parks mit Teichen und kleinen Bächen, die
von romantischen Holzbrücken überspannt sind, gelangen
wir an eine Sommertheaterbühne. Ein Theaterstück wird
soeben aufgeführt. Es ist restlos ausverkauft. Wir linsen
ein wenig durch den Zaun, verstehen kein Wort von dieser
offenbar schwungvollen Komödie, aber lachen trotzdem
mehrfach einfach mit, angesteckt von dieser Sommerstim-
mung. Alles in Oulu ist plötzlich so ungewohnt städtisch.
Die Stimmung hier in der City und in den Parks ist fast
südeuropäisch. Alles wirkt sehr geschäftig nach den Tagen
in der Natur und der Weite Lapplands.

Wir kommen an der Stadtbücherei vorbei. Sie hat geöffnet! An einem Sonntag! Glückliches Finnland. Ich werde
übermütig, gehe hinein und bin fast enttäuscht, dass hier

keines meiner beiden Finnland-Bücher zu finden ist. Ich schimpfe mit mir wegen meiner Eitelkeit. So was macht man nicht als Ostwestfale, und schon gar nicht in Finnland. Man soll das Glück nicht herausfordern.

Wir radeln weiter, naschen Lakritzeis und landen schließlich auf der Insel Hietasaari mit dem Badeort Nallikari. Für zwei Stunden machen wir jetzt mal typischen »Strandurlaub«. Viel Zeit dafür haben wir nicht, wir sind verabredet mit Socke und Atte – »in der Stadt«. So etwas kennen wir ja schon fast nicht mehr. Vor allem kennen wir keinen Verkehrslärm mehr, und damit meine ich in diesem Fall die Lärmkulisse der Skater, die 20 Meter entfernt von uns ihre Tricks üben. In einer deutschen Stadt wäre das eigentlich normal. Hier nervt ihr beständiges Klick-Klack-Klong besonders, und es erscheint uns lauter als die Motorengeräusche beim Endlauf der finnischen Watercross-Meisterschaften in Ivalo.

Wir flüchten zu viert in den Innenhof unseres phantastischen »Hotelli Lasaretti«. Dort ist endlich Ruhe für Gespräch und Diskussion. Socke heißt eigentlich Jasmina. Sie ist die Nichte einer Freundin und Kollegin in Köln. Ich hatte sie und Atte, ihren Lebensgefährten, auf meiner Finnland-Umrundung vor einigen Jahren kennengelernt. Sie lebt seit 14 Jahren hier in Oulu, über das Warum und Wieso und das Faszinosum Finnland hat sie selbst ein Buch veröffentlicht: »Ein Jahr in Finnland«.

Socke hat Germanistik studiert. Als sie erzählt, was sie inzwischen macht, falle ich fast vom Stuhl: Sie studiert Inarisamisch! Unser Chrashkurs in Sámi-Kultur geht also weiter. Socke erzählt, dass sie zu Anfang sieben Studierende in ihrem Grundkurs gewesen, am Ende aber nur noch zu viert waren. Selbst für Finnen ist das eine gänzlich fremde Sprache. Das Motto, das auch die Lehrenden und führende Sámi vertreten, lautet: »Lieber schlecht als gar nicht.«

Ihr eigene Motivation für diesen Studiengang fasst sie so kurz wie klar: »Wäre schon schön, wenn ich irgendwie helfen könnte, dass diese Sprachen nicht aussterben.«

Sie erzählt uns von den täglichen Sámi-Nachrichten im norwegischen Fernsehen. Eine kürzere Version gebe es auch auf dem finnischen Kanal YLE. Socke schaut sich das jeden Tag im Internet an. Fünf Minuten dauert die Nachrichtensendung in Finnland, 13 in Norwegen. Berichtet wird in verschiedenen samischen Sprachen. Es gibt außerdem eine inarisamische Zeitung, die viermal im Jahr erscheint. Socke arbeitet an ihrem ersten Beitrag für dieses Periodikum. Literatur auf Inarisamisch ist selten, und man versucht, das zu fördern, z. B. mit einem Wettbewerb. Inzwischen, erzählt sie, gibt es sogar einige Folgen der Mumins auf Nordsamisch, sieben Folgen auf Inarisamisch und sechs Folgen auf Skoltsamisch. Mündet das auch in aktiver Jugendkultur?

»Es gibt sehr viel Rap auf Samisch«, sagt Socke. Amoc sei einer der bekanntesten Rapper und Musiker. Ich erzähle von Outi Pieski und Marja Helander, samische Künstlerinnen, deren Arbeiten ich grad erst im Museum Kiasma in Helsinki gesehen habe. Socke meint, dass sich die Kunstwelt insgesamt den Sámi stärker öffnen würde. »Es sind zwar noch wenige, aber von den wenigen ist viel sichtbar.«

Es wird langsam kühl im Innenhof. Der finnische Sommer neigt sich seinem Ende zu. Höchste Zeit, noch kurz über das Glück zu sprechen. Atte und Socke sind Naturschützer und haben klare Haltungen. Die Natur sei überwältigend, Glück pur, aber dieses spezielle finnische Glück sei in Gefahr. Die beiden beklagen die konstante Zerstörung der Natur unter den zwei vorangegangenen, sehr konservativen Regierungen. »Für die waren die Wälder grünes Gold, das man abholzen und zerstören kann. Ich hasse das wirklich«, sagt Atte, »Ich bin gerade nicht sehr optimistisch.«

»Und Greta, eure schwedische Nachbarin?«

Socke sagt: »Ja, es ist genial, dass die Kids auf die Straße gehen. Vielleicht überzeugen sie ja auch ein paar ältere Menschen. Bevor es zu spät ist.«

Zum Abschied fragen die zwei nach unseren weiteren Plänen. Wir haben uns entschlossen, morgen doch noch einen Abstecher zur Insel Hailuoto zu machen. Dazu hatten Ulrike und Markku geraten, auch Peter. Unsere Freundin Marja ebenfalls. Genauso Irma und Roope in Lahti. Und jetzt tun das auch noch Socke und Atte. Dann bleibt uns morgen ja auch gar nichts anderes übrig.

Glückstipp:

Ein Städtetrip nach Oulu!

Hailuoto

Am Leuchtturm Marjaniemi

So schön wie im »Arctic Lighthouse Hotel« wohnt man selten. Gleich nebenan steht der Leuchtturm der Insel Hailuoto. Aus den Fenstern schauen wir vorn zu den kleinen roten Häusern, die den Weg zum Hafen säumen, links zum Strand mit Dünen und Meer. Hinter uns auf der Fototapete hockt ein Hase in ebendiesen Dünen. Kann man mehr verlangen? Das Zimmer ist klein, aber trotzdem wunderbar.

All die vielen Finnen, die uns von dieser Insel vorgeschwärmt hatten, dass dies einer der schönsten Plätze des Landes sei, lagen goldrichtig.

Der Leuchtturm »Marjaniemen Majakka« ist kein Riese unter den Leuchttürmen dieser Welt, aber er und dieser Ort verzaubern sofort. Wir gehen am Strand entlang, biegen später über die Dünen in den Wald und wollen in einem Bogen zurück zum Hotel. Wir entdecken wunderbare Wege und Stege und kleine Seen. Die Blaubeerernte fällt in diesem Jahr mager aus, trotzdem finden wir etwas Wegverpflegung an den Büschen. Plötzlich Unerklärliches immer wieder über Kopfhöhe. Sind das Haarbüschel? Ist hier ein Elch entlanggestreift? Natürlich wünsche ich mir, wir würden endlich einmal einem dieser mächtigen Tiere begegnen. Wir stehen und lauschen einem Konzert »neuer Musik« für Baum und Rinde. Ein leichter Wind lässt Zweige und Äste aneinander und an Stämmen reiben, manchmal auch die schief gewehten Bäume knarzen.

Wir sind komplett allein im Wald, in schönster Stelle, durch die nur ab und an zart eine Brise durch Zweige und über Blätter streicht. Wir gehen zurück. Vor dem Hotel links tauchen ein paar Häuser auf, ein Café. Dann sehen wir eine Bude mit überdachten Plätzen draußen: »Hailuodon Halstari« steht auf dem Schild, Imbiss Hailuoto. Eine Fischräucherei mit Verkauf und kleiner Gastronomie. Noch dreißig Minuten geöffnet.

Wir lassen uns das Angebot erklären und entscheiden uns dann für die Lachssuppe. Klar, die könnten wir gerne auf der Veranda essen. Er brächte sie uns.

Wir sitzen draußen und schweigen

»Ein Bier wäre noch gut«, sagt Rita.

»Ich hole. Wünsche?«

»Du entscheidest.«

Drinnen werde ich gefragt: »Heineken or a local one?«

Natürlich ein Heimisches.

»Which one?«

Er zeigt auf den Kühlschrank. Zwei Sorten stehen zur Auswahl, mit auffallend schön gestalteten Etiketten. Es gibt *Laakeri* und *Märzen*. Ich nehme zwei *Märzen*.

Kaum bin ich damit am Tisch, nimmt Rita die Flasche, schaut auf das Etikett und sagt: »Du, das ist doch das Bier, das wir mit Peter getrunken haben, auf der Bootstour in Rovaniemi. Aus der deutschen Brauerei.«

Sie hat recht. In diesem Moment kommt auch schon der Finne mit unseren Suppen. Ich frage, wo das Bier produziert wird.

Na hier, auf der Insel natürlich.

Kennt er den Brauer?

Klar, das sei sein Freund Jürgen.

Hat er eine Adresse, einen Kontakt, einen Namen?

Kein Problem. Wenig später überreicht er mir einen Zettel mit der Nummer von Jürgen, dem deutschen Brauer auf Hailuoto. Unfassbar.

Die Suppe ist eine Geschmacksexplosion auf der Zunge. Für diese *lohikeitto* müsste man glatt einen Michelin-Stern vergeben. Auch das Bier ist spitze. Ich gehe gleich noch mal rein und hole zwei neue. Kein Problem, sie würden zwar gleich schließen, aber wir sollen die Flaschen einfach draußen stehen lassen.

Beschwingt von Brausud und Suppe greife ich zum Handy. Nach zweimaligem Klingeln ist Jürgen dran. Moin. Ich sei Deutscher, Autor, wir zu zweit auf Urlaubsreise, hätten überraschend von seiner Brauerei erfahren, hier in Marjaniemi, in der Räucherei neben dem Leuchtturm. Ich würde gerade an einem Buch schreiben über das Glück in Finnland, ob wir uns treffen könnten?

Kein Problem. Morgen um zehn habe er Zeit.

»Super, wir freuen uns, bis dann.«

Rita schüttelt den Kopf: »Unglaublich, wie du zu deinen Gesprächspartnern kommst.«

»Aber nur, weil du das Etikett erkannt hast.«

»Ja, aber dass unser Wirt den auch noch kennt. Und dir die Nummer gibt. Und dann hat der auch noch Zeit.«

»Tja, Glück muss man haben. Aber kein Wunder im Land der Glücksweltmeister.«

Fröhlich und glücklich nach Leuchtturm, Strand, Wanderung und Lachssuppe, mit den Bieren eines deutschen Brauers in Finnland in der Hand, stoßen wir an. In diesem Moment brummt mein Handy. Eine SMS kommt rein, von Marja, die wir in drei Tagen in Tampere besuchen werden.

Sie hat ein Foto mitgeschickt. Es zeigt eine Veranda vor einem rotgestrichenen Haus. Es ist die Veranda, auf der wir gerade sitzen. Dazu schreibt sie: »Ihr wolltet doch vielleicht noch auf die Insel. Auf dieser Terrasse in Marjaniemi, gleich neben dem Leuchtturm, kann man eine wunderbare Lachssuppe essen.«

Rita sagt: »Nee, oder? Das glaub ich jetzt nicht.«

Glückstipp:

Was wohl?

Die Lachssuppe im »Hailuodon Halstari«.

Hailuoto

Finnisches Biobier

»Die Hailuodon-Brauerei ist Finnlands erste Biobrauerei – wir stellen alle unsere Biere aus biologisch angebauten Rohstoffen her. Wir produzieren ungefilterte Biobiere nach deutscher Art für den finnischen Geschmack ohne Konservierungs- und Zusatzstoffe.« So stellt sich die Hailuoto-Brauerei, *Hailuodon Panimo,* im Internet vor. Gegründet wurde sie von Jürgen Hendlmeier und seinem finnischen Freund und Kompagnon Kimmo Kaukonen. Untergebracht ist sie in den alten Gebäuden des ehemaligen Inselkaufladens, im Zentrum von Hailuoto. Langgestreckt, aus schweren, grob behauenen Holzbalken gefügt, in der typischen roten Farbe gestrichen. Hier lagerte einst alles, von Grundnahrungsmitteln bis hin zu Baumaterialien. Ein passender Ort für eine Biobrauerei.

Es ist eine Geschichte wie im Märchen. Jürgen war in Berlin Musikproduzent und Tontechniker. Das Studio befand sich in einem besetzten Haus in »Mitte«, in der »Rosenthaler«, unten im Haus der legendäre Club »Eimer«, der auch Schauplatz wurde im Spielfilm »Good Bye Lenin!«. Oben war das Studio, in dem Jürgen Bands produzierte, viele auch aus Finnland wie die »Flaming Sideburns«. Deren von ihm produziertes Album »Sky Pilots« kam bis auf Platz 3 der finnischen Charts. Irgendwann kam auch die Frauenband »Thee Ultra Bimbos« mit Susanna an der

Gitarre ins Studio. Susanna und Jürgen verliebten sich und leben nun mit Kind auf der Insel. Das ist die Kurzversion.

»Das wollten wir eigentlich erst machen, wenn wir alt sind. Susannas Eltern haben ihr Sommerhaus hier. Aber als unser Sohn auf die Welt kam, hatten wir keinen Bock mehr auf die Stadt«, erzählt Jürgen.

Und irgendwann kam dann die Idee mit der Brauerei. »Irgendwas muss man ja machen«, sagt er lachend. »Wir haben gleich Nägel mit Köpfen gemacht. Wir haben nicht als Hobbybrauer angefangen, sondern hatten schon das Ziel, eine Brauerei zu gründen. Weil wir einfach gerne Bier trinken.«

Vom Konsumenten zum Produzenten, wie geht das? Rita ist Berufspädagogin. Sie ist in ihrem Element: »Brauen muss man ja erst mal lernen. Da reicht eine Geschäftsidee allein doch nicht aus?«

»Am Anfang fanden wir es wirklich einfach nur geil, hier 'ne Brauerei zu haben. Der Rest kam später.«

Der Rest ist heute eine beeindruckende, neue Brauanlage, in Deutschland gefertigt. Bei unserem Rundgang haben wir auch Jürgens Partner Kimmo kennengelernt. Nun sitzen wir mit »Testbieren« zum Beispiel *Pilsneri*, auf langen Bänken an langen Tischen, eine gemütliche, sprichwörtliche Gaststätte, die man auch mieten kann.

Den ersten Brauvorgang haben die beiden Freunde in einem sogenannten Thermoport auf den Weg gebracht. Man könne natürlich auch teure Brauereisets kaufen, erzählt Jürgen, aber er und Kimmo hätten mit minimalem Budget gearbeitet und sich einen großen Tauchsieder aus Südkorea bestellt. »Dann haben wir einfach zwei Bücher gelesen und ein bisschen im Internet recherchiert. Also, ich lerne relativ schnell. Eins meiner wenigen Talente.« Er lacht.

Rita wirft ein: »Naja, das ist aber eine große, in jeder Hinsicht professionelle Anlage.«

»Ob du Audiosignale routest oder Bier braust, ist jetzt auch egal. Du musst etwas von a nach b schicken und du musst wissen, was auf dem Weg dahin passiert«, erklärt er seine Kompetenzen. Auch im Studio sei er permanent gefordert worden, ständig habe es neue Geräte mit neuer Technik gegeben.

Beeindruckend, mit welcher Leichtigkeit er das beschreibt.

Wie aber lernt man, den Geschmack zu kreieren?

»Naja, du trinkst dein ganzes Leben lang Bier, da weißt du doch, was lecker schmeckt.« Sagt es und grinst.

Ihre Idee war, alles sehr traditionell und simpel zu machen. Sie brauen deutsches Bier, zwei Pilssorten, verschiedene Lagerbiere, *Laakeri*, Weizenbier, dunkles Weizenbier, *Dunkkeli*, Sauerbier, Goose, ein spezielles Sauerbier mit Koriander. Sogar Altbier und Festbier gibt es. Es sind allesamt klassische deutsche Biere, die Namen der Sorten schwanken zwischen seriös, witzig, cool und traditionell. Es gibt auch »Feldmilch«, *Pellonmaito* steht auf der Flasche. So hat man früher das bei der Feldarbeit konsumierte Bier genannt.

Jürgen sagt: »Uns war auch wichtig, dass die Leute hier auf der Insel wirklich gut finden, was wir machen. Unser Bier ist ja absolut trinkbar. Es gibt Craftbiere, da rollen sich mir die Zehennägel hoch.«

Ich muss lachen. Alles was wir hier gerade »tasten«, ist extremst lecker!

Die Inselbewohner, die Alteingesessenen, die Waldbesitzer und Bauern, genauso wie die zugezogene Künstlerkolonie identifizieren sich inzwischen mit der Brauerei. Für

Jürgen war der erste Kontakt vor Ort leicht, da sein Schwiegervater von der Insel stammt und seine Frau als Einheimische gilt. »Für mich war das schon genial. Als Bierbrauer kannst du eigentlich nichts falsch machen, weil jeder hier Bier trinkt. Wir mussten aber trotzdem mit unserer Brauerei erst mal eine Verbindung zu den Menschen herstellen.«

Mit der Zeit wurde die Brauerei Imagefaktor und Impulsgeber. Die ungewöhnlichen Bügelflaschen werden aus Deutschland geliefert. Das retromäßige, trotzdem raffiniert-aktuelle Design der Etiketten gestaltet Kimmo. Sie wollen nicht auffallen um jeden Preis, aber sie haben ihren Stil, und der soll auch zur Insel passen. Das Denken der beiden Brauer geht aber noch weit darüber hinaus.

»Wichtig ist uns auch, dass wir Rohstoffe von der Insel nutzen. Beim Wasser ist das eh schon der Fall, aber wir haben auch angefangen, Gerste von der Insel zu benutzen. Das hat lange gedauert, weil ja alles bio sein muss. Aber wir haben jetzt zwei Bauern, die eingestiegen sind. Die hatten bisher keine Brauereigerste.«

Ich bin sehr beeindruckt von dieser Mischung zwischen modern und klassisch, zwischen »old school« und sehr cool. Kimmo und Jürgen haben mit ihrer Brauerei auch Arbeitsplätze geschaffen. Als Nächstes steht ein Gespräch mit dem Bürgermeister zum Thema Biogas an. Die beiden möchten die Produktion gern darauf umstellen.

Zum Gesamtbild gehört aber auch, dass nicht alles komplett reibungslos und ideal abläuft. »Wir haben hier einen Flüchtling, der bei uns arbeitet. Es gab darüber irgendwann eine Story in der Zeitung von Oulu. Wir haben dann sofort Hassmails gekommen. ›Islamistenbrauerei‹ hieß es da. Das ist schade. Aber so ist es halt.«

Und insgesamt, frage ich ihn, wie geht es ihm als Deutschem in Finnland?

»Mir geht's gut.«

»Die Finnen sind wieder auf dem ersten Platz beim Glücksreport.«

Jürgen lacht: »Das nehme ich ihnen nicht ab!«

»Den Finnen oder der Untersuchung?«

»Der Untersuchung. O.k., ich weiß nicht. Finnen sind auf jeden Fall ambivalent. Aber du hast hier schon große Lebensqualität, der ganze Platz, die Natur. Ich mag die Finnen wirklich. Schon allein, weil die einfach gut erzogen sind, höflich. Wenn du aus Berlin kommst, ist das schon ein Unterschied.«

Die Berliner Schnauze und der zurückhaltende Finne, das sind sicherlich zwei sich diametral gegenüberstehende Pole.

Bevor wir gehen, kaufen wir im Shop noch eine kleine Bier-Auswahl für uns und als Geschenke. Natürlich auch ein 5-Liter-Fass Märzen. Und wir wissen schon, das reist mit uns nur bis Schweden, bis an einen kleinen See, wo wir unsere Freunde Heide und Jochen besuchen wollen. Und dann finden wir noch das Topgeschenk für meinen männlichen Freundeskreis: Bierseife! *Olutsaippua.* Großartig! Auf so was muss man erst mal kommen.

Glückstipp:

In Finnland: Ein Biertasting in der Brauerei von Jürgen und Kimmo auf der Insel Hailuoto.

Zu Hause: Duschen mit Bierseife!

TAG
26

Hailuoto

Honig aus Koikkala

In der Touristeninformation, gleichzeitig auch ein *kahvila*, gießt sich neben mir ein Mann mit schweren grünen Gummistiefeln einen Kaffee ein, spricht kurz mit dem Mann hinter dem Infoschalter, und geht nach draußen. Nun bin ich dran und frage nach Informationen. Ich bekomme eine kleine Auswahl an Prospekten, alle auf Finnisch.

Ich frage: »Do you have some in English?«

Mir wird versichert, neulich wäre noch eine Broschüre in Englisch vorhanden gewesen, aber »die ist jetzt aus«. »End of season«. Ich muss lachen. »Saisonende« gilt scheinbar für ganz Hailuoto. Bei uns im Hotel gab es gestern keine Brötchenhälften mehr für die Burger. Das Hotel selber ist allerdings noch ausgebucht.

Ich schnappe mir die finnischen Prospekte und trete vor die Tür. Meine Rita und der Mann in Gummistiefeln reden miteinander. Wir schütteln uns die Hände.

»Jake.«

»Bernd.«

Rita sagt: »Du musst unbedingt für dein Buch mit ihm reden!«

»Eigentlich heiße ich Dietrich, aber das kann hier keiner aussprechen. Seit ich in Finnland lebe, bin ich Jake«, sagt der Gummistiefelmann.

Jake und seine Frau Anu sind Tierärzte, sie haben sich

während des Studiums in Deutschland kennengelernt. Sie leben bei Savonlinna und sind während der Ferien mit den Kindern hier auf der Insel.

»Der Entschluss, Deutschland zu verlassen, fiel mir leicht, weil Anu nach dem Studium mit unserem gemeinsamen Hund nach Finnland zurückgegangen ist«, erzählt Jake lachend.

Er führt mit seiner Frau eine Gemeinschaftspraxis, beide machen alles. »Ich habe aber weniger mit Kleintieren zu tun, meine Frau weniger mit Großtieren. So hat sich das eingespielt. Die Praxis wird von der Kommune gestellt, wir sind Kommunaltierärzte. Dieses System wurde geschaffen, um Ärzte und Tierärzte in entlegene, nicht so lukrative Gebiete zu bekommen.«

Könnte sich Jake vorstellen, wieder in Deutschland zu arbeiten? »Auf keinen Fall! Ich habe den Alltag in Großtierpraxen in Deutschland erlebt, das hat mir gereicht. Stichwort Antibiotika. Das wird hier vollkommen anders gehandhabt. Ich habe zum Beispiel Schweinebetriebe, die seit Jahren keine Antibiotika mehr verwendet haben. Das wäre in Deutschland undenkbar. Obwohl das Problem mit Arzneimittelrückständen in Lebensmitteln tierischer Herkunft bekannt ist. Die Finnen sind uns hier Jahrzehnte voraus.«

In Deutschland isst er kaum noch Fleisch. »Hier hab' ich damit keine Probleme. Hier schmeckt es auch ganz anders, muss ich ehrlich sagen. Auch die Molkereiprodukte. Ich könnte unendlich darüber reden. Ein Thema, das mir sehr am Herzen liegt.«

Jake hat klare Haltungen. »Von den Finnen können wir wirklich lernen. Nicht nur, was die extrem niedrigen Antibiotikarückstände angeht. Hier gibt es strenge Richtlinien für die Gabe von Medikamenten und für Behandlungen, mit dem Ziel, die Lebensmittel sauberer zu machen. Die Richtlinien in Deutschland müssten dringend dahingehend angepasst werden.«

Jake erzählt, dass sie gerade einen sehr besonderen Patienten in der Praxis hatten und damit »tagelang in der Presse« waren. Auch die finnischen Medien müssten ihr alljährliches Sommerloch stopfen, lacht er. Jake und Anu waren gerufen worden, um eine verletzte junge Saimaa-Robbe zu versorgen. Diese Robben sind endemisch, das heißt sie leben ausschließlich im Saimaa-Seengebiet. Die Population von nur noch wenigen hundert Tieren ist vom Aussterben bedroht. Es gibt intensive Schutzprogramme, die von Teilen der Öffentlichkeit, besonders von Fischern, stark kritisiert werden. Jake zeigt uns Bilder der Robbe, mit Aasfliegen auf der Wunde, die belegen, dass sich dieses Tier wohl nur in letzter Sekunde aus einem Fischernetz hatte befreien können. Wie vielen dieser Tiere gelingt das nicht? Wie viele verenden in Netzen, ohne dass jemand davon erfährt? »Die Dunkelziffer kann man nur schätzen, aber sie wird beträchtlich sein«, sagt Jake.

Dass die Presse so ausführlich über ihren kleinen Patienten berichtet hat, liegt auch an der seit langem schwelenden Diskussion, ob das Fischen mit Netzen wegen der Robben im gesamten Saimaa-Seengebiet verboten werden soll In diesem Jahr war das Netzfischen bis Ende Juni verboten. Vorher gab es nur Schutzgebiete. »Die Robben werden Ende Februar, Anfang März geboren. Ende Juni sollten sie angeblich groß genug sein, um dieser Gefahr ausweichen oder sich im Notfall aus dem Netz befreien zu können. Aber allein in den ersten zehn Tagen nach Aufhebung des Netzfischereiverbotes wurden fünf junge Robben ertrunken in Netzen aufgefunden. Das hat hohe Wogen geschlagen.«

Die politische Folge war eine Art Bürgerbegehren. Das Parlament muss ein Thema behandeln, wenn 50 000 Finnen – also ein Prozent der Bevölkerung – dafür ihre Stimme im Internet abgegeben haben. Bei der Initiative für die Rettung der Saimaa-Robbe dauerte es nur einen Tag, bis die erforderliche Stimmenzahl erreicht war. Das Verfahren, ob nun ein dauerhaftes Verbot verhängt wird oder nicht, läuft noch.

Die beiden Veterinäre und ihre Kinder haben noch eine besondere Leidenschaft. Sie imkern. Und Anu absolviert gerade eine Zusatzausbildung als Bienen-Tierärztin. Angefangen haben sie mit zwei Völkern. »Das hat sich dann ziemlich schnell erweitert«, sagt Jake. Wo Bienen sind, da gibt es Honig. Ihren haben sie *Koikkalan hunaja* getauft, Honig aus Koikkala. Den bieten sie zum einen auf einem nah gelegenen Biohof mit Direktverkauf und Teestube an, *Wehmann kartano*, zum anderen auf dem Markt. Im Sommer findet immer samstags der *Koikkalan kesätori* statt, der mittlerweile legendäre Sommermarkt in Koikkala. »Der ist wirklich empfehlenswert, sowohl für Einheimische als auch für Touristen und Sommerhäusler.«

Jake erzählt, dass sie sehr stolz waren, als vor einigen Jahren sogar der finnische Präsident Sauli Niinistö kam. »Der sollte eigentlich zu einem großen Trabrennen in Mikkeli, wollte dann aber lieber auf den berühmten Markt in Koikkala.«

Man spürt, wie sehr er sich identifiziert, wie sehr er Teil dieser Dorfgemeinschaft geworden ist. Dieses »Wir«, »Finne sein«, für die Gemeinschaft mehr eintreten als für sich, ist das typisch? »Ich weiß nicht, ob die Finnen das selber so sehen. Die Finnen sind nicht obrigkeitsgläubiger, sie haben ein stärkeres Wir-Gefühl. Die Widerstände grundsätzlich gegenüber allem Neuen und allem, was von oben kommt, diese Widerstände sind nicht so da. Natürlich gibt es ab und zu ein Murren, aber natürlich machen alle mit. Wir glauben an die Regierung.«

Und, Jake, wie ist es mit dem Glück der Finnen und deinem persönlichen Glück in Finnland?

»Glücklich wäre ich bestimmt auch anderswo, aber hier wird es einem strukturell leichter gemacht.«

Glückstipp:

Einmal über den Samstagsmarkt von Koikkala bummeln. Vielleicht sogar Honig kaufen.

Und grundsätzlich: Wenn man den Schildern, früher braun, jetzt schwarz, mit der stilisierten Ähre folgt, gelangt man zu Hofläden, Biohöfen und Direktverkaufsstellen.

Zwischen Hailuoto und Viitasaari

Ran-Tan-Tan-Tan Tango-Intermezzo

Heute verlassen wir die Insel. Wir wollen nach Tampere, werden die lange Fahrt aber unterbrechen für eine Übernachtung und haben einfach einen Ort in der Mitte gewählt: Viitasaari. Die Strecke ist, vorsichtig gesagt, unspektakulär. Darum habe ich als Reiseleitung etwas Besonderes vorbereitet. Ein Tangoseminar, denn der finnische Tango ist legendär. Wir werden unterwegs verschiedene Tango-CDs hören und ich werde Rita aus Büchern und Gesprächen eine Art Tangovorlesung halten.

Rita sitzt am Steuer, und ich spiele ihr als Erstes, passend zu meinem Thema, »*Onko onni unta vain?*« vor. Übersetzt: »Glück ist nur ein Traum?« Das Lied ist auf einer CD von M. A. Numinnen – Tangoexperte, Musiker, Komiker, Schriftsteller, Philosoph und Kinderliedermacher. Weitere Highlights der CD: Songs der »Tangoprinzessin« Sanna Pietiäinen und dem Neorustikalen Tango-Orchester. Auch einige deutsche Stücke finden sich darauf wie »Warum schweigt das Telefon?«. Die deutschen Lieder auf der CD sind witzig, die finnischen eher dramatisch.

Dann hören wir den legendären Tango *Satumaa*, Märchenland. Angela Plöger, eine der kompetentesten Finnland-Kennerinnen überhaupt, schrieb, wieder in der DFG-Mitgliedszeitung, über *Satumaa*: »Diese Schöpfung gilt als der

schönste und meistgespielte Tango Finnlands.« Sie hat ihn
auch übersetzt, ich trage vor, und Rita erträgt, dass ich ihn
sogar im Auto singe:

Weit von hier an blauen Ufern liegt ein fernes Land,
wo die Wellen plätschern an des Glückes goldenen Strand.
Wo die schönsten Blumen blühen in ew'ger Farbenpracht,
wo man sich um übermorgen keine Sorgen gemacht.

Ich flöge wie ein Vogel gern ins Märchenland des Glücks,
und kehrte dann, nach Vogelart, auch niemals mehr zurück.
Doch ohne Flügel, erdenschwer komm ich von hier nicht fort,
nur in Gedanken fliege ich an meinen Sehnsuchtsort.

Fliege, Lied, durch Wolken hin ins blaue Märchenland,
Wo die Liebste mich erwartet an des Meeres Rand.
Fliege, Lied, auf Vogelschwingen eilends zu ihr hin,
Sag ihr, dass nur sie allein mir immer liegt im Sinn.

In der Interpretation von Reijo Taipale wurde dieses Lied
ab 1962 ein überbordender Erfolg. Es wurde sogar vorgeschlagen, das Lied in das offizielle Kirchengesangbuch
aufzunehmen. Rita lacht und duckt sich schon, weil sie
fürchtet, ich würde gleich noch mehr unnützes Wissen aus-
breiten. Die Sache mit dem Gesangbuch weiß ich übrigens
auch von Angela Plöger. Taipale selbst soll es mehr als
sechstausend Mal live gesungen haben. Im Film »Mittsommernachtstango« von Ariane Blumenschein führt er das
Lied mit argentinischen Tangomusikern auf, die Finnland
durchstreifen. Das weiß ich, weil ich den Film natürlich
mehrfach gesehen habe. Komponist und Texter des Liedes
ist Unto Mononen, der nur 38 Jahre alt wurde. Er starb an

einem Schuss und man weiß nicht, ob es ein Unglück oder ein Suizid war.

In meiner kleinen Vorlesung darf natürlich M.A. Numminens Buch »Tango ist meine Leidenschaft« nicht fehlen. Ich krame es aus meinem Rucksack und lese Rita meine Lieblingsstellen vor: »Ran-Tan-Tan-Tan!« Mit diesen Silben im Tangorhythmus beginnt dieses überdrehte, komische Buch mit tausend Details zum finnischen Tango. Der Held heißt Virtanen, er ist leidenschaftlicher »Tangogeher« und orientiert sich an Platons Satz, der Mann sei erst mit 35 reif für den Geschlechtsakt. Virtanen, fast 35, sagt in Ermangelung einer Tanzpartnerin: »Ich habe mir zu Übungszwecken ein Skelett aus Kunststoff besorgt.«

Numminen ist ein großer Kenner des finnischen Tangos und hebt ihn auf eine fast religiöse Ebene. Ich zitiere aus seinem Werk: »Der Tango ist wichtig für uns Finnen, ein gewisser Ausdruck der Identität. Auch der an sich sprachlich weniger gewandte Finne kann mit Hilfe des Tanzes das ganze Spektrum seiner Gefühle zum Ausdruck bringen.«

Ich glaube inzwischen, ohne den Tango wären die Finnen längst ausgestorben. Der Tango ist also eine Art inoffizielles Eheanbahnungsinstitut. Alles, was sich die Finnen gegenseitig nicht sagen können, sagt der Tango. Im Grunde ist er bis heute die dominierende Musikform in Finnland, da mag es noch so viel Heavy Metal geben oder Stars wie Samu Haber.

Ich hatte vor Jahren einen Auftritt mit Florian Ludwig, damals Generalmusikdirektor, und seinem Philharmonischen Orchester Hagen mit einem Finnland-Programm. Ein Lebensgeschenk für mich. Heute ist Florian Ludwig übrigens Professor an der Hochschule für Musik in Detmold. Auch er ist großer Finnland-Fan und hat dort bereits dirigiert, beim OperaCava Festival in Nilsiä bei Kuopio. Natürlich hatten wir in Hagen auch *Satumaa* in unserem Programm. Florian erklärte mir damals vor den Proben das Werk: »Die finnische Unterhaltungsmusik ist ganz großes Kino. Gerade im Tango trifft die finnische Seele sich direkt mit Melancholie und tief verwurzelter Leidenschaft, ja auch Verzweiflung. *Satumaa* ist da etwas ganz Besonderes. Dieser Text schildert den Sehnsuchtsort mit der dort wohnhaften Geliebten hinter dem Meer. Wenn die Finnen leiden, dann tun sie das immer mit Musik. Vorherrschendes Tongeschlecht: Moll. Und die meisten finnischen Interpreten geben das Stück ja dann auch mit einer Trockenheit zum Besten, als würden hier die besten Rezepte für Hechtklößchen verhandelt. Die Leidenschaft ist da, sie wird aber nicht an der Oberfläche glanzpoliert vor sich hergetragen, sondern sie findet eben tief unter der Oberfläche statt, dort ist sie aber ein glühender Vulkan, der nie ausbrechen darf.«

Florian formulierte hier beinah selber einen poetischen Tangotext über das Innere der Finnen!

Ich wechsele die CD. Nun hören wir »Uusikuu«, Neumond. Eine finnische Tangoband aus Tübingen. Das Album heißt »*Suomi-Neito*«, finnisches Mädchen. Die Musik und die Texte sind überwiegend von Frauen geschrieben, die Tangos sind gesungen von Laura Ryhänen, die schon lange in Deutschland zu Hause ist. Uusikuu sind im Kern Laura und ihr ebenfalls finnischer Mann Mikko an der Geige, sowie Norbert Bremes am Akkordeon. Sie variieren für ihre Auftritte zwischen Trio oder Quintett mit Gitarre und Bass. Sie und Mikko haben schon Musik gemacht, Volksmusik, Weltmusik, bevor sie sich trafen. Ich kenne sie, wir sind Kollegen auf den deutschen Bühnen. Und unter Kollegen hatte ich Laura neulich befragen können zu meinem

Thema, dem Glück. Und natürlich kamen wir auch am Tango nicht vorbei. Wie war sie eigentlich zum Tango gekommen?

»Gezwungen!«, lachte sie.

Eine andere Finnin in Tübingen suchte damals Musiker. »Ich hatte kein wirkliches Interesse. Ich fand Tango und die Musik ganz langweilig. Für mich war das was für ältere Menschen.«

Tango hatte sie »zu oft« gehört, und die Musik hatte sie nicht berührt. Trotzdem machte sie mit. Das war dann schon mit dem jetzigen deutschen Akkordeonisten von Uusikuu. Der Auftritt »war so nett und schön und dann haben wir weitere Anfragen gekriegt«. Da war er, der Zwang weiterzumachen. Als die andere Sängerin zurück nach Finnland ging, blieb Laura und entdeckte nun den Tango als späte Liebe. Und wie kam es zu dieser Versöhnung?

»Es waren drei Sachen. Die Freude, Musik zu machen. Dann die Reaktion des deutschen Publikums. Es war sehr überraschend für uns, dass die das so gut gefunden haben. Und dann die Lebenserfahrung. Man beginnt erst mit der Zeit, die Texte zu verstehen und zu fühlen. In den finnischen Tangos beschreibt man die Dinge des Lebens ja oft in Naturbildern. Als jüngerer Mensch habe ich mir gedacht: ›Warum immer Regen? Warum Wind? Warum Sonnenschein und Mond? Langweilig!‹ Aber später, wenn man im Leben mehr erlebt hat, kann man mehr Tiefe empfinden, stärker mitfühlen. Ich glaube, das war der Wendepunkt. Wenn das Leben nicht länger nur gradlinig ist.«

Was ist für Laura das Faszinierende am Tango?

»Die Musik hat sehr viel Kraft. Das merkt man auch bei Leuten, die die Texte gar nicht verstehen. Sie mögen diese Lieder trotzdem.« Der Tango, sagt Laura, habe einerseits die Musik und anderseits den Text. Der deutsche Schlager sei im Vergleich eher naiv, nicht poetisch, er beschreibe keine Natur. Die finnischen Texte gingen immer viel tiefer.

»Ich glaube, das hat auch damit zu tun, dass viele Finnen Schwierigkeiten haben, direkt über Gefühle zu reden und zu sagen: Ich liebe dich. Ich vermisse dich. Es tut mir leid. Oder: Ich habe was falsch gemacht. Oder: Hoffentlich kommst du zurück. Dann sagt man im finnischen Tango: Es hat viel geregnet in meinem Leben, aber vielleicht kommt die Sonne eines Tages zurück. Oder Ähnliches.«

Macht der Tango die Finnen glücklich?

»Ja! Ich glaube, das gibt zum Beispiel ein Gefühl von ›Ich bin nicht alleine mit diesem Gefühl‹. Oder: ›Ich bin nicht alleine derjenige, dem so etwas passiert ist.‹ Oder: ›Er versteht genau, wie es mir geht, wie ich mich fühle.‹ Der Texter versteht. Und es gibt auch die Möglichkeit, dass die Paare sich näherkommen, wenn sie tanzen. Ja, und es gab natürlich auch Zeiten, wo die Sorgen groß waren, die Kriegszeit, und dann hat man vielleicht so eine kleine, nur kurze Flucht gehabt, ein Entkommen.«

Am Ende wollte ich wissen, welche Rolle der Tango heute spielt.

»Vor ein paar Jahren war es richtig hip bei den jungen Leuten, zu den Tanzböden zu gehen, oft mitten im Wald. Bis heute ist der Tango natürlich immer dabei, wenn es größere Feste gibt. Oder im Fernsehen oder bei Kulturveranstaltungen. Der Tango wird immer dabei sein.«

Ich schließe mein Tangoseminar für Rita mit dem Schönsten, was ich je über den finnischen Tango gehört habe, mit einem Filmzitat. Zu Beginn des Films »Mittsommernachtstango« hat der Regisseur Aki Kaurismäki einen wunderbaren Gastauftritt mit einem aberwitzigen Monolog. Er sitzt rauchend in einer Bar und sagt: »Der Ursprung des Tangos ist ein großes Missverständnis. Die Uruguayer und auch die Argentinier wollen ihn erfunden haben, aber eigentlich entstand er im Osten Finnlands in einem Gebiet, das heute zu Russland gehört. Die Hirten, die mit ihrem Vieh durch die Wälder zogen, begannen Tango zu singen, um die Wölfe fernzuhalten. Und um sich weniger einsam zu fühlen. Nach und nach begannen die Leute in den Tanzlokalen bei den Seen, Tango zu tanzen. Das alles fing um 1850 an. 1880 war der Tango dann an der Westküste Finnlands angekommen. Seeleute sangen ihn und brachten ihn nach Buenos Aires. Die Bewohner der Stadt hörten ihn in den Hafenkneipen. So wurde er plötzlich auch in Argentinien populär. Ich bin nicht sauer, aber ein bisschen sauer bin ich schon. Denn die Schiffe waren erst in Uruguay, dann in Argentinien. Der Tango kam zuerst nach Uruguay. Die Argentinier vergessen gern die Rolle Uruguays bei der Entwicklung dieses Tanzes, aber sie haben auch völlig verdrängt, dass er in Finnland geboren wurde. Weil wir sehr bescheiden sind und in der Geschichtsschreibung oft übergangen werden, erwähnt nie jemand, was wir dazu beigetragen haben. Wir haben auch den Walzer erfunden, den uns die Österreicher geklaut haben. Aber das war früher.«

Auf den Fahrten durch finnische Welten finnischen Tango hören - und tanzen, sobald irgendwo ein Tanzboden auftaucht. Und das st einfach, denn laut M.A. Numminen ist es ein Geh-Tango, und er sagt sinngemäß: »Der Finne nimmt seine Partnerin und geht mit ihr durch den Raum - bis er an ein Hindernis stößt. Dann dreht er sie um und geht mit ihr in die andere Richtung.« Also, »brave enough to dance?«

Viitasaari

Mit Populärmusik nach Viitasaari

Wir hören weiter Tango und fahren quasi »mit Populärmusik nach Viitasaari«. Ein schwedischer Roman von Mikael Niemi heißt so ähnlich: »Populärmusik aus Vittula« war
auch in Deutschland ein sehr erfolgreiches Buch und spielt
in der Grenzregion zu Finnland. Ein absoluter Lesetipp.

Unser nächster Übernachtungsort ist kein sehr klug gewähltes Reiseziel. Tolle Gegend, die Stadt selber »etwas
entwicklungsfähig«. Eigentlich hatte unsere Freundin Marja
uns gewarnt. Aber man muss auch in der Lage sein, eine
finnische Warnung zu verstehen. Finnen warnen nicht so
vehement, wie wir das vielleicht tun würden. Sie warnen
diplomatischer. Finnen, so habe ich einmal geschrieben,
sind tolerant bis zur Selbstaufgabe. Sie lassen dich machen,
halten dich von nichts ab und würden nie sagen, dass sie es
eigentlich besser wissen.

Eigentlich hätte ich genau das besser wissen können,
besser wissen müssen! In Kuopio war ich mit dem Bus zu
meiner Hotelanlage gefahren. Der Busfahrer hatte mich
gewarnt, dass er zuerst noch da und da hinfahre. Kein Problem, hatte ich gesagt. Wir drehten eine Riesenrunde nordwärts, fast eine Stunde lang, kamen auch zum legendären
»Puijo«-Turm und dann wieder zurück zu der Bushalte-
stelle, an der ich eingestiegen war, warteten eine Viertel-
stunde und fuhren dann erst südwärts zu meinem Hotel. Er

hätte mich nur auf die andere Straßenseite schicken müssen, aber nein, er hatte ja vom Umweg erzählt. Das musste anscheinend reichen. Ich nahm es sportlich und betrachtete das Ganze als Stadtrundfahrt.

Nun sind wir also in Viitasaari. Marja hatte noch gefragt: »Was wollt ihr denn da?«

»Übernachten«, hatten wir gesagt. Was denn sonst? Wir hatten auch diese zweite Warnung nicht erkannt.

Ich will die Frau meines Lebens opulent zum Essen ausführen, aber wir sind in Viitasaari. Wir finden eine Art Dönerbude. Ansonsten ist alles zu. Der Kiosk am Ufer des Pirttiselkä führt nicht einmal Bier mit 2,5 %. Am Ende sitzen wir bei »ABC!«, einer Restaurant- und Tankstellenkette, das finnische Pendant zu unseren Autobahnraststätten. Als Trost für uns: Die Niederlassung in Viitasaari an der E75 ist sicherlich die am schönsten gelegene des ganzen Landes. Wir speisen sogar am Wasser mit idyllischem Blick und trinken Bier. Das ist jetzt unsere Hafenkneipe. Unser romantischer Fischertreff in Viitasaari.

Die Finnen stellen sich am Tresen an, bestellen, essen und gehen. Wir bleiben. Die Servicekräfte sind irritiert, wenn wir erneut nach drinnen kommen. Ab dem dritten Bier gelten wir als Stammgäste. Es wird ungefragt frisch gezapft, wenn wir uns wieder in die Schlange einreihen. Die zwei verrückten Deutschen!

Nach unserem romantischen Abendessen machen wir noch einen kleinen Umweg zum S-Market Viitasaari. Es gibt Mumin-Tassen! Die neue Kollektion! Die Preise ein Drittel günstiger als in Helsinki! Ein Zeichen! Morgen Mittag bin ich verabredet mit Minna, Museumspädagogin im Mumin-Museum in Tampere.

Um 22 Uhr sind wir wieder im Hotel. Wie immer ist es

noch taghell. Wir gehen auf den Balkon – toller Blick zum See. Die Balkontür hat ein System für »Lock« und »Open«, das ich nicht ganz verstehe. Rita sitzt schon draußen und liest. Ich setze mich zu ihr. Stehe noch einmal auf und ziehe die Balkontür zu. Ich denke, das ist klug. Wegen der Mücken. Die sollen schön draußen bleiben. Ich werde aber sofort misstrauisch. Ist die Tür zu? Ganz zu? Ich stehe wieder auf und probiere. Sie ist ganz zu. Ich kann sie nicht öffnen.

Ich überlege, wie ich das Rita erklären kann.

Sie sieht von ihrem Buch auf: »Ist was?«

Ich erkläre den Sachverhalt.

Sie sagt: »Nee, oder?«

Bis heute freue ich mich, dass sie mich in diesem Moment nicht verlassen hat. Vielleicht hat sie das aber auch nur nicht getan, weil die Tür ja zu war.

Ich stehe auf einem Balkon in Finnland und rufe um Hilfe. Finnland ist groß und weit und wenig besiedelt. Viitasaari hat rund 6300 Einwohner, aber keiner ist zu sehen. Ich rufe weiter. Ein Igel läuft über den Rasen. Ein Elch wäre gut, auf den man vom Balkon würde steigen können. Für einen Sprung ist das entschieden zu hoch. Werden wir die ganze Nacht draußen bleiben müssen? Das werden die Mücken aber ganz schnell spitzkriegen. Das Mückenspray ist auch drin. Im Zimmer. Für einen Moment überlege ich: Sind jetzt eigentlich wir eingeschlossen oder das Mückenspray? Es ist Abend. Sehr spät am Abend. Beim Einchecken hatte uns Niina, die dort arbeitet, gesagt, die Rezeption sei bis 22 Uhr besetzt. Ich fasse an meine Jeanstasche und atme auf. Wenigstens habe ich mein Handy dabei. Dann hyperventiliere ich beinahe, als ich auf dem Display die Uhrzeit sehe. 22.15 Uhr. Panisch suche ich die Nummer des Hotels im Netz. Wie gut, dass man in Finnland überall Netz hat, auch in Lappland im Wald und sogar hier in Viitisaari. Ich rufe bei der Rezeption an.

Jemand hebt ab. Niina macht Überstunden!

»Hello? Niina?«

»Yes. Can I help you?«

»Yes, you can! Ich habe uns auf dem Balkon eingeschlossen.«

»Bitte?«

»Ich habe uns ausgeschlossen!«

»Welches Zimmer?«

»Zimmer 119. Niina, please rescue us!«

»I will!«

Sieben Minuten später steht Niina vor uns, öffnet die Balkontür und lässt uns herein. Für mich ist unsere bescheidene Herberge in diesem Moment ein Fünfsternehaus.

Glückstipp:

Bei unbekannten Schließmechanismen denselben immer nur zu zweit ausprobieren, einer draußen auf dem Balkon, einer zur Sicherheit im Zimmer. Und sich das System dann natürlich gut merken!

Korpilahti und Orivesi

Teppichwaschplatz und Kunst

Wir fahren früh los, ohne Frühstück. Nur mit Kaffee. Unser Ziel ist Tampere, wir sind ein wenig melancholisch heute Morgen. Unsere Reise endet bald. In Tampere werden wir Marja treffen, danach folgt noch ein kleiner Stopp in Helsinki, und dann geht es wieder nach Hause.

Nach rund 150 Kilometern Fahrt brauchen wir dringend noch einen Kaffee. Wir machen Schnick-Schnack-Schnuck, nächste Abfahrt runter von der Hauptstraße oder weiter? An zweien fahren wir vorbei, dann gewinnt Korpilahti. Der Ort, in den wir nun einbiegen, ist wieder ein Hauptgewinn. Unser Tipp für alle, die an Viitasaari vorbeiwollen. Ein zauberhafter Hafen, Galerien, ein Restaurant. Der Mittagstisch – *lounas* – lockt, aber wir wollen nur ein kleines Frühstück am See einnehmen. Wir kommen an einem dieser für Finnland absolut typischen Teppichwaschplätze vorbei. Für uns als Deutsche ein fremdes Bild, für mich als Finnlandreisenden absolut vertraut. Mein Bruder hatte mich einmal zu einem Waschplatz mitten im Wald geführt, und der Waschplatz in Helsinki ist eine regelrechte Touristenattraktion. Für Finnen ist es normal, im Sommer an großen öffentlichen Waschanlagen ihre Teppiche zu schrubben, mit Kiefernseife, *mäntysuopa* genannt, anschließend durch Walzen das Wasser herauszupressen und die Teppiche auf einer Stange oder einem Felsen zum Trocknen auszulegen.

In Korpilathi erreicht uns eine weitere SMS von Marja. Sie empfiehlt uns das Museum Gösta in Mänttä-Vilppula und das Kunstzentrum Taidekeskus Purnu in Orivesi. Beides liegt auf dem Weg.

Das Museum in Mänttä-Vilppula kennen wir schon. Es ist riesig und überwältigend. Auch wenn dort jährlich eine große neue Ausstellung moderner finnischer Kunst gezeigt wird, entscheiden wir uns für die Sommerausstellung in Orivesi. Ich habe heute noch ein zweites Museum vor mir, das Muumimuseo. Rita lacht: »Das packe ich nicht.«

Ich besuche das Museum so oft ich kann. Schon auf meiner zweiten Reise bin ich dort gewesen, als es noch *Muumilaakso* hieß, Mumintal, und im gleichen Gebäude untergebracht war wie die Stadtbücherei von Tampere. Dann zog es um ins Untergeschoss des Kunstmuseums der Stadt. Nun hat es ein endgültiges, vor allem großzügiges Zuhause mit zeitgemäßer Präsentation gefunden.

Aber zuerst »gucken« wir uns in Ruhe die Ausstellung im Kunstzentrum von Orivesi an: Es liegt direkt am Ufer des Längelmävesi, wo der Bildhauer Aimo Tukiainen 1962 ein Sommerstudio baute. In den Räumen gibt es eine Dauerausstellung zu Tukiainen und wechselnde Ausstellungen mit zeitgenössischer Kunst. Und der Kuchen im »tiny« Museumscafé steht der Kunst nicht nach!

Glückstipp:

Ein Besuch im Museum Gösta in Mänttä-Vilppula und dem Taidekeskus Purnu in Orivesi. In dieser Region lohnen weitere Abstecher, mindestens ein Stadtbummel in Jyväskylä und ein Besuch in der beeindruckenden Holzkirche in Petäjävesi.

TAG 28

Tampere

Das Glück im Mumintal

Ich verehre Tove Jansson, die große finnische Schriftstellerin und Zeichnerin. Ich bin ein absoluter Fan ihrer Mumins. Das sind trollartige Wesen mit dem Aussehen von aufrecht gehenden Nilpferden. Mumin, Muminmama und Muminpapa und seine tief verehrte Freundin Snorkfräulein. Sie sind umgeben von einer Vielzahl anderer Wesenheiten, dem Schnupferich, der kleinen My, den Hatifnatten und zahlreichen anderen, mit denen sie in einer phantastischen Welt leben und aufregende Abenteuer genauso durchstehen wie ihren märchenhaften Alltag. Tove Jansson illustrierte die Romane, die sie schrieb, selbst und zeichnete diese mythischen Welten auch als Comic Strips.

In Deutschland wurden die Figuren bekannt durch die Augsburger Puppenkiste. Es war deren erste TV-Arbeit und gleichzeitig überhaupt die erste filmische Umsetzung eines Muminromans.

Das Muminmuseum in Tampere widmet sich allein diesem Hauptwerk von Tove Jansson (1914 bis 2001). Zur Orientierung: Es gibt eine Muminwelt in Naantali bei Turku, eine Art Disneyland, ein Abenteuerpark, den finnische Familien lieben. Man erlebt dort die Charaktere live und kann mit ihnen interagieren. In Tampere werden unter anderem die Originalillustrationen von Tove Jannsson gezeigt, einige dreidimensionale Umsetzungen von Szenen,

Filme, eine Werkstatt und vieles mehr. Hier steht auch das fünfstöckige Muminhaus, das Jansson mit engen Freunden gebaut hat.

Minna Honkasalo arbeitet hier als Museumspädagogin. Ich bin mit ihr zu einem Interview verabredet, über die Mumins und das Glück. Minna erklärt: »Wir brauchen beides, das Abenteuerland in Naantali und unser Museum. Wir erzählen die gleichen Geschichten, aber aus einem anderen Blickwinkel. Und die Kinder mögen beides.«

Haben die Mumins etwas mit dem Glück der Finnen zu tun?

Minna überlegt: »Ich weiß nicht, ob sie nicht eher das Glück der Finnen widerspiegeln, ihre Fröhlichkeit. Oder ist es genau anders herum? Sind die Finnen vielleicht doch durch die Mumins etwas glücklicher geworden? Ich weiß nicht, wie herum es ist.«

Finnen lieben die Mumins seit Jahrzehnten, seit unglaublichen 75 Jahren. Diese Figuren und ihre Geschichten gehören längst zum kollektiven Gedächtnis der Finnen. Und Glück, wie abstrakt auch immer, ist Teil jeder der Geschichten rund um die Mumins.

»Als Tove begann, ihre erste Mumingeschichte zu schreiben, wusste sie nicht, dass daraus ein Buch werden und noch viele weitere Bücher folgen würden«, erzählt Minna. »Der Zweite Weltkrieg tobte. Tove war regelrecht depressiv und in Sorge um ihren Freund und ihren Bruder, die im Krieg waren. Die Welt rundum war wahnsinnig. Alles war beängstigend und unsicher. Tove hat sich mit dem Mumintal selbst einen Rückzugsort erfunden, zu dem sie fliehen konnte vor all diesen Unsicherheiten. Einen sicheren Platz, wo alle diese Charaktere der Muminwelt glücklich sein konnten. Es gab auch Aufregung und Aben-

233

teuer, aber in einem guten Maß. Und es gab immer ein Happy End, schon im ersten Buch.«

Minna hat all diese Geschichten als Kind gelesen, sagt sie, nun, als Erwachsene, würde sie die noch einmal neu entdecken. Als Kind mochte sie die lustigen Elemente, als Erwachsene findet sie in den Büchern Weisheit und Philosophie. »Tove wollte sich von Anfang an nicht in die Schublade ›Kinderliteratur‹ stecken lassen, auch wenn ihr Verleger das wollte. ›Muminpapa fährt zur See‹ zum Beispiel ist eine Geschichte über die Krise eines mittelalten Mannes. Es stecken Bezüge für Kinder und für Erwachsene drin.«

Wenn Minna den Besuchern des Museums von diesen Geschichten erzählt, passiert es immer wieder, dass Menschen weinen. Vor allem bei »Herbst im Mumintal«. Viele seien verloren im Leben, sagt Minna, sie sehnten sich nach einer Muminmama, die sich um sie kümmert und ihnen Pancakes macht.

»Mit dem Mumintal hat Tove zuerst für sich einen sicheren Ort geschaffen, einen Ort des Friedens und des Glücks. Happiness ist also schon im Ursprung der Geschichten angelegt. Aber sie zeigen auch, dass es nicht nur einen Weg gibt, um glücklich zu sein. Jeder muss seinen eigenen Weg finden. Und das ist die Hauptidee in diesen Geschichten. Muminpapa ist am glücklichsten, wenn er seinen Ideen nachgehen kann. Wenn er wichtig sein kann und andere das auch erkennen. Der Schnupferich ist am glücklichsten, wenn er allein ist, und wenn er nicht zu Hause ist. Ganz anders als Muminmama, die daheim am glücklichsten ist. Tove sagt uns in ihren Geschichten, dass es erlaubt ist, diesen eigenen Weg zu gehen, anders zu sein. Im Mumintal ist es egal, wenn du anders bist. Du bist immer akzeptiert und wirst umsorgt, man kümmert sich um dich. Toves

Geschichten passen eigentlich sehr gut in unsere Zeit. Leute verlieren ihre Heimat, fühlen sich entwurzelt, müssen eine neue Heimat, ein neues Paradies suchen, wie das Mumintal eines ist. Eine Gesellschaft, in der jeder sein darf, wie er ist.«

Sind diese Toleranz und diese Offenheit auch im Bewusstsein der Finnen verankert?

»Ob das im Bewusstsein verankert ist, weiß ich nicht, aber sicher im Unterbewusstsein. Ich erinnere mich an den Besuch einer Schülergruppe, die Kinder waren acht oder neun Jahre alt. Wir saßen am großen Muminhaus. Ich erzählte ihnen, dass dieses Haus das Symbol für eine wichtige Sache sei: Die Tür ist immer offen. Jeder ist willkommen. Jeder ist akzeptiert, so wie er ist, um jeden wird sich gekümmert. Die Kinder saßen ganz ruhig da. Dann sagte plötzlich einer: ›Ich denke, die Welt wäre ein glücklicherer Ort, wenn jeder diese Muminbücher lesen würde.‹«

Außer Toleranz und Offenheit, was können wir sonst noch von all diesen unterschiedlichen Figuren lernen?

»Mumins haben keine Angst vor Veränderungen. Sie sind nicht beunruhigt von dem, was in der Zukunft passiert. Sie bleiben nicht in der Vergangenheit. Sie leben in der Gegenwart, und egal was passiert, sie akzeptieren es, denn sie vertrauen darauf, dass das Leben sie trägt. Auch diesen positiven Blick, den Optimismus, der so wichtig ist, kann man aus den Mumingeschichten lernen. Und ich glaube, der Junge hatte recht. Wenn du diese Geschichten liest, wirst du viele kleine Dinge finden, die dir einen Schlüssel geben können zu einem fröhlicheren, glücklicheren Leben.«

Kaufe dir eine Mumintasse, *Muumi muki*. Suche dir ein Motiv aus, das dich anspricht, mit einer Figur, die du magst, selbst wenn du ihre Geschichte noch nicht kennst. Beginne den Tag mit deiner Mumintasse. Setze dich an ein Fenster. Trinke, schau auf die Tasse und schau hinaus. So wirst du jeden Tag glücklich beginnen.

TAG
28

Tampere

Burning Spear und die Bratwurst

Ich sitze in meiner finnischen Lieblingssauna in Tampere, im Stadtteil Rauhaniemi. Während ich am Nachmittag Minna im Muuminmuseo getroffen habe, war Rita unterwegs mit unserer Freundin Marja. Nun sind wir mit ihrer Familie, ihrer Tochter Paula und Sohn Ville mit Freundin Tiina zusammen in der Sauna.

Das Wetter draußen ist fast stürmisch. Noch nie habe ich solche Wellen auf dem See gesehen. Wellen, in die wir uns nach jedem Saunagang stürzen werden. Ich bin melancholisch, denn es ist unser letzter Saunabesuch auf dieser Reise. Übermorgen geht es am Abend auf die Fähre. Aber immerhin haben wir noch einmal dieses Vergnügen! Also weg mit der Melancholie und doppelt genießen – die Hitze drin und die Kälte draußen.

Ungefähr dreißig Saunagäste drängen sich auf den Holzbänken der Volksbadeanstalt *Rauhaniemen Kansankylpylä*. Man geht hier in Badekleidung und braucht nicht einmal das kleine finnische Sitztuch, denn hier gibt es Holzbretter, auf die man sich setzt und die man nach der Sauna abspült und zurückhängt. Hier drin herrscht beinahe Marktatmosphäre, alle reden mit allen, und zwar laut. In einer deutschen Sauna wäre man längst zur Ordnung gerufen worden. Hier ist es beim Aufguss auch komplett egal, ob jemand reinkommt oder rauswill.

Bei uns wäre das eine Katastrophe. Der Moment kurz vor dem Aufguss wird in Deutschland in andächtigster Stille zelebriert. Es ist, als höbe gleich der Papst zur Predigt an. Nach dem Aufguss lauscht man ehrfürchtig dem heiligen Heiß! In Deutschland gibt es Aufgussseminare und Anleitungen im Internet. Verschiedene »Wedeltechniken« werden genannt, einfaches Wedeln, Wacheln, Abschlagen und das sogar mit speziellen Aufgusstüchern. Auf der Webseite aufgussmeisterschaft.de lese ich: »Es wird in fließenden Bewegungen raumgreifend vorgetragen; darf aber nicht selbstdarstellerisch wirken. (…) Das Aufgusspersonal bewegt sich ruhig, den Gästen zugewandt, im Saunaraum. Es beherrscht die Wedeltechniken so gut, dass kein Gast von den Utensilien getroffen oder verletzt wird.« Eine gefährliche Angelegenheit also!

Der Finne lacht sich kaputt! Hier wedelt niemand nach dem Aufguss. Hier verteilt sich die Luft von selber. Das liegt auch daran, dass hier ständig Aufgüsse gemacht werden. *Löyly*. Dampf! Gerade spüre ich das sehr deutlich, und werde mich gleich woanders platzieren.

Der erste Saunagang hat mich ordentlich verbrannt, der erste Gang in den See fast eingefroren. 15 Grad steht auf der Schiefertafel. »Angemessen«, sagt Ville. Während Rita und ich noch skeptisch auf die Wellen schauen, steigt Paula auf den 2-Meter-Sprungturm und stürzt sich mit einem Kopfsprung in die Fluten. Eine Heldin! Eine Finnin eben! Nach meinem ersten, wirklich sehr kurzen Tauchbad entwickeln die kalten Fluten des Näsijärvi Suchtcharakter! Immer wieder tauche ich ein, gehe raus und nach wenigen Minuten doch noch einmal zurück ins kalte Wasser, in die stürmische See. Herrlich!

Beim zweiten Gang geht plötzlich die Tür auf. Paulas

Freundin Sarah mit Tochter Inari. Zwei Jahre alt! Mit zwei Jahren in die Sauna? Rita und ich können es nicht glauben. In Finnland sagt man, ein Kind müsse ein Jahr alt sein, dann sei es bereit für die Sauna, erklärt Paula. Marja blickt zu ihrer Tochter: »Dich haben wir schon mit sechs Monaten mitgenommen.«

Da käme in Deutschland fünf Minuten später das Jugendamt!

Sarah hat in der Schule Deutsch gelernt und freut sich, uns eine kleine Kostprobe zu geben: »Peter hat Polypen in der Nase.«

Wir lachen dröhnend. Kichernd sagt Sarah: »Ernsthaft, das war der erste Satz in unserem Deutschbuch. Ich wusste nicht mal auf Finnisch, was Polypen sind! Und dass man sie in der Nase haben kann!«

Beim vierten Gang sitze ich etwas abseits von unserer Gruppe. Gleich rechts oberhalb der Tür. Nur in der mittleren Reihe zwar, aber Marja erklärt mir später, das sei die heißeste Ecke. Ich hatte das Gegenteil erwartet. Der schwer tätowierte, riesige Typ mit den Ohrringen bringt schon wieder einen Eimer Wasser rein. Eine Kelle nach der anderen kippt er auf die heißen Steine. Die Hitzewelle verbrennt meinen Schädel. Rita plaudert mit unseren finnischen Freunden. Die Stimmung ist großartig. Niemand bemerkt meine Sorgen. Soll ich aufstehen und flüchten? Irgendwie traue ich mich nicht. Aber Sarah und Inari sind auch noch drin. Wenn selbst Kleinstkinder das hier drinnen aushalten …

Wieder nimmt der Tätowierte die Kelle, taucht sie in den Bottich, und übergießt die Steine mit Wasser, als würde ein Sternekoch ein feinstes Sößchen auf edlem Braten verteilen. Ich weiß, die Hitzewelle wird in wenigen Sekunden bei mir sein. Ich bedecke schnell meinen Kopf mit den Händen. Dummerweise habe ich meine Saunamütze vergessen. Die heiße Welle schwappt über mich. Meine Ohrhärchen werden abgeflämmt. Der strenge Geruch von Verbranntem steigt mir in die Nase. Ich schütze mein Gesicht mit den Händen und atme durch die Finger. Nicht gut! Eine Schneidbrennerflamme fährt mir in die Nasenlöcher! Der Finne gießt weiter. Die Härchen an meinen Unterarmen verglühen. Elmsfeuer tanzen über meinen Schädel. Grinst der Typ mich gerade an? Ich habe das Gefühl, das hier geht jetzt direkt gegen mich. Das ist ja schlimmer als in der *savusauna* in Kuopio. Aber egal, ich bleibe! Ich steige sogar eine Stufe nach oben. Ich sitze und schwitze und brenne. Ich lenke mich ab, indem ich mir Ehrennamen gebe: Ich bin Häuptling Burning Spear. Nein, Burning Ear. Wasserfälle rinnen mir vom Körper. Mit meinem Schweiß könnte man Aufgüsse machen.

»Bernd? Behernd!«

Rita reißt mich aus meinen Gedanken. »Kommst du mit? Wir gehen raus.«

Nichts lieber als das. Es zischt, als ich in den Wellen des Näsijärvi verschwinde.

Zum Abschluss folgt ein für deutsche Saunagänger nie gekanntes Finale: Es gibt *makkara*. Bratwurst. Selbst zubereitet, von Ville, unserem *grillimaisteri*. Zwischen See und Saunahaus liegt ein kleiner Platz mit Tischen und Bänken. Neben der Eingangstür zum Kassenraum steht ein Elektrogrill. Frei zur Benutzung für jedermann. Jeder Wechsel der Griller und des Grillguts, auch der Wechsel von Gemüse, Fleisch und Würsten klappt so wort- wie reibungslos. Rita und ich hatten diesen Grill bei keinem unserer früheren Besuche wahrgenommen.

Sogar Bier kann man an der Kasse kaufen, allerdings nur Bier der Klasse II, mit lediglich 2,5 %. Bierklasse III mit maximal 5,2 % darf in Finnland nicht öffentlich an einem Kiosk verkauft werden. Ville erzählt uns, Bier der Klasse II hätten sie sogar im Armeedienst trinken dürfen. Wir staunen. »Die Armee geht davon aus, dass niemand davon so viel trinken kann, dass er betrunken wird«, lacht er. Na, dann kann ich jetzt ja die zweite Runde für uns holen.

Ein Maiskolben schmurgelt noch auf dem Grill, dann kann Ville unsere *makkarat* auflegen. Mittlerweile scheint sogar die Sonne, die Wellen des Näsijärvi haben sich etwas gelegt. Wir sitzen am See, lachen, reden, trinken leichtes Bier und warten auf die Bratwurst. So einfach kann Glück sein.

Natürlich frage ich auch hier in dieser Runde nach dem Glück der Finnen!

»Paula, auch wenn das vielleicht eine schwierige Frage ist, wenn deine Mutter mit am Tisch sitzt – bist du glücklich?«

»Ja, ich bin schon glücklich. Das hat viel damit zu tun, dass ich Wahlmöglichkeiten habe, machen kann, was ich machen will. Ich kann studieren. Ich kann im Zentrum von Tampere leben, aber zum *mökki* oder bis zum Wald sind es nur ein paar Kilometer.«

Ville meint, vielleicht sei das mit dem Glück der Finnen ja ein Missverständnis. Ein Übersetzungsproblem. Im Englischen frage man: »Who is the happiest?« Im Finnischen gebe es *onnekas heistä*, im Sinne von lucky, also Glück im Spiel, und *onnellinen*, happy, glücklich sein. »Wir sind nicht gerade *onnellinen*, wir sind mehr *onnekas*«, sagt er. Wir sind nicht allzu glücklich, wir haben viel eher Glück gehabt.

Aber reicht das für Platz 1 im World Happiness Report?

»Die typische Antwort der Finnen auf diese Untersuchung ist: ›Wir sind überhaupt nicht glücklich.‹ Diese ganzen Reporte liegen falsch«, sagt Paula lachend.

»Du widersprichst dem Report mit einem Lachen?«, frage ich.

»Ich finde die Reaktion der Finnen auf diese Rangliste so typisch. Sie lässt tief blicken in die finnische Seele. Es gibt bei uns diese Redewendungen: ›Wer Glück hat, der sollte sein Glück verstecken.‹ Und: ›Wer zu hoch in den Tannenbaum greift, der fällt in den Wacholder!‹ Man sollte also nicht zu viel erreichen wollen, sondern bescheiden bleiben.«

Marja ergänzt: »Man sollte sich auf das Wesentliche konzentrieren. Und nicht immer den billigsten, den leichtesten Weg gehen. Aber man sollte auf jeden Fall das tun, was man wirklich will. Sonst wird man unglücklich.«

»Als wir in der Schule waren, da sagte man immer zu uns: ›Kinder, vergesst nicht: Es ist ein Lottogewinn, in Finnland geboren zu sein.‹ Heutzutage sagt man das so nicht mehr. Man kann immer noch denken, es sei ein Lottogewinn, aber vielleicht eher nur vier Richtige mit zehn Euro Gewinn als sieben Richtige mit zehn Millionen«, erklärt Ville.

Unsere Runde grölt regelrecht.

»Und, Tiina, wie ist deine persönliche Glücksbilanz als Finnin?«

»Ich habe Arbeit, ich habe Geld, ich kann reisen. Ich kann Zeit im *mökki* verbringen …«

»Du hast Ville!«, werfe ich ein.

»Ja, klar«, ruft Tiina. Dann schiebt sie nach: »Manchmal zumindest, wenn er mal nicht beim Fußball ist.«

Paula nimmt die Grundfrage noch einmal auf: »Ich

denke, was wir am meisten wertschätzen, ist unsere freie Zeit. Finnen haben viel Urlaub, lange Ferien.«

»Nicht lang genug!«, witzelt Tiina.

Paula sagt: »Also Marja hat acht Wochen Urlaub im Jahr.«

Ich sage: »Wenn ich von ihren vielen Reisen höre, habe ich das Gefühl, sie hat acht Monate im Jahr.«

Erneutes Gelächter.

Paula führt den Gedanken fort. »Die Zeit, die wir für uns haben, ist wirklich wichtig. Wir haben keine besonders langen Arbeitstage.«

Marja ergänzt: »7 Stunden und 21 Minuten.«

Ville setzt dagegen: »Aber gerade letztes Jahr mussten wir dem Staat eine halbe Arbeitsstunde wöchentlich schenken! Sechs Minuten täglich.«

Paula entgegnet: »Ja, aber jetzt haben wir ja eine neue Regierung. Und jetzt wird über diese sechs Minuten täglich diskutiert.«

»Bitte? Worüber diskutiert ihr?«, fragt Rita mit professionellem Interesse.

Paula erklärt, dass man mit dem »Wettbewerbsfähigkeitsabkommen«, dem *kilpailukykysopimus*, kurz *kiky*, unter Finnen gern ironisch auch *kiky-sopimus* genannt, die Wettbewerbsfähigkeit der Finnen verbessern wollte. Deshalb sei die wöchentliche Arbeitszeit um 30 Minuten verlängert worden, also um sechs Minuten pro Tag. Es sollte »etwas mehr« Arbeit geleistet werden für gleichen Lohn. Darüber werde aber gerade wieder diskutiert.

Ville fragt entsetzt: »Wir sollen noch mehr umsonst arbeiten?«

Unsere drei Finninnen antworten ihm im Chor: »Nein, weniger!«

Inzwischen wurde der *kiky-sopimus* beendet, also das *kilpailukykysopimus* außer Kraft gesetzt. Ich prophezeie Finnlands neuer Ministerpräsidentin ein furioses Ergebnis bei der nächsten Wahl.

Glückstipp:

Bei Reisen nach Tampere unbedingt das historische Volksbad in Rauhaniemi besuchen. Es wurde 1929 gebaut, und ein Aufenthalt dort ist wie eine Zeitreise.

Nimm dir die Zeit und setze dich zwischendurch vor der Sauna auf die Bank und lausche den Gesprächen der Finnen rundum. Auch wenn du kein Wort verstehst, es macht dich glücklich.

Und bring dir ruhig eine Bratwurst mit – zum Grillen danach!

TAG 29

Ylöjärvi

Miserable Partituren

Nach Sauna und *makkara* sind wir zu Marjas Sommerhaus gefahren, nur 20 Kilometer entfernt von Tampere. Das Grundstück gehört zu einer kleinen Stadt namens Ylöjärvi. Dort im Garten haben wir unser Zelt aufgeschlagen, zum ersten Mal auf dieser Reise. Eine herrliche Nacht.

Am nächsten Morgen erwachen wir in schönster Stille. Nur ab und an ruft, pfeift, zwitschert, trillert oder tiriliert ein Vogel. Sprichwörtliche Waldesruh. Deutschland dagegen lärmt, ständig und überall. Das Land, die Menschen und die Maschinen. Darum hatte der Dichter und Satiriker Robert Gernhardt einst »Das elfte Gebot« erlassen: »Du sollst nicht lärmen.« Für den Finnen ist das Gebot ein Grundsatz. Wie auf Mokassins scheint er unhörbar durch seine Wälder zu streifen. Lautlos sucht er nach Blaubeere und Pilz. Schweigend sitzt er vor seinem Sommerhaus.

In Deutschland ist alles laut. Immer. Auch darum entfliehe ich, entfliehen wir, jedes Jahr all dem Starten der Motoren, dem Geklingel der Fahrräder, dem Gekreische der Menschen, der Kakophonie der Großstädte in die finnischen Wälder, wo nur die Spitzen der Tannen, die Blätter der Bäume uns ein zartes Rauschkonzert streichen. Vergangene Nacht sind wir von höchstens fünf Mücken heimgesucht worden. Auch sie haben sich an die himmlische Ruhe in heller Nacht gehalten!

Marja hat längst aufgetischt, als wir aus unseren Schlafsäcken kriechen. Finnischer Joghurt – *jogurtti* –, dazu selbst gepflückte Blaubeeren, finnisches Brot, Käse. Und natürlich Kaffee in rauen Mengen. Der Finne ist Weltmeister im Kaffeetrinken, mit etwas mehr als vier Tassen pro Tag. Die ersten Mücken – *hyttynen* – sind leider auch schon auf, sie umsurren uns und testen unsere Abwehrsprays.

Plötzlich zerreißt ein enormes Getöse die Stille. Der Nachbar zur Linken, weit außer Sichtweite, aber in hervorragender Hörweite, will offenbar seinen Holzvorrat erweitern. Der Winter steht quasi vor der Tür, Mittsommernacht, der längste Tag des Jahres, liegt schon Wochen zurück. Also ist es für den Finnen nur noch eine Frage von Tagen, bis der erste Schnee fällt. Da will er gerüstet sein.

Die Welt ändert ihren Klang. Wo gerade alles schwieg, beginnt nun alles zu schreien. Wir erleben augenblicklich einen Kulturschock, über den auch die Blaubeeren nicht mehr hinwegtrösten können. Der Finne sägt nicht mit der Säge, sondern mit der Motorsäge. Und wenn er gerade nicht mit der Motorsäge sägt, spaltet er ganze Stämme und schlägt dazu Eisenkeile mit Axtschwüngen ein, die Thor verblassen lassen würden. Aber am liebsten motorsägt er. Auch jetzt. Zur Frühstückszeit. Und er ist nicht allein. Der Nachbar zur Rechten beginnt ebenfalls mit seinem Tagwerk. Kaum schweigt sein Gerät, startet der schräg hinter ihm. Der links hämmert nun. Hier wird kein kleiner Nagel zaghaft von Amateuren in die Wand geschlagen, es klingt, als würde Väinämöinen höchstselbst, die führende Sagengestalt Finnlands, mit seiner magischen Stimme Pfähle in den Boden rammen.

Vor allem aber sägt es. Laut. Kreischend. Drohend. Rundum. Eine Symphonie der Sägen. Die Todesfuge für den

Baum. Ein Kettensägenmassaker. Marja gießt uns grinsend Kaffee nach. Grinst sie gar diabolisch? Ist es eine klammheimliche Vorfreude? Sind wir erst aufgebrochen nach Helsinki, wird sie wahrscheinlich selbst zur Kettensäge greifen. Ich lausche. Plötzlich ist Stille. Haben die Pause? Ist jetzt Feierabend? Doch da setzt es schon wieder ein. Ich sage: »Ah. Jetzt kommt der zweite Satz.«

Rita nimmt den Faden auf: »Die Instrumentalisten haben also nur die Partitur weitergeblättert?«

Marja sagt: »Hört ihr? Ein Menuett.«

Immer mehr setzen ein. Mindestens sieben Sägen sägen.

»Jetzt Scherzo!«, ergänzt Rita.

Ich kann bei dieser Fachdiskussion kaum mithalten, ich komme eher von der Stromgitarre. Aber das hier ist »heaviest Heavy Metal«.

Marja lacht: »*Moottorisahakonsertti.*« Ein Motorsägenkonzert.

Es wird höchste Zeit, dass wir uns auf den Rückweg machen. Nach Minden. Seliger Ort der Ruhe. Obwohl, es wird Herbst, und dann warten in Minden die Laubpuster. Und die nerven noch mehr als Motorsägen! Für Laubpuster gibt es nur miserable Partituren.

Glückstipp:

Holz hacken, mit der Axt. Macht sofort glücklich. Aber Vorsicht!

Zurückgeblättert (3)

Spurensuche in Deutschland

Wir fahren heute von Tampere nach Helsinki, morgen Abend gehen wir in Turku auf das Fährschiff nach Stockholm. Nun, kurz vor Ende unserer Reise wird es Zeit für ein Resümee. Rita sitzt am Steuer und fragt, ob ich schon eine Struktur für mein Buch haben würde. Ob sich meine Gespräche in Deutschland unterschieden hätten von denen hier in Finnland? Ich blättere in meinen Notizen und erzähle, während wir durch die Weite der Landschaften rollen.

Ich hatte schon im Vorfeld mit zahlreichen Menschen geredet, die ganz unterschiedliche Bezüge zu Finnland haben. Nun überlagern die Gespräche hier vor Ort meine Recherchen in Deutschland. Dabei waren auch die absolut faszinierend. Vieles stimmte überein. Der finnische Fotograf Paavo Blåfield mit Studio in Kassel sagte, ähnlich wie auch Henrik Meinander: »Neid auf den Nachbarn haben wir weniger. Status – und vor allem den Status vorzeigen – ist in Finnland eher verpönt.«

Zu meinem Glück gab mir kein Einziger, keine Einzige, die ich angefragt hatte, einen Korb. Ich konnte meine Lieblingsexperten konsultieren, wie Angela Plöger, die schon genannte und vielleicht renommierteste Übersetzerin für finnische Literatur. Sie hat die Bücher übersetzt, die mich am tiefsten beeindruckt haben. Das sind vor allem die anspruchsvollen Übersetzungen von Sofie Oksanens Buch

»Fegefeuer« und »Wildauge« von Katja Kettu. Beide sind gewichtige Stimmen der jungen, gegenwärtigen Literatur. Auch das, wie manche sagen, wichtigste Buch Finnlands, »Kreuze in Karelien« wurde von Angela Plöger für die Neuausgabe unter dem Titel »Kriegsroman« um die ehemals zensierten Teile ergänzt. Sie hatte ich schon lange kennenlernen wollen.

Ich erzähle Rita von unserem Treffen in der Finnischen Seemannskirche in Hamburg. Angela steht dem Glücksreport sehr skeptisch gegenüber, wundert sich aber gleichzeitig auch nicht über das Ergebnis angesichts der dominanten Themen wie Soziale Sicherheit, Bildungssystem, Gleichberechtigung, Religionsfreiheit. Ich hatte auch nach ihrem eigenen Glück gefragt. Ist Übersetzen eine glückbringende Arbeit? Strahlend antwortete sie: »Ja, mit drei Ausrufezeichen. Oder mit zehn! Es ist eine phantastische Arbeit. Man lernt so unglaublich viel. Der Horizont wird ständig erweitert, im Grunde mit jeder Seite, die man übersetzt.«

Sie lebte und arbeitete Anfang der 1970er Jahre im damals noch sehr konservativen Finnland. Angela verfügt über einen überreichen Erfahrungsschatz und beschrieb den Wandel Finnlands zu einer weltoffenen Gesellschaft. Natürlich befragte ich sie zum großen Erfolg der beiden oben genannten Bücher, vor allem »Wildauge«, das die Beziehung zwischen einem deutschen Soldaten und einer Finnin im Zweiten Weltkrieg in Lappland erzählt, ein absolutes Tabu über Jahrzehnte, das jetzt erst langsam aufgebrochen wird. Extrem harte Kost.

»Ich kenne etliche Leute, die können weder ›Fegefeuer‹ lesen noch ›Wildauge‹. Sie haben es versucht, aber es war ihnen zu grausam«, sagt sie.

Die Finnische Seemannskirche, an den Landungsbrücken in Hamburg gelegen, in der ich mich mit Angela getroffen habe, in Trägerschaft der Finnischen Gesellschaft für Seemannsmission, ist ein Anlaufpunkt für alle Finnen. Nicht nur Seeleute kommen, auch Fernfahrer und Familien, die hier ansässig sind oder auf Urlaub. Im Grunde ein kleines Kulturzentrum, in dem es natürlich auch eine finnische Sauna gibt. Legendär und ein Anziehungspunkt für alle Finnlandfreunde aus mindestens dem norddeutschen Raum ist dort der Weihnachtsmarkt.

Bevor Angela eintraf, bekam ich noch eine Hausführung durch Katri Oldendorff, die finnische Pastorin, eine lebhafte, fröhliche Frau. Ich hatte im Vorfeld angefragt, ob ich mich für das Gespräch in ihrem Haus verabreden könnte. Und ob auch sie etwas Zeit hätte. »Passt«, hatte sie gesagt. Und erwies sich im Gespräch sofort als typische Finnin. Katri sagte: »Mein Schrank ist voll mit finnischem Glas und anderen Haushaltswaren aus Finnland. Und diese Einheitlichkeit, dass alle in Finnland solche Sachen haben, zeigt: Es gibt da keine sozialen Unterschiede. Jeder hat Muminbecher.« Und der ist gleichzeitig auch ein Stück Heimat für sie hier im Ausland.

Wenn es um Finnland geht, ist meine Neugier grenzenlos, aber auch mein Mitteilungsdrang. Ich frage Rita vorsichtig: »Kannst du noch?«,

Die lacht und sagt: »Mach ruhig weiter, dann habe ich es hinter mir. Hauptsache, du fragst mich hinterher nicht ab!«

Ich bin voller Geschichten aus all den Begegnungen und blättere weiter in meinen Notizen. Wir fahren vorbei an Wiesen voller Milchkühe, durch eine Region mit intensiver Landwirtschaft. Ich erzähle von Sirpa Wessels, eine Finnin, die mit ihrem Mann in Kassel ein Reisebüro leitet. Spannend waren ihre Reflexionen über ihre Heimat, gespiegelt in der Erfahrung ihres Berufs. »Man muss es schon mögen, denn Finnland ist irgendwie auch eintönig. Aber es ist auch inspirierend und macht kreativ. An der Ostseeküste sollte jeder gestresste Mitteleuropäer mal Urlaub machen. Wenn man eine Woche da ist, kommt man in absolute Ruhe. Man hört nichts. Nur die Ostseewellen und die Vögel.«

Ich fragte Sirpa, ob sie das etwas konkretisieren könne. Sie dachte kurz nach: »Es ist das Gesamtpaket. Das Land ist dünn besiedelt, alles ist Landschaft. Es wirkt dramatisch, aber trotzdem ist es irgendwie schön und inspirierend. Das sagen auch viele, die künstlerisch tätig sind. Sie bekommen dort einen kreativen Schub. Sie sind in der Natur und hören die Natur.«

Als ich Rita das erzähle und vorlese, denken wir beide wieder an Irmas *mökki*, in das wir uns gern mal einige Wochen zurückziehen würden. Dort würde ich mit meinem so lang erträumten Roman beginnen! Rita lacht: »Du willst also nicht zum Urlauben ins *mökki*, sondern zum Arbeiten?«

»Wäre doch klasse, wenn ich dort beides schaffen würde!«, sage ich. »Und vielleicht ist da ja auch Arbeiten wie Urlauben.«

Zum *mökki* hatten mir Dorothee Janetzke-Wenzel und ihr Mann Dieter – sie die ehemalige deutsche Botschafterin in Finnland, er Ökonom – Interessantes erzählt. Dorothee und Dieter hatten durchaus etwas unterschiedliche Haltungen zu meiner Fragestellung.

Dieter sagte: »Das Glück der Finnen beginnt am Freitag. Weil dann im Grunde das Arbeitsleid zu Ende ist und sie zum *mökki* können.«

Dorothee wiegte den Kopf: »Ich sehe es ähnlich, würde es aber anders bewerten. Beruf ist bei vielen Finnen weniger Berufung. Und insofern fängt das wirkliche Leben dann am Freitag an. Man kann das machen, was eigentlich wichtig ist, und das ist an einem See zu sein, mit der Natur verbunden zu sein, zu jagen, Pilze zu sammeln, in die Sauna zu gehen. Das ist das wirkliche Leben, alles andere hält einen vom wirklichen Leben ab.«

Lachend erzählte die Diplomatin von »anderen Sitten in anderen Ländern«. Aus dem deutschen Außenministerium hätten im Sommer gerne auch mal Politiker zu Besuch nach Finnland kommen wollen. »Und dann mussten wir aber sagen: ›Ja, wir haben da leider keine Gesprächspartner für euch.‹ – ›Macht nichts, muss ja nicht der Minister sein. Wir nehmen auch einen Staatssekretär.‹ – ›Auch die Staatssekretäre sind nicht verfügbar.‹ – ›O. k., vielleicht ein Abteilungsleiter?‹ Aber von Abteilungsleitern war auch kaum jemand da. Alle waren monatelang in ihren *mökkis*. Das ist wie eine Art Lockdown.«

Rita fragt dazwischen: »Wie war das noch mal? Habt ihr euch nicht auf der Buchmesse kennengelernt?«

»Ja, Finnland war Gastland. Dort traf ich zufällig, wenn auch erwartbar, Mikko Fritze, damals Leiter des Goethe-Instituts in Helsinki. Er stellte mich einer Frau vor: ›Das ist unsere deutsche Botschafterin! Frau Dorothee Janetzke-Wenzel.‹« In diesem Moment wurde er fortgezogen und weil keiner von uns beiden unhöflich sein wollte, begannen wir ein Gespräch. Nach wenigen Sätzen der Botschafterin sagte ich: ›Sie sprechen so ein schönes Deutsch. Wo ist das denn weg?‹«

Das ist eine typische Frage für einen Ostwestfalen. Bei uns kommt man nicht »her«, bei uns kommt man »weg«.

Sie lachte herzlich über die ihr — wie dann klarwurde — vertraute Wortwahl und sagte, fast keck: »Aus Bückeburg!«

Die Stadt liegt in Niedersachsen, nah der Landesgrenze zu NRW, nur 12 Kilometer von meiner ostwestfälischen Heimatstadt Minden entfernt. Wir sprechen die gleiche Sprache, und die Gewohnheiten und Charakteristika sind mindestens ähnlich. Wir waren quasi Landsfrau und Landsmann.

Ich fragte: »Kennen Sie das ›Minchen‹?«

Das »Minchen« war damals eine legendäre Szenekneipe. Dort hatte ich die erste Pizza meines Lebens gegessen!

Sie lächelte und sagte: »Natürlich. Da habe ich sogar gejobbt.«

Seit diesem Zusammentreffen bilde ich mir natürlich ein, sie, die spätere deutsche Botschafterin sei es gewesen, die mir damals meine erste Pizza serviert hat.

»Bei deiner Geschichte bekomme ich Hunger«, meint Rita und fährt auf einen Parkplatz mit einem *kahvila,* einem kleinen Café, natürlich auch hier direkt mit einem kleinen See dahinter. Wir gehen zur Selbstbedienungstheke und holen uns *kahvi,* Kaffee, und *pulla,* leckerstes finnisches Hefegebäck.

»Ich weiß eine kleine *pulla*-Geschichte«, sage ich kauernd.

»Erzähl«, lächelt Rita generös.

In Frankfurt hatte ich Kirsi und Vaula von SISU getroffen, einer finnischen Radiosendung auf dem Multi-Kulti-Sender Radio X. Sie senden für Finnen in Deutschland und interessierte Deutsche. Die Sendung existiert seit 1997, Sendezeit ist sonntags von 11 bis 12. Mit größter Fröhlichkeit sitzen die allesamt ehrenamtlichen Redakteurinnen und Moderatorinnen dann vor den Mikrophonen. Ich fragte: »Sind gar keine Männer im Team?«

»Wir bekommen schon Unterstützung von Männern«, sagten sie lachend. »Wenn wir einen Flohmarkt machen und *pulla* gebacken haben, dann helfen sie tragen.«

Dröhnendes Lachen der Damen am Tisch.

Ich fragte: »Ist ein Leben ohne *pulla* möglich?«

»Nein, *pulla* macht glücklich!«, sagte Kirsi mit Nachdruck.

Und Vaula: »Wenn Besuch kommt, musst du vorher *pulla* backen. Der Geruch ist so ein herzlicher Willkommensgruß.«

Kirsi ergänzte lächelnd: »Wenn du dein Haus verkaufen willst, musst du vorher *pulla* backen, weil die Leute dann kommen und sich gleich wie zu Hause fühlen.«

Päivi Borre war auch zu diesem Gespräch dazu gekommen, die Vorsitzende der Finnisch-Deutschen Handelsgilde Frankfurt, ebenfalls ein Ehrenamt. Dort geht es ums Netzwerken zwischen den Finnen in Deutschland und ihren Geschäftspartnern. Sie erzählte, wie man die Finnen auf Deutschland vorbereitet. Ich fragte natürlich nach, was da relevant sei. Tischmanieren wären ein großes Thema, sagte sie. »Und das Begrüßen und sich einander Vorstellen ist enorm wichtig!«

Kirsi pflichtete ihr bei: »Die Deutschen lieben es, wenn sie ihren eigenen Namen sagen.«

»Demnach redet der Finne nicht gern von sich?«

Die Damen nickten einhellig.

Wir lachen jetzt und fragen uns selber nach unseren deutschen Eigenarten. Rita sagt: »Du hast doch gerade von Mikko Fritze erzählt. Hast du nicht mal seine Kinder interviewt?«

»Ja, damals in Helsinki, für eine Radiogeschichte für Kinder über Finnland. Die ganze Familie kam mit dem

Motorboot zum Interview im Hafen von Helsinki, an der Markthalle. Sie sind jetzt alle schon aus dem Haus und studieren.«

»Du hast noch Kontakt?«

»Ich hab' ihn neulich kontaktiert, wir haben geskypt. Mikko leitet zurzeit noch das Goethe-Institut in Amsterdam. Demnächst wird er Leiter des Finnland-Instituts in Berlin sein, der entsprechenden finnischen Institution und Kulturvertretung.«

»Als Deutscher wird er Chef dieses finnischen Instituts?«

»Jau. Eine riesige Wertschätzung für ihn.«

»Mittlerweile«, sagt Rita, »kannst du also in Finnland schon Karrieren verfolgen? Aber kein Wunder, wenn jeder hier, und inzwischen sogar du, einen kennt, der einen kennt ...«

Stimmt irgendwie. Ich grinse, blättere und zitiere dann aus meinen Notizen vom Gespräch mit Mikko. Er hatte gesagt: »Sauna vermisse ich hier in Amsterdam! Ohne kann ich gar nicht leben. Beknackt, aber es ist so. Ich habe mir in Finnland extra ein Saunazelt gekauft. Wir haben hier einen Mini-Innenhof, und da machen wir Sauna. Von den toleranten Holländern geduldet, weil das ja mit einem Holzofen ist. Die finden das abgefahren. Jetzt kommen sogar ein paar finnische Freunde, die mich zuerst ausgelacht haben.«

Mikkos künftige Wirkungsstätte hatte ich vor einigen Wochen erstmals besucht, ohne da schon von seinem Wechsel zu wissen. Im Finnischen Institut sind Besucher willkommen.

Rita ist an solchen Organisationsstrukturen besonders interessiert. Es gibt das Institut seit mehr als 25 Jahren. Fast so lange arbeitet Suvi Wartiovaara schon dort, sie kam aus

Helsinki und blieb. Ich traf sie und Lotta Kauhanen, die für ein Jahr hier arbeitet und für die Bibliothek zuständig ist. Wie wird das Institut wahrgenommen? Wer kommt? Sie wollen vor allem ein deutschsprachiges Publikum ansprechen. Das sei die alltägliche Herausforderung, durch die Qualität und das vielseitige Programm überhaupt solche Leute anzusprechen, die sich vielleicht noch nie mit Finnland auseinandergesetzt haben.

Beim World Happiness Report und ähnlichen Rankings, sagte Suvi, sei sie skeptisch, könne sich aber trotzdem vorstellen, »woher das mit diesem Glücklichsein kommt. Auf jeden Fall ist das Leben in Finnland – auch in den größeren Städten – viel ruhiger. Und das Glück ist wirklich durch kleine Dinge zu erreichen. Man muss niemandem erklären, wenn man seine Ruhe braucht. Man geht einfach runter zum Strand, zum Steg, auf den Dachboden oder zieht sich in die Hängematte zurück.« Und sie strahlte, während sie das erzählte.

Rita lacht herzlich. Dann zeigt sie nach vorn. »Bernd, da ist das Ortseingangsschild von Helsinki. Das reicht jetzt bis zum Hotel nur noch für eine weitere Begegnung.«

Ich fasse mich also kurz. Jenny Roth, Journalistin und Autorin, Niina Lehtinen-Braun, Künstlerin und Janne Räisänen, Maler, traf ich in Berlin. Jenny ist eine wichtige Vermittlerin mit vielen Beiträgen zu Finnland in diversen Printmedien und im Deutschlandfunk. Rita war es, die mich als Stammhörerin anfangs auf sie aufmerksam gemacht hat. Die anderen zwei stehen für die jungen Finnen, oft Künstler, die es nach Berlin zieht. Janne ist ein typischer Finne, zurückhaltend, der lieber nicht Deutsch reden möchte, weil er meint, er spreche es nicht gut genug. Was natürlich Unsinn ist, wie der schönste Satz zur deutschen Sprache beweist, den ich je von einem Finnen gehört habe: »Bernd. Es tut mir leid. Aber meine Sprache, sie kommt und geht.«

Ich antwortete damals: »Janne, du sprichst super! Ich kann gar kein Finnisch. Nur Worte.«

»Ja, ja«, unterbricht mich Rita und biegt auf den Hotelparkplatz ein. »Ich weiß. *Mustikka, mansikka* und *nippuside*!«

Helsinki

Der finnische Reisepfarrer

Es hat noch geklappt! Als meine Reise hier vor vier Wochen begann, war er noch im Urlaub. Auch er ist ein Grund für unseren letzten Abstecher nach Helsinki. Ich bin verabredet mit Hans-Christian Beutel, dem Reisepastor der Deutschen Gemeinde. Offiziell nennt man diese Tätigkeit »Auslandspfarrer« – ein mir bislang unbekannter theologischer Berufszweig. Mir war erklärt worden, der »Hauptpastor« Matti Fischer sei zuständig für die Stadtgemeinde Helsinki, die reicht bis zum dritten Autobahnring, den Ville vor Wochen ironisch als »Wolfsgrenze« bezeichnet hatte, *susiraja*. Der »Reisepastor« ist verantwortlich für den »Rest von Finnland«, die Gemeinden bis hoch nach Lappland. Ich hatte sehr gelacht über das Nebeneinander dieser Dimensionen.

Mit dem weitreisenden Hans-Christian spaziere ich über Helsinkis Hauptfriedhof Hietaniemi. Hier liegen viele Künstler, Literaten wie Tove Jansson, Schriftstellerin und Zeichnerin, der Dichter Eino Leino, der Maler Akseli Gallen-Kallela, der Designer Tapio Wirkkala, Eila Hiltunen, die Erschafferin des Sibelius-Denkmals, Politiker wie Mannerheim und Kekkonen, der industrielle Karl Fazer, aber auch Rock'n'Roll-Legende Christer »Cisse« Häkkinen von den legendären »Hurriganes«. Der deutsche Architekt Carl Ludwig Engel, der Helsinki als Baumeister entscheidend geprägt hat, ist ebenfalls hier bestattet.

Ich frage Hans-Christian zuerst nach seiner theologischen Arbeit in Finnland. Auslandspfarrer gebe es in fast jedem Land, erzählt er, Finnland allerdings sei eine der großen Gemeinden, was auch an den vielen Deutschen liege, die hier lebten und arbeiteten. Während des Übergangs von der Agrar- zur Industriegesellschaft habe es einen regelrechten Gründerboom gegeben, an dem viele Leute aus deutschsprachigen Ländern beteiligt waren: Papierfabriken, die Kaufhauskette Stockmann, die Schokoladenfabrik Fazer mit Schweizer Vorfahren. Und seitdem kämen die Deutschsprachigen in dieser Kirchengemeinde zusammen.

Wie kam er auf die Idee, im Ausland als Pastor zu arbeiten?

»Ich bin in der DDR großgeworden und hab mich an der verwehrten Reisefreiheit immer gerieben. Ich hab mich da einfach eingesperrt gefühlt, und es war ein Traum, eine Weile im Ausland zu leben. Darum hab ich immer mit dem Auslandsdienst geliebäugelt. Ich fuhr zu einer Bewerbertagung und hörte da diesen Spitzensatz: ›Im Auslandsdienst kann man sehr einsam sein. Man ist sein eigener Küster und sein eigener Papst. Außer in Finnland. Finnland ist die einzige Auslandsgemeinde, die wirklich ein Team-Pfarramt hat.‹ Und das hat mich gereizt.«

Das Auswahlverfahren ist ein aufwendiger Prozess, auch die Gemeinde ist einbezogen. Die Bewerber stellen sich persönlich dort vor. Die Stellen sind ziemlich begehrt, deshalb müssen die Bewerber ein mehrstufiges Verfahren durchlaufen, in dem gesiebt wird. »Wenn man es in die Dreier-Endgruppe geschafft hat, ist der mögliche Misserfolg zwar enttäuschend, aber nicht verletzend. Und wer dann gewählt wird, der ist dann wirklich die passende Wahl.«

Hans-Christians Frau arbeitet als Lehrerin an der deutschen Schule. »Sie wäre nie auf diese Pfarrfrauenrolle eingestiegen, hätte nicht die Hausfrau gespielt, das war von Anfang an klar.«

Seit fünf Jahren sind die beiden in Helsinki, vier liegen noch vor ihnen. »Man wird für sechs Jahre berufen und kann sich noch mal für eine Verlängerung um drei Jahre bewerben. Die ist bei mir gerade genehmigt worden.« Ihre jüngste Tochter kann dann hier ihr Abitur machen. »Sie fühlt sich ausgesprochen wohl und möchte hier gern bleiben.«

»Reisepfarrer, das klingt sympathisch«, sage ich. »Aber wie viel musst du wirklich reisen?«

»Im Umkreis von bis zu 200 Kilometern rund um Helsinki mache ich Tagesreisen, nach Lahti oder Turku zum Beispiel. Was weiter weg ist, verbinde ich eher zu Rundreisen und fahre von einem Ort zum anderen, so dass ich nie auf mehr als zwei Stunden Fahrtzeit komme. Insgesamt sind es etwa hundert Reisetage im Jahr.«

Dass eine Gemeinde landesweit organisiert ist, auch das ist eine Besonderheit Finnlands. In Schweden z. B. gibt es nur die drei Stadtgemeinden Stockholm, Göteborg und Malmö.

Die Arbeit unterscheide sich deutlich. Hans-Christian sagt: »Ich habe sehr wenig mit Amtshandlungen zu tun. Taufen, Trauungen, Beerdigungen spielen eine untergeordnete, Themenbezogenes dafür eine wesentlich stärkere Rolle. Ich bin viel häufiger mit Vorträgen unterwegs.« Hans-Christian zählt Beispiele auf: »Es geht oft um aktuelle politische Sachen oder kulturelle Themen. Um Fragen wie: Wie gehen wir mit dem Islam um? Gibt es eine Möglichkeit, das Verhältnis zwischen den Religionen tolerant zu denken? Und dann fällt mir Lessing ein: Da gibt es doch sein Theaterstück, Nathan der Weise. Also reise ich mit einem Vortrag über dieses Stück durch das Land. Kurz vor dem Sommer war ich in einer Gemeinde in Jyväskylä, da ging es um Glaubensüberzeugung und Toleranz.« Im Moment sei künstliche Intelligenz und Ethik ein Thema, das die Leute im Land sehr bewege. »Da bin ich mehr als Wissenschaftler denn als Seelsorger gefragt. Seelsorger bin ich auch, aber in einer anderen Weise als in Deutschland. In Deutschland kommen die Leute mit der Erwartung, dass der Pfarrer hilft, ein Problem zu klären. In Finnland erlebe ich, dass die Leute sich eher selbst Gedanken machen und von einem Seelsorger eher erwarten, dass er aus diesen Gedanken ein Gedicht macht und es vor Gott bringt.«

Sind die Finnen glücklich? Und wenn ja, warum?

»Mir fällt spontan ihr Pragmatismus ein, als Stichwort. Das erklärt ganz gewiss nicht alles, aber ich erlebe Finnen als relativ rationale Menschen, die sich ihr Leben einfach organisieren. Ich glaube, sie leiden nicht doll an irgendwelchen Verhältnissen, bei denen sie das Gefühl haben, sie könnten sie ohnehin nicht beeinflussen Die Grundhaltung ist: Ja, ich kann mein Leben gestalten.«

Können Finnen auch bei uns in Deutschland glücklich sein?

Hans-Christian antwortet als professionell damit Befasster: »Manchmal kehren Finnen im Ruhestand in ihre Heimat zurück. Sie müssen sich dann hier erst wieder einleben, Kontakte knüpfen. Bei ihnen erkenne ich sehr stark das Motiv: Ich will wieder in Finnland leben, weil mir das Leben in Deutschland nicht leichtgefallen ist. Das wird nicht groß dramatisiert, aber die Sehnsucht nach Finnland war immer da.«

Ist er selbst glücklich in Finnland? »Es ist klar, dass wir

zurückgehen werden, wenn meine Zeit als Reisepfarrer vorbei ist, das ist im Vertrag so vorgesehen. Aber ich könnte mir auch vorstellen, auf Dauer hier in Finnland zu bleiben. Ich fühle mich sehr, sehr wohl.«

Wir gehen langsam Richtung Ausgang, doch dann biegt Hans-Christian noch einmal ab. Zu einem zentralen Ort dieses Friedhofs, den er mir zeigen möchte. Hans-Christian erzählt: »Mit dieser Treppe dort hat es eine besondere Bewandtnis. Hier kann man eine Kerze hinstellen, auch wenn man kein Grab auf diesem Friedhof hat, aber eines Toten gedenken will.«

Auf halber Höhe der Treppe steht links eine Art Altar oder Tisch mit zahlreichen Schnittblumen und Kerzen. Daneben die Skulptur eines Engels, und der Satz: »*Menneiden sukupolvien ja muualla lepäävien muistolle.*« – »Zur Erinnerung an vergangene Generationen und diejenigen, die anderswo ruhen.«

Christian sagt: »An Allerheiligen steht die ganze Treppe voller Kerzen. In dem Jahr, als ich hier angekommen bin und noch nicht wusste, was mich erwartet, bin ich in der Nacht zum 1. November von Rovaniemi mit dem Auto nach Espoo gefahren. Immer wenn ich durch Orte kam, sah ich die Friedhöfe schon von weitem. Sie waren von unzähligen Kerzen hell erleuchtet.«

Glückstipp:

Besuche den wirklich schönen Friedhof Hietaniemi, direkt am Wasser gelegen. Suche und finde die Gräber bekannter Finnen, die vielleicht auch dir wichtig sind – und bringe eine Kerze oder eine Blume zur Gedenktreppe, für die, die du selbst vermisst.

TAG
30

Helsinki

Der Dolmetscher

Bevor wir heute abreisen, habe ich noch zwei kurze Verabredungen, die erste mit Jochen Bussian. Wir kennen uns
vom Sommerfest der Deutschen Botschaft 2017. Auch er ist
frisch zurück von *mökki* und Sommerreise, und ich freue
mich auf unser Wiedersehen.

Jochen Bussian lebt seit Ende der 1970er Jahre in Finnland, er hat hier schon einen Teil seines Zivildienstes am
Goethe-Institut abgeleistet. Bei einem Finnlandurlaub mit
Eltern und Bruder ist er als 17-Jähriger »diesem Land und
der finnischen Sprache verfallen«. Heute ist er öffentlich
bestellter Übersetzer, Dolmetscher und Pressereferent der
Deutschen Botschaft. Es ist sein letztes Arbeitsjahr. Jochen
ist fest verwurzelt im Land, verheiratet mit einer Finnin,
die er schon 1976 in Mikkeli kennengelernt hat, und Vater
von zwei Kindern. Er ist ein richtiger Finne geworden.
Allerdings, so gesteht er mir auf Nachfrage, esse er kein
Lakritz und trinke nicht aus Mumintassen. Tanzt er mit
seiner Frau Tango?

»Nein, sie würde gerne, aber ich kann nicht,« sagt er
lachend.

1985 trat er als Übersetzer in den Dienst der Deutschen
Botschaft, zuerst mit der Aufgabe, Presseartikel auszuwer-
ten. »Mit dem Ende des Kalten Krieges und dann der Wie-
dervereinigung änderten sich die Aufgabenfelder, und ich

wurde Dolmetscher für Delegationen und Politiker beider Länder.«

Sieben Bundespräsidenten hat er erlebt und für sie gedolmetscht, drei Kanzler und sieben Außenminister. Jochen Bussian kennt Finnland wie kaum ein anderer. Er bestätigt viele Details aus meinen bisherigen Gesprächen. Seine erste Antwort aber ist überraschend und neu: »Wahnsinnig beeindruckend ist für mich nach wie vor der Umgang der Finnen mit Kindern. Ich habe fast nie erlebt, dass Eltern ihre Kinder irgendwie anherrschen oder anschreien. Oder Disziplinarmaßnahmen androhen.« Bei Deutschlandbesuchen erlebe er so etwas ständig. Kinder würden in Finnland zwar als Kinder betrachtet, aber zugleich als vollwertige Menschen. In Deutschland seien Kinder einfach nur Kinder.

Dann spricht er die Bildung an, die einen sehr hohen Stellenwert habe. »Und das hängt wieder zusammen mit den Kindern.« Finnland sei das Land mit der niedrigsten Analphabetenquote. »Die wenigen, die es gibt, kann man wahrscheinlich an drei Fingern abzählen.« Das Bildungssystem in Finnland besteht aus einer neunjährigen Gesamtschule, nach dem Abschluss gibt es dann noch die Möglichkeit, auf die gymnasiale Oberstufe zu gehen. Seit fünfzig Jahren gibt es dieses System nun schon – und es wird von niemandem angezweifelt, anders als in Deutschland.

»Was grundsätzliche Fragen wie die Bildung angeht, herrscht hier sehr, sehr großer Konsens,«, erklärt Jochen Bussian. »Lehrer ist in Finnland der absolute Traumberuf! Nur ein Zehntel der Bewerber wird genommen, alle müssen sich intensiven Eignungstests unterziehen, erst dann dürfen sie das Studium aufnehmen.«

Lehrer als Traumberuf mit intensiven Eignungstests und größter gesellschaftlicher Wertschätzung! Kaum zu glauben. Sollten wir uns was abschauen?

Worin sieht er den Schlüssel zum finnischen Glück?

»Natürlich gibt es auch in Finnland Probleme. Soziale Probleme, Menschen mit geringem Einkommen und schlechten Berufsabschlüssen. Es gibt inzwischen auch mehr Ausländer hier, aber sie werden nicht ghettoisiert wie in manchen anderen Ländern. Hier leben alle miteinander, nicht getrennt voneinander. Das fängt schon bei den Wohnsiedlungen an. Dort gibt es immer Eigentumswohnungen, Mietwohnungen und Sozialwohnungen nebeneinander, oft sogar in einem einzigen Haus. Die wichtigste Antwort auf die Frage nach dem Glück ist vielleicht, dass niemand daran zweifelt, dass dieses Miteinander richtig ist.«

Glückstipp:

Eine ungewöhnliche Rundtour, weg vom Touristischen, hin zum Diplomatischen: Ein Radausflug vorbei an verschiedenen Botschaften in Helsinki, die deutsche steht auf der Insel Kuusisaari, wo noch mehr Botschaften angesiedelt sind. Es ist der Stadtteil mit dem höchsten Durchschnittseinkommen der Hauptstadtregion. Hier ist alles groß bis protzig, aber der Blick durch Zäune und über die Mauern auf die repräsentativen Bauten verschiedener Staaten ist auch interessant.

Helsinki

Lesend durch Finnland

Wenige Wochen vor meiner Abreise nach Finnland habe ich ein echtes Geschenk bekommen. Also, ich werde es noch bekommen! Der SSYL, *Suomi-Saksa Yhdistysten Liitto ry*, der Verband der Finnisch-Deutschen Vereine e. V. hatte sich bei mir gemeldet. Geschäftsführerin Paula Schuth hatte gefragt, ob ich mir vorstellen könnte, im folgenden Jahr ein paar Auftritte mit meinem Programm »Finne dich selbst!« in verschiedenen Städten Finnlands zu machen. Ein Lebenstraum! Mein Lottogewinn. Ich hatte immer davon geträumt, einmal zu einer Lesung nach Finnland eingeladen zu werden. Im März nächsten Jahres soll sich dieser Traum erfüllen! Vier Auftritte seien schon fest, und es gebe weitere Interessenten, hatte Paula kürzlich geschrieben.

Sie ist meine letzte Verabredung hier in Finnland. Die Verabredung mit der für mich im Moment absolut wichtigsten Person in Finnland überhaupt. Meine Lebenstraumerfüllerin! Das sage ich ihr auch so, als wir uns in einem Café an der Markthalle im Hafen treffen, nah bei der Deutschen Kirche und der Deutschen Bibliothek. Paula lacht herzhaft. Die SSYL ist Untermieter der Deutschen Bibliothek. *Saksalainen kirjasto.* Hier sind über 40 000 deutschsprachige Bücher und Zeitschriften gesammelt und können kostenlos ausgeliehen werden. Ich hatte bislang Pech, denn immer, wenn ich in Helsinki war, hatte die

Bibliothek geschlossen, auch in diesem Jahr. Aber ich habe ja meine Lesereise im März. Wir ahnen damals nicht, dass Corona uns zwingen wird, die um mindestens ein Jahr zu verschieben.

Als Geschäftsführerin des SSYL hat Paula vielfältige Aufgaben, sie organisiert den Schüleraustausch mit Deutschland, koordiniert zahlreiche Aktivitäten der Vereine, die im Verband zusammengeschlossen sind, organisiert Kulturprogramme und gibt die Verbandszeitung *Silta – Brücke* heraus. Mit anderen Worten: Sie ist Geschäftsführerin, Journalistin, Chefredakteurin und Kulturmanagerin in einer Frau.

Als Tochter eines Deutschen und einer Finnin trägt sie beide Kulturen in sich. Wie ist er denn so, der Finne? Und wie der Deutsche?

Paula beschreibt zögernd, denkt immer wieder intensiv nach. Finnen, sagt sie, seien auf gewisse Art ruhiger Im Sozialen gebe es Unterschiede. »Man ist nicht so offen gegenüber anderen. Jedenfalls nicht sofort. Man ist etwas reservierter am Anfang.«

Als Beispiel nennt sie das Verhalten der Besucher in der Deutschen Bibliothek. »Wenn jemand in die Bibliothek reinkommt, dann merkt man, ob das ein Deutscher oder ein Finne ist. Die Finnen sagen nichts, gehen zu den Regalen, suchen selber ihre Bücher heraus. Sie wollen eher nicht, dass jemand sie anspricht: ›Guten Tag, was möchten Sie denn?‹ Und wenn die Deutschen kommen, sagen sie: ›Hallo. Guten Tag. Wie geht's? Ich möchte das und das.‹ Und sie wollen erst mal etwas erzählen. Finnen finden es eher aufdringlich, wenn Leute sofort auf einen zukommen. Weil sie das einfach nicht so gewohnt sind.«

Auch Paula sieht einen der größten Unterschiede zwi-

schen Finnland und Deutschland in der Bevölkerungs-
dichte. »Die Menschen hier haben Platz und dadurch mehr
Ruhe, weniger Stress.« Aber auch in anderer Hinsicht gibt
es Unterschiede. »Finnland ist nicht nur flächenmäßig kleiner als Deutschland, es hat auch eine andere Stellung in
Europa. Die Finnen sind trotzdem stolz auf ihr Land und
freuen sich mehr darüber, als Deutsche dies tun.«

Ich frage sie nach der Tatsache, dass Finnland als erstes
Land das Frauenwahlrecht eingeführt hat, nach der starken
Rolle der Frauen in der finnischen Gesellschaft, die sich
Monate nach unserem Gespräch noch stärker nach außen
zeigen wird, durch Regierungschefin Sanna Marin in einer
Fünf-Parteien-Koalition, die sämtlich von Frauen geführt
werden. Ist die Stellung der Frau auch ein Grund für das
Glück der Finnen?

»Ich denke schon. Ich glaube, dass Frauen es in Finnland
leichter haben in der Arbeitswelt oder auch im Familien-
leben, wenn beide Partner voll arbeiten.«

Die Finnen sind Glücksweltmeister, gebe ich auch ihr als
Stichwort. Paula ist verwundert über den Vorsprung der
Finnen vor Dänemark, Island, Norwegen, Schweden. Auch
da gebe es ein gutes Bildungssystem, eine gute Sozialstruk-
tur. In Deutschland würde die Lücke zwischen den sozialen
Schichten viel stärker auseinanderklaffen.

Ich erzähle Paula, dass Helsinki zur glücklichsten Stadt
gekürt wurde. Einen Grund dafür sieht sie auch hier in der
Tatsache, dass weniger Leute in Helsinki wohnen, obwohl
es die Hauptstadt ist. »Man hat alle positiven Dinge einer
Hauptstadt, kann sich aber trotzdem sehr schnell bewegen.
Man steht nicht überall stundenlang im Stau, muss nir-
gends lange warten. Der Alltag ist eigentlich sehr leicht.
Wenn ich daran denke, wie viel Zeit man in Deutschland

mit Warten verbringt. Oder daran, jeden Tag in einer vollen U-Bahn zu hocken. Das ist doch Stress pur!«

Auch für Kinder sei es viel leichter, sich in finnischen Städten selbständig und allein zu bewegen. Die Sicherheit sei sehr hoch, und außerdem fehle eben der ganze Trubel anderer Großstädte. »Wenn ich lange in Berlin bin, ist es erdrückend. Diese Menschenmengen, der Verkehr, der Stress. Dann will ich nur noch raus in die Natur!«

In diesem Moment kommt Rita ins Café, sie war vor der langen Reise noch eine Runde um die Stadt geradelt. Wir müssen zum Fährschiff nach Turku. Zum Abschluss zeigt Paula mir noch die ersten geplanten Stationen meiner Lesereise auf einer Landkarte und erklärt die Reiserouten. Und ich stelle fest: Reisebürokauffrau ist sie auch noch!

Glückstipp:

Ein Besuch in der Deutschen Bibliothek in Helsinki.

TAG
30

Zwischen Turku und Stockholm

Glück im Spiel

Wir sind zum ersten Mal auf einem Fährschiff der Viking Linie, an Bord der *Viking Grace*. Sonst waren wir immer auf Silja Line gebucht. Das Schiff gefällt uns. Wir haben die Nachtfähre, freuen uns auf die Fahrt durch die Schären und morgen früh auf die Einfahrt in Stockholm. Heute Nacht wird die Fähre noch einen Zwischenstopp in Mariehamn auf den Åland-Inseln einlegen. Sie gehören zu Finnland, stehen aber unter eigenständiger Verwaltung.

Wir lehnen an der Reling, schauen auf Turku und sind rundherum glücklich und zufrieden. Die Sonne sinkt vor einem traumhaft gefärbten Himmel ins Meer. Wir bummeln über das Schiff, landen beim Karaoke und genießen die Sangeskünste der Finnen. Wir trinken in einer der Bars einen »Gin Napue«, einen preisgekrönten finnischen Gin mit Blaubeeren. Dann kommen wir an zwei Spieltischen vorbei. Ein Roulettetisch und einer für Blackjack, also »17 und 4«. Ich weiß nicht, was mich reitet. Ich möchte spielen.

»Du kannst das?«, fragt Rita ungläubig.

Wir sind zwar seit fast zehn Jahren ein Paar, aber man muss ja hin und wieder noch eine Überraschung bieten.

Ich sage: »Naja, was heißt schon können? Ich kenne die Regeln. Also ungefähr.«

Der Croupier hat sich bislang freundlich im Hintergrund gehalten, nun fragt er, ob wir spielen wollen. Ich würde es gern versuchen. Er solle bitte langsam machen und uns alles erklären.

O. k., Asse zählen einen Punkt oder elf. Bilder zehn, alle anderen den Wert, der draufsteht. Black Jack ist Ass und zehn. Man versucht, so nah an 21 ranzukommen, wie es geht. Ist man drüber, ist man »tot«. Das sagt die ostwestfälische Regel, der Finne erklärte das weniger drastisch. Es ist noch relativ früh am Abend, wir haben den Tisch für uns. Der Croupier nimmt sich Zeit. Wir staunen, denn er heißt Jürgen. Aber kein Wunder, er sagt, er habe einen deutschen Vater. Ich bitte um ein Testspiel, dann setze ich mir ein Limit von 20 Euro, zwei Euro je Spiel. Ich kaufe zehn Chips.

Das Spiel beginnt. Ich verliere dreimal nacheinander.

Ein viertes Mal.

»Kurzes Vergnügen«, lacht Rita.

Dann mein erster Gewinn.

»Donnerwetter«, anerkennt sie nun.

Ich halte mich im Spiel. Meine Freundin staunt. Ich auch. Verlust und Gewinn halten sich – noch – die Waage.

In Finnland sind Glücksspiele Teil der Alltagskultur. In vielen Supermärkten stehen vorn in einem abgetrennten Raum Spielautomaten, in vielen Restaurants und Gaststätten gibt es Spieltische. Das gehört durchaus zur finnischen Feierabendunterhaltung. Betreiber dieser Spieltische und der Automaten war die RAY, die staatliche Spielautomatengesellschaft *Raha-automaattiyhdistys*. Inzwischen ist die umorganisiert zur *Veikkaus*, der immer noch staatlichen Spiele- und Wett-Agentur, die sämtliche Glücksspiele in Finnland betreibt, auch Onlinespiele. Außerdem ist sie der

Hauptsponsor der nach ihr benannten finnischen Bundesliga.

Es gab die RAY schon seit 1938, die Einsätze der Spieler sind limitiert, die Gewinne der Betreiber werden ausschließlich für wohltätige Zwecke ausgeschüttet. Die Tische und Automaten auf den Fährschiffen zwischen Turku und Schweden gehören allerdings zur PAF, zur *Penningautomatföreningen*, angesiedelt auf den Ålands, eine ähnliche Organisation wie es die RAY war, allerdings kleiner, nur mit einem Bruchteil des Umsatzes, erklärt Jürgen.

Wenn auch der Verwendungszweck des finnischen Glücksspiels »edel« ist, die Unterstützung von Vereinen und Wohlfahrt, es ändert nichts am Problem der Spielsucht. Gerade Jugendliche und auf der anderen Seite ältere Menschen sind stark gefährdet und viele spielsüchtig.

Ich habe nur noch zwei Chips vor mir liegen. Rita schiebt einen Zehn-Euro-Schein über den Tisch und sagt zu Jürgen: »Ich möchte bei der Bank fünf Chips kaufen.«

Jürgen nickt und stapelt sie vor ihr auf.

»Jetzt du?«, frage ich.

Sie schiebt mir den Stapel zu und sagt lächelnd: »Für dich, mein Glücksritter.«

Will sie mich in die Spielsucht treiben? Während ich noch über mein Gefährdungspotenzial nachdenke, nutzt Rita, die Berufsforscherin, die kleine Spielpause, um Jürgen Löcher in den Bauch zu fragen.

»Wie bist du denn zu diesem Beruf gekommen?«

Jürgen ist zwar Croupier, bezeichnet sich selbst aber als Seemann, er »fährt zur See«. Die PAF, für die er arbeitet, ist ja auf den Åland-Inseln beheimatet. Jürgen wuchs in der Nähe auf, in der Region um Turku. Anfang der 1990er Jahre war die Arbeitslosenquote hoch, Jürgen hatte keinen richtigen Plan, kein berufliches Ziel. Er hatte einen Sommerjob, aber nichts für den Winter. Freunde arbeiteten damals schon für die Casino Company.

»Ich dachte: Das ist ein cooler Job. Meine Bewerbung wurde angenommen, seitdem arbeite ich hier. Und gut bezahlt ist es auch noch.«

Braucht es dafür ein spezielles Talent?

Jürgen zuckt mit den Schultern. Man lernt die Technik. Das Zählen. Den Umgang mit den Chips und den Spielkarten. »Du übst das eine Weile, schaust den anderen über die Schulter, und irgendwann stehst du allein am Tisch. Dann denkst du: Oh, mein Gott! Es ist wie bei allem, das tägliche Training bringt dir Routine.«

Für die meisten Menschen hier auf dem Schiff sei das Spielen ein Spaß. »Aber natürlich gibt es auch Leute, die ein Problem haben. Das merkst du ganz schnell. Wenn du siehst, wie sie verlieren, immer wieder. Und trotzdem nicht aufhören können. Das ist auch ein Problem bei den Spielautomaten. Da stehen oft Leute, die dort Geld verspielen, das sie für anderes nutzen sollten. Die wenigsten von ihnen sehen dabei glücklich aus. Auch wenn der Profit für einen guten Zweck ist, es gibt einfach zu viele dieser Maschinen in Finnland, und sie sind zu leicht und zu einfach verfügbar.«

Am Tisch hier könne er immer fragen: »Bist du sicher, dass du weiterspielen willst? Du hast einfach kein Glück.« Manchmal würden ihn Leute, die permanent verloren haben, auch bitten: »Lass mich auf dieser Reise nicht mehr spielen, o. k.?«

»Dann sage ich: Gut, wir haben einen Deal. Und 99,9 Prozent von denen siehst du dann auch nicht mehr wieder. Ich möchte versuchen, den Leuten zu helfen. Es ist nicht in meinem Interesse, dass die Menschen Geld verlieren. Ich will nicht, dass sie Probleme bekommen. Spielen sollte Spaß sein. Aber du solltest dabei nicht dein Haus verlieren.«

Ich höre auf mit – wenn ich Ritas und meinen Einsatz addiere – immerhin 12 Euro Gewinn.

»Sehr gut«, sagt Jürgen. »Die meisten spielen zu lange.«

Ich erzähle ihm, dass ich ein Buch schreibe, über das Glück der Finnen. Wie ist es mit dem Glück am Tisch?

Der Gewinner ist nie der Spieler, sagt Jürgen. Der Gewinner ist immer die Bank. »Normalerweise«, schiebt er nach. »Das ist reine, simple Mathematik!«

Es ist faszinierend, wie er das erklärt. Man nehme eine Münze. Kopf oder Zahl. Wie oft kommt welche Seite? Der Spieler setzt einen Euro. Wenn er verliert, verliert er einen Euro. Wenn er gewinnt, bekommt er 75 Cent, 25 gehen an die Bank.

»Das ist das Prinzip bei allen Wetten, bei Casinos, Lotterien, egal. Du kannst auf der kurzen Strecke etwas gewinnen. Du kannst auch Glück haben und einen großen Pott gewinnen. Aber normalerweise gewinnt man etwas, dann verliert man wieder etwas, wobei man mehr verliert, als man gewinnt.«

Gibt es einen Unterschied in den Spielernaturen von Deutschen und Finnen? Stereotype, die man am Spieltisch erkennt?

Jürgen lacht. Typisch für Deutsche sei, dass sie beim Wetten kleine Einsätze machen würden. »Sehr kleine!« Jürgen erzählt von einem Bikertreffen, einem Gipfeltreffen der Hells Angels aus ganz Europa. Auf dem Weg nach Finnland nutzten sie auch die Fähre der Viking-Linie. »Die dänischen Hells Angels spielten immer mit maximalem Wetteinsatz.

Die warfen ihr Geld regelrecht weg. Und dann waren da die deutschen Hells Angels. Riesige Kerle mit riesigen Bärten, die richtig unheimlich aussahen. Damals hatten wir noch die Finnmark. Fünf Mark war der höchste Einsatz. Aber diese Riesentypen spielten immer nur mit dem Mindesteinsatz. Das war wirklich lustig.«

Hat Jürgen noch ein paar Tipps für uns?

»Du solltest nicht spielen, wenn du nicht verlieren kannst. Du musst bereit sein zu verlieren. Und du musst es dir auch leisten können zu verlieren, sonst solltest du erst gar nicht spielen. Denn die Chancen, dass du gewinnst, sind nicht besonders groß.«

Glückstipp:

Riskier ein Spiel, egal ob Blackjack oder Roulette, egal ob auf dem Fährschiff oder in einer Gaststätte. Lass dir in aller Ruhe das Spiel erklären, vom Croupier oder den Mitspielern. Aber halt dich eisern an deinen maximal geplanten Einsatz und geh nicht darüber hinaus.

Vorgeblättert

Lotto-Millionäre

Kurz nach meiner Reise wurde in Siilinjärvi, nördlich von Kuopio, ein Rekordgewinn im Eurojackpot erzielt. In einem Supermarkt lag ein Spielzettel aus, man könne sich beteiligen. Fünfzig Einwohner der Stadt spielten am Ende als zufällige Tippgemeinschaft. Sie gewannen 90 Millionen Euro, 1,8 Millionen für jeden. Zumindest in Siilinjärvi lässt sich die Frage nach dem Glück der Finnen also gerade sehr leicht beantworten. Die Gewinner trafen sich anschließend zu einer kleinen Feier im Supermarkt zu Kaffee und Kuchen. Jyrki Huttunen, Verkäufer in jenem Supermarkt, sagte gegenüber der Boulevardzeitung *Iltalehti*, bei der Tippgemeinschaft handele es sich um »fünfzig glückliche Leute«. Ich war damals durch diesen Ort hindurchgefahren, ohne zu bemerken, dass hier Großes im Gange war. Hätte ich dort gehalten, hätte ich Finnisch verstanden, ich hätte mitgespielt.

TAG 31

Schweden, an einem See ohne Namen

He's a Lumberjack

Von Stockholm aus fahren wir etwa dreieinhalb Stunden durch Schweden westwärts. Wir besuchen Jochen und Heide, Freunde aus Bochum. Die zwei wohnen hier immer im Sommer in einer Hütte auf einer Halbinsel in einem namenlosen See, den man nicht einmal mit Hilfe des Navigationssystems finden kann. Gut, dass wir den Weg schon kennen.

Wir parken und warten. Es ist so still, dass ich nicht einmal »Fährmann, hol über!« rufen muss. Die beiden haben das Motorengeräusch unseres Autos längst gehört, Jochen rudert schon über den See, um uns und unser Gepäck hinüberzuschippern. Wir sehen Heide, die mit den Hunden auf einem schmalen, sumpfigen Weg über Bohlen am Ufer gegenüber entlangstapft. Sie winkt uns zu. Wenig später lernen wir ein neues Familienmitglied kennen. Diego. Schwarz, wollig, riesig und riesig freundlich. Ein Bouvier. Eine Seele von Hund, aber gewaltig! Aufgerichtet größer als ich, was zugegebenermaßen nicht so schwer ist.

Ein Paradies, schon jetzt. Immer wieder. Auf jeder Reise aus dem Norden zurück versuchen wir, hier Station zu machen. Es sind wunderbare Stunden, getragen von einer innigen Freundschaft. Oft sind ihre Söhne mit den Freundinnen auch hier und immer mindestens zwei der mindestens drei Hunde.

Das Leben am See ist absolut »basic« und »back to the roots«. Kein fließendes Wasser, kein Strom. Nur ein kleiner Sonnenkollektor versorgt die Handys. Am Abend brennt eine Petroleumlampe. Der Herd läuft mit Gas, die meisten Lebensmittel lagern in einem Erdkeller ein paar Meter abseits. Wir wissen, wo das Klohäuschen steht und wie die Baumdusche funktioniert.

Wir zelten im Wald neben dem Häuschen. Direkt nach unserer Ankunft fegen wir als Erstes den Wald. Das ist kein Witz, sondern eher schon ein Ritual. Wir säubern den Platz, auf dem unser Zelt stehen soll, um nicht auf Tannenzapfen zu liegen zu kommen. Tannenzapfen, ein wunderbares Wort übrigens, das seinen Singular nicht für den Plural ändern muss. Ganz anders als der Mensch. Aber das nur am Rande. Und »zu liegen zu kommen« ist eine Redensart, die wohl auch nur zwischen Bochum und Minden gepflegt wird. »Auf die Bäume ihr Affen, der Wald wird gefegt« war ein populäres Lied meiner Kindheit. Wer hätte je gedacht, dass man so etwas wirklich mal macht?

Das Zelt steht schließlich, und bei Kaffee und frischem Blaubeerkuchen übergeben wir unsere Gastgeschenke, Saft aus der Mosterei Riekelnhof, eine Flasche *Salmiakki* aus Finnland. Und natürlich bekommen die zwei das 5-Liter-Fass Märzen aus der *Hailuodon Panimo*. Jochen kriegt obendrauf noch die Bierseife!

Aber wir wollen uns den Aufenthalt auch verdienen. Mit »anfassen«. Uns nicht nur verwöhnen lassen. Mit dem Ergebnis, dass ich ein Intensivseminar in Holz hacken und Beilkunde bekomme. Eigentlich müsste es umgekehrt sein, schließlich ist Jochen aus der Stadt und ich bin vom Dorf.

Die Damen sind derweil mit den Hunden unterwegs im

schwedischen Wald und suchen Blaubeeren für den nächsten Kuchen. Wir haben nichts übrig gelassen.

Mit anderen Worten: Verhältnisse wie im Neolithikum: Die Jungs schlagen Holz, die Mädels gehen Blaubeeren pflücken. Übrigens: Wenn der liebe Gott ein Schwede gewesen wäre, dann wär der verbotene Apfel eine Blaubeere gewesen.

Im Wald entasten Jochen und ich zwei umgestürzte Bäume mit einer »Waldaxt«. Es gibt nun ein Foto von mir mit Axt und Lesebrille. Jochen erfindet das Wort: »Hackbrille«. Das sieht skurril aus, aber mit Brille treffe ich entschieden besser. Dann schneidet Jochen in Sicherheitshose – er ist im Besitz eines Motorsägescheins und muss die darum tragen – die Bäume in handliche Stücke. Er hätte das wahrscheinlich auch mit Handkantenschlägen erledigen können. Der Arbeitsvorgang wird begleitet von allerlei Flüchen wegen der Hose: »Ich geh kaputt in dem Scheißding bei diesen Temperaturen!«

Die handlichen Stücke muss ich mit zwei »Packzangen« zum Hackplatz tragen. Dort bekomme ich dann eine andere Axt. Eine »Spaltaxt«. Der Axtstiel reicht von hier bis Göteborg und entsprechend schwierig ist es, die Baumscheiben damit so genau zu treffen, dass sie in exakten Hälften ehrfurchtgebietend und knackend auseinanderspringen. Vorher müssen die Baumabschnitte in Wuchsrichtung – »Oben ist oben, Bernd!« – auf den Hackklotz gelegt werden. Dann gehe ich in Position und hole aus. Ich treffe immer etwas zu weit vorn, haue also etwas drüber weg, weil ich mich beim Schlag zu weit vorbeuge. Jochen korrigiert mich, als würden wir am Schwebebalken trainieren.

Drei Waldtrolle kommen vorbei, bleiben spontan stehen, setzen sich dann auf einen umgestürzten Baum und zeigen uns bei jedem Schlag ihre Wertungsnoten. Ich lande im Direktvergleich von uns zwei Holzhackern etwas abgeschlagen auf Platz vier. Ganz eindeutig ist Jochen Schwedens »next lumberjack«. Nach zwei zerhackten Bäumen liege ich platt im Zelt, während die anderen am See sitzen. Ich döse sofort weg und summe im Traum meine neue Hymne: »I'm a lumberjack and I'm okay, I sleep all night and I work all day.«

Ich werde wieder wach. Dämmerung. Also, das, was man hier im Norden im Sommer so unter Dämmerung versteht. Ich schaue aus dem Zelt. Fledermäuse genießen ihr Nachtmahl in Zeitlupe. Vor drei Stunden noch rief das Prachttauchermännchen sein Prachttaucherweibchen, als hätte er sie noch gar nicht gefunden. Dazu das Hähen der Bussarde, während von fern Blitze über einige dunkle Regenwolken huschen, die in diesem Sommer aber reiner Bluff zu sein scheinen.

Zum Abendessen gibt es Grillfleisch. Wir sitzen am Feuer, Diego hat sich in Rita verliebt, was ich verstehe. Wobei *ich* beim Kennenlernen sofort verliebt war, den Hund hat sie dafür erst mit Blaubeeren füttern müssen. Aber es hat offensichtlich gewirkt. Nun kaut Diego auf einer Möhre herum, was bei einem schwarzen Hund sehr witzig aussieht und wirkt, als würde er an einer orangenen Zigarre ziehen.

Glückstipp:

Auch wenn du sie nicht brauchst und niemals brauchen wirst: Kauf dir eine Axt! Eine gute, langstielige Axt. Ihr Besitz bedeutet Glück. Ich weiß es, denn ich habe inzwischen eine. Jochen und Heide haben sie mir zu meinem nächsten Geburtstag geschenkt.

TAG
32

Visingsö

Snus

Jochen hat uns heute Morgen über den See gerudert, Heide ist wieder mit den Hunden durch den Sumpf gewandert, und der Abschied zwischen Rita und Diego, dem Bouvier, war herzzerreißend. Wie gut, dass ich nicht zur Eifersucht neige.

Wir fahren durch Schweden, unser heutiges Ziel ist die kleine Insel Visingsö im Vätternsee. Unsere Freundin Kerstin wohnt dort, zusammen mit ihrem Lebenspartner Janne. Wir überqueren den Göta-Kanal zwischen Vänernsee und Vätternsee, an dem wir im letzten Jahr länger Station gemacht haben. Wir stoppen spontan, nehmen die Fahrräder vom Träger und radeln am Kanal entlang, an einer kleinen malerischen Schleuse vorbei bis Sjötorp. Hier beginnt – oder mündet – der Göta-Kanal. Eine Idylle. Blickt man von Sjötorp auf den See, ist es, als stünde man am Meer.

Dann geht es zwischen den großen Seen entlang nach Jönköpping (gesprochen: Jön-schöpping). Wir wollen ins Jönköpping Lans Museum, um die Werke von John Bauer noch einmal zu sehen. Der Sohn eines bayerischen Metzgers wurde Schwedens bekanntester Märchenillustrator. Im Ausgang des Jugendstils entwickelte er im Wesentlichen unser Bild von Trollen und Elfen, mythisch und zauberhaft. Für mich als Autor auch von Kindergeschichten, aber genauso als Leser und Betrachter, als Fan, ist der

Besuch in diesem Museum immer wieder ein Geschenk und eine Inspirationsquelle. John Bauer starb tragisch mit seiner Familie im Alter von nur 36 Jahren bei einem Bootsunglück. Die Familie hatte umziehen wollen, in den Norden des Sees. Johns Frau hatte Angst, die Strecke mit der neuen, modernen Eisenbahn zu fahren. Die *Per Brahe*, ein Kanalschiff, hatte auch Nähmaschinen und etliche Tonnen Obstmus geladen. Im Sturm verrutschte die Ladung und brachte das Schiff mitten im See zum Kentern.

Am Abend sitzen wir mit Kerstin und Janne auf der Terrasse mit Blick auf den See. Wir taumeln auf dieser Reise von einer Idylle in die nächste.

Kerstin ist Geschäftsführerin im Hotel »Gyllene Uttern«, »Goldener Otter«. Ich habe sie kennengelernt, als ich vor Jahren zu Beginn einer Recherchereise nach Finnland schon in Schweden festhing, in ihrem Hotel. Ich hatte größte Handyprobleme und bekam über Stunden »Support« durch meinen Freund Rolf, der in Kassel saß. Während ich panisch im »Otter« hockte, ohne Blick für die grandiose Landschaft von der Terrasse zu besagter Insel Visingsö, versorgte mich Kerstin mit Kaffee und beruhigenden Worten. Auf der Rückfahrt hielt ich erneut in ihrem Hotel. So entstand eine Lebensfreundschaft.

Nun genießen wir zusammen das Essen auf der Veranda. Kerstin ist eine phantastische Köchin. Janne ist ein leidenschaftlicher Theatermann und ein wunderbarer Erzähler. Jannes Tochter Nathalie setzt sich zu uns. Wir essen und trinken und erleben wieder einen in skandinavischen Ländern fast schon obligatorischen grandiosen Sonnenuntergang, jetzt hier über dem Vätternsee. Nach dem Essen nimmt Nathalie etwas aus einer Dose und schiebt es zwischen Zahnreihe und Oberlippe.

»Was ist das?«

»*Snus*!«, sagt sie lachend.

Wikipedia bietet mir später die Bezeichnung »Oraltabak«. Mittlerweile auch in Deutschland erhältlich, aber erst ab 18 legal, wurde *Snus* jahrhundertelang fast ausschließlich in Schweden und Norwegen konsumiert. Mir war das Zeug noch nie aufgefallen, dabei sind die Läden voll davon. Es gibt in Schweden mehr *Snus*-Sorten als Lakritzvariationen. Man kann ihn selbst portionieren, inzwischen wird *Snus* aber auch in kleinen Beuteln angeboten, die man sich dann etwa 15 bis 60 Minuten unter die Lippe schiebt. Man kann zutzeln oder einfach den Speichel seine Arbeit machen lassen.

»Willst du probieren, Bernd?«, fragt Nathalie.

»Ja klar.«

Rita war früher Raucherin. Sie warnt mich. Energisch. Sie sagt, ehrlich besorgt: »Lass das lieber. Du hast doch nie geraucht. Du bist Tabak gar nicht gewohnt. Das Nikotin haut dich aus den Socken!«

Grinsend denke ich: »Eine Finnin wäre niemals so vehement.«

Ich weiß nicht, ob mir das jetzt zu klug ist, ob ich als Mann und Held aus der Nummer nicht mehr herauskann oder nicht mehr herauswill, oder ob es echter Forschergeist ist, Neugier auf neue Erfahrungen mit den Rauschmitteln dieses noch fast unentdeckten Waldvolks der Schweden.

Ich sage: »Als Ethnologe bleibt mir nichts anderes übrig. Das ist das Prinzip der ›teilnehmenden Beobachtung‹. Nur so lässt sich Erkenntnis durch Erfahrung erzielen.«

Rita verschluckt sich vor Lachen fast an ihrem Wein. »Ich habe dich gewarnt!«, sagt sie.

Nathalie hält mir die Dose hin, ich nehme eines dieser Beutelchen und stecke es über die Schneidezähne, unter meine Lippe.

»Und?«

»Alles gut.«

»Du kannst dir gern ein paar mitnehmen«, sagt Nathalie.

»Abwarten«, sagt Rita, und alle lachen.

Nach fünf Minuten fragt sie mich: »Reicht?«

Ich sage: »Fünf Minuten sind keine ethnologische Kategorie.«

Nach zehn Minuten merke ich leichten Schwindel. Dann größeren Schwindel. Und dann sehr großen Schwindel, wie sonst nur früher bei extremem Alkoholgenuss.

Erneut fragt Rita: »Und?«

»Alles gut!«

Ich kriege Hitzewallungen. Trotzdem steht kalter Schweiß auf meiner Stirn. Ich habe das Gefühl, als ob meine Hände zitterten. Ich hebe heimlich meine linke Hand. Sie zittert.

»Alles gut?«, fragt Rita erneut.

»Nicht ganz«, sage ich.

»Willst du das Zeug nicht rausnehmen?«

Das fühlt sich jetzt zwar wie eine Niederlage an, aber meine Eltern haben mir mit »Mau-Mau« und »Mensch ärgere dich nicht« beigebracht, Niederlagen zu akzeptieren. Ich nehme den *Snus* aus dem Mund. Die Wirkung bleibt. Der Schwindel ist extrem. Zwei Minuten später lege ich mich vorsichtshalber ins Gras.

»Keine Sorge. Das geht gleich wieder«, höre ich mich sagen.

Rita verkneift sich großzügigerweise den Satz: »Ich hatte dich gewarnt.«

Immer noch im Gras liegend sage ich: »Nathalie, weißt du … Ich nehm doch nichts mit. Ich komm auch gut ohne Nikotin klar.«

Glückstipp:

Jede Art von Reiseunterbrechung lohnt sich, vor allem aber am Vätternsee. Anhalten, aussteigen, gehen oder Rad fahren. Herrlich.

Ein Besuch im John-Bauer-Museum Jönköpping.

Eine Wanderung auf dem John-Bauer-Weg am See entlang.

Die John-Bauer-Bootstour.

Ein Stadtbummel in Grännä mit Besuch des Heimatmuseums.

Ein Radausflug zur Insel Visingsö.

TAG 33

Auf der Fähre

Die Elch-Spotter

Wir stehen an Deck der Autofähre zwischen Rödby / Dänemark und Puttgarden / Deutschland. Nun geht es das letzte Mal über Wasser. Wenn wir vom Fährschiff herunterfahren, werden wir wieder in Deutschland sein, am Ende unserer Reise.

Das Schiff legt ab. Regenwolken ziehen am Himmel auf. Wir lehnen an der Reling und schauen den Möwen zu. Dann wirft der Wind uns die ersten Regentropfen ins Gesicht. Nach drinnen wollen wir trotzdem nicht. Wir stellen uns hinter einen Decksaufbau, dort sind wir geschützt. Und treffen auf eine Familie, die es genauso macht. Maren und Axel mit ihren beiden Jungs, Florian und Nico. Die vier kommen aus Trier. Dort hat Rita auch mal gearbeitet. Wir kommen schnell ins Gespräch.

Wo seid ihr gewesen, fragen wir.

Sie waren in Schweden.

»Und? Elche gesehen?«, frage ich.

Nico strahlt: »Ja. Elf Stück!«

Ich bin komplett verdattert: »Elf!? Wie habt ihr das denn gemacht?«

Wie gesagt, mein Bruder und ich warten bis heute auf die erste Sichtung!

Wie sich herausstellt, sind Maren und Axel Biologen. Axel mit Professur. Profis also. Das sind schon fast unlautere Bedingungen für die Elchsuche. Die vier sind demnach mit allen schwedischen Wassern gewaschen. Erfahrene Nordland-Reisende und Elch-Spotter. Morgens und abends sind sie in der Dämmerung losgefahren, um die nordischen Riesen zu suchen. Axel schaute nach vorn, Maren auf dem Beifahrersitz nach rechts, Nico nach links und Florian schaute nach hinten. Diese systematische Elchjagd brachte die unglaubliche Quote von elf Tieren zustande. Stolz zeigen sie uns ein Foto einer Elchkuh mit Zwillingen.

»Das war ganz toll, die Mutter mit den Kälbern«, schwärmen die zwei Jungs.

Maren fragt: »Wo seid ihr denn gewesen?«

»Wir kommen gerade aus Finnland.«

Und wo da? Senkrecht hoch bis Inari in Lappland und wieder zurück, erzählen wir. Und wieso Finnland? Wir hätten gelesen, die Finnen seien Glücksweltmeister, und das hätten wir uns mal genauer ansehen wollen. Ich kann ja nicht jedem einfach so erzählen, dass ich bereits Bücher über Finnlandreisen geschrieben habe. Und dass nun ein drittes entstehen soll.

Maren und Axel kennen Finnland, ihre erste Reise als verheiratetes Paar hat sie in das nordische Land geführt. Axel war schon als Kind mit seinen Eltern in Finnland. »Ich verbinde damit tatsächlich Kindheitsglück. Ich bin morgens mit dem Ruderboot aufs Wasser, hatte mein Fernglas dabei, und habe Moorschneehühner und Auerhähne auf den kleinen Inseln beobachtet.«

Kam ihm da vielleicht schon die Idee, Biologe zu werden?

Er lacht: »Viel früher! Ich wollte als kleiner Junge tatsächlich Großtiere in Afrika erforschen. Mein Traum war Grzimek, Serengeti und so weiter.«

»Und was machst du heute?«

Die Antwort ist mehr als erstaunlich. Vor uns steht ein Entomologe, ein Insektenkundler. Mehr noch, er ist designierter Präsident der »Orthopterists' Society« – also der Weltgesellschaft der Heuschreckenkundler. Außerdem ist Axel Vorsitzender der IUCN SSC Grasshopper Specialist Group (der Spezialistengruppe für den Schutz von Heuschrecken innerhalb des Weltnaturschutzverbandes IUCN). Mit anderen Worten: Vor mir steht der Vorsitzende des Weltheuschreckenverbands.

»In Finnland gibt es Lakritz mit Grashüpfern drin! Entsetzt dich das?«, frage ich.

Axel schaut interessiert: »Wahrscheinlich Zuchttiere, oder?«

»Bitte?«

Woher soll ich das wissen? Ich hatte zwar mit dem Lakritzfabrikanten persönlich gesprochen, aber auf so eine Frage wäre ich nicht gekommen. Zuchttiere oder echte? Frisch von der Wiese? Wild lebend? Frei hüpfend? Wobei ich den Finnen jederzeit zutraue, die Grashüpfer einzeln zu fangen, um sie dann in die Lakritzkugeln zu drücken.

Axel erzählt, dass auch in anderen Ländern Grashüpfer gegessen würden, in den Tropen, in Afrika, in Asien. Dort würden überhaupt sehr viele Insekten gegessen.

Hat er auch schon selbst gekostet?

»Ich bin Vegetarier«, erklärt er, »darum halte ich mich da zurück.«

Ich staune schon wieder. Vegetarismus hatte ich bisher noch nie auf Insekten bezogen. Aber klar, Tier ist Tier, egal ob Grille oder Gans, ob Huhn oder Hüpfer.

»Insekten sind proteinreiche Kost«, sagt Axel.

Ich hatte gelesen, in Helsinki würde eine Bäckerei Brot mit Insekten anbieten. Ja, das sei seit ein paar Jahren ein

Trend, meint Axel, gerade in größeren Städten und in Nobelrestaurants. »Gebraten sind Insekten wohl ganz gut. Grashüpfer schmecken angeblich leicht nussig.«

»Und? Hast du schon mal? Oder bist du so konsequent Vegetarier, dass du das eigene Forschungsfeld nicht isst?«

»Ameisen und Mehlwürmer hab' ich mal probiert.«

Die ganze Familie grinst, als Axel das erzählt.

Der deutsche Fährhafen kommt langsam näher, gleich müssen wir uns verabschieden. Die Kinder legen zum Abschied noch einmal den Finger in die Wunde und bringen uns zurück zu unserem Ausgangsthema.

»Wie viele Elche habt ihr denn in Finnland gesehen?«, fragt Florian.

Enttäuscht sage ich: »Noch keinen! Außer im Zoo. Aber das zählt nicht.«

Die Lautsprecherdurchsage fordert uns auf, zum Autodeck zu gehen und einzusteigen. Wir verabschieden uns. Die vier gehen zur Treppe, da dreht sich Maren noch mal um. Und nun folgt eine Szene, wie für einen Film geschrieben. Auch wenn es eitel klingt, erfunden und ausgedacht, ich schwöre: Es ist genau so passiert.

Maren sagt: »Wenn ihr euch für Finnland interessiert, kann ich euch ein Buch empfehlen. Es heißt ›Finne dich selbst‹. Kennt ihr das?«

Rita aber lacht nur, zeigt auf mich und sagt: »Ich kenne sogar den Autor!«

Glückstipp:

Keine Angst vor Wasser und Wind! Scheue keine Wetterlage, um mit Mitreisenden ins Gespräch zu kommen. Die bei Regen draußen stehen, sind oft die Interessantesten.

Vorgeblättert

Finnisches Care-Paket

Minden, Deutschland. Juli 2020. Zwölf Monate später. Samstag, 8.46 Uhr. Ich liege mit Buch und Kaffee im Bett, denn Corona beschert mir leider auftrittsfreie Wochen. Ganze Monate ohne Tournee. Und kein Ende abzusehen. Es klingelt. Ich erwarte niemanden. Ich schlurfe zur Tür. Der Paketdienst? Ich habe nichts bestellt. Freundlich lächelnd überreicht mir der Bote ein Päckchen. Ich schaue auf den Absender. Tanja. Tanja Knittler. Aus Berlin. Tanja lebte bis vor wenigen Wochen in Helsinki. Fünf Jahre war sie Referentin an der Deutschen Botschaft für Wirtschaft und Kultur. Mit einem beeindruckenden Amtstitel, den ich mir hätte notieren müssen, weil ich mir so etwas nicht merken kann. Auch wir hatten uns 2017 beim Botschaftsfest kennengelernt, bei meiner Lesereise wollten wir uns wiedertreffen. Die aber war wegen Corona abgesagt worden. Paula von der Finnisch-Deutschen Gesellschaft hatte mich daraufhin gefragt, ob ich für deren Mitgliederzeitung Silta vielleicht einen kleinen Gruß schreiben wolle. Ich wollte.

Ich schrieb darin unter anderem: »Ich hoffe, es geht euch allen gut. Was für ein rasender Zeitenwandel durch Corona. Für mich ist diese Absage aus mehreren Gründen tragisch. Zuerst: Meine Teerseife ist aufgebraucht. Ich wollte in Finnland neue kaufen. Und mir fehlen hier in meinem deutschen Haushalt inzwischen Fazer-Schokolade (Pure Dark), Salmiakki Kala, die Lakritzfischchen von Halva, und ich verbrauche gerade die letzten Servietten von ›Marimekko‹. Im Ernst: Mir fehlt Finnland. Und ich war noch nie im Winter in der Sauna mit Bad im Eisloch! Das möchte ich unbedingt erleben. Und wir hatten das auf der Lesereise in Rovariemi geplant!«

Und nun kommt also dieses Überraschungspaket von Tanja. Obenauf liegt eine Postkarte, sie zeigt ein Café im Helsinki der 1950er Jahre. »Lieber Bernd«, lese ich auf der Rückseite, »damit du deine Finnlandgefühle aus der Ferne pflegen kannst, habe ich dir ein Carepaket aus Suomi mitgebracht. Quasi wie bestellt. *Moi-moi*, Tanja«.

Man wird ja selten beim Wort genommen – »beim Wort beschenkt« werde ich jetzt zum ersten Mal. Ich beuge mich über diese Schatzkiste, hebe alles einzeln heraus und bin absolut gerührt. Schokolade von Fazer (Pure Dark) und deren klassische Milchschokolade. Lakritzfische von Halva. Zweimal Servietten, mit Muminmotiven die einen, die anderen im typischen »Marimekko«-Design. Und eine Schachtel? Ein Paket im Paket? Darauf steht handschriftlich: »Geruchshermetisch abgeriegelt!« und ein Smiley. Ich öffne vorsichtig und finde: *terva-saippua*! Teerseife! Wunderbar aromatisch. You made my day! Die Seife hält Wochen! Ich bin sehr, sehr glücklich. *Kiitos*! Danke, Tanja!!

Epilog

Was wir von den Finnen lernen können

33 Tage lang war ich unterwegs auf der Suche nach dem Glück der Finnen. Ich habe viel erlebt, auch schon in den Jahren zuvor, auf allen meinen Reisen in das Land, aber auch auf den Wegen hin und zurück. Ein finnisches Sprichwort sagt: »Wer selten kommt, wird gut behandelt.« Fühle ich mich so wohl, weil ich – gefühlt, trotz meiner inzwischen 13 Reisen – selten genug da bin? Nein! Es ist toll in Finnland, und die Finnen sind großartig. Aber – sollen und wollen wir sein wie ein Finne? Wäre ich glücklicher als Deutscher, wenn ich Finne wäre?

Die Finnen wurden, kurz vor Drucklegung dieses Buches, zum vierten Mal in Folge Glücksweltmeister. Wir als Deutsche waren ihnen gegenüber im World Happiness Report bisher regelrecht abgeschlagen. 2020 nur Platz 17 von 153 Staaten. Das klingt nicht völlig hoffnungslos, aber mit unseren 7076 Punkten lagen wir um gigantische 733 Punkte hinter dem Sieger. Ein riesiger Abstand zu den Finnen. In mancher Sportart entfällt dann die Förderung. Du wirst bei Olympia nicht gemeldet, wenn keine Chance auf den Endlauf besteht. Nun plötzlich landen wir auf Platz Sieben. Ein Riesensprung zum Glück. Nie reichte es vorher bei uns für eine Platzierung unter den ersten zehn. Corona sei Dank? Sind wir etwa in der Pandemie glücklicher geworden? Aber wir sind immer noch weit entfernt von Platz Eins, die Finnen haben sogar noch 80 Punkte zugelegt. Weiter trennen uns 577 Punkte.

Müssen wir neidisch sein auf die Finnen? Zu Neid besteht kein Anlass. Dort ist es super, aber bei uns ist es auch ganz schön. Allerdings: Inspirieren lassen sollten wir uns schon. Wir werden natürlich in Deutschland nicht plötzlich die Sauna als Teil unseres Lebensglücks in unseren Alltag integrieren. Bei den Finnen ist sie ein zentrales Glückselement. Das kann man nicht so einfach implantieren. Wäre wir glücklicher mit Sauna? Oder müssen wir hierzulande erst mal die Saunaregeln zumindest lockern? Oder sollte ab sofort der Einbau einer Sauna in Privathaushalte als Glückselement staatlich gefördert werden?

Unsere Länder sind fast gleich groß, aber in Finnland leben nur 5,5 Millionen Menschen. Wir sind nicht vorstellbare 77 Millionen mehr, auf nur 20 000 Quadratkilometern mehr Areal, gerade mal ein Drittel der Fläche von Bad Oeynhausen. Wir können uns nicht so gut aus dem Weg gehen. Umso mehr brauchen wir die Toleranz. Umso mehr sollten wir vielleicht auch mal Abstand suchen. Ein finnisches Sprichwort sagt: »Ausweichen, nicht fluchen, sprach der Stein zum Pflügenden.«

Der Finne ist tolerant. Das können wir lernen. Eine entspannte Großzügigkeit anderen gegenüber. Der deutsche Nachbarschaftsstreit um den Kirschbaum, der rüber in Nachbars Garten wächst, ist in Finnland undenkbar. Dort gibt es sogar das Jedermannsrecht. Das ist in Deutschland undenkbar.

Ein anderes finnisches Sprichwort sagt: »Der Wald ist die Kirche des Finnen.« Wir müssen selbstverständlicher in die Natur gehen und sie bestaunen und genießen und für sie sorgen. Unsere Natur sollten wir sehen und suchen, sie achten und schützen. Das beginnt mit dem Bonbonpapier, das uns im Wald aus der Tasche fällt. Im finnischen Wald liegt kein Müll.

Wir sollten Vertrauen lernen, in Menschen, aber auch in politische Wege. Nicht sofort in lautstarken Protest verfallen. Trotzdem aber natürlich kritisch begleiten. Wir sollten insgesamt als Gesellschaft leiser werden – bei nicht nachlassender Kommunikation. Finnen unterbrechen einander nicht. Kommen sie darum seltener zu Wort? Auch wir sollten manchmal schweigen. Wir sollten auch mal ganz bei uns bleiben, ohne die Gesellschaft der anderen zu verlassen.

Erster im Weltglücksreport – ich gratuliere den Finnen von Herzen. Ich gratuliere genauso allen anderen, die beim Glücksreport vorne lagen oder irgendwann vorne liegen werden. Das kommt ja nicht von ungefähr. Es sind Besonderheiten in der Gesellschaft, in den Ländern, die das als Ergebnis hervorbringen – und wenn es der Genuss von Lakritz ist. Aber Erster beim Glück? Sooo viel Glück muss gar nicht unbedingt sein, oder? Ich persönlich komme sogar mit etwas weniger aus. Glück allein reicht mir schon. Und jeder definiert es anders. Die Finnen haben auch dafür ein Sprichwort: »So viel Glück, sagte das Mädchen am Tanzabend, als neben ihr eine aufgefordert wurde.«

Ich freue mich jedes Jahr neu, dass ich als glücklicher Deutscher wieder nach Finnland reisen kann. Unterwegs bin ich dann fröhlich und unbeschwert. Dann kann ich eintauchen in diese etwas anderen Welten – und in noch mehr Glück. Dann genieße ich die Ruhe, den Abstand, die Großzügigkeit und die Herzlichkeit. Dann genieße ich die Natur, die Luft und das Licht. Ich genieße dort, dass es anders ist. Es ist ein Glück, nach Finnland reisen zu können.

Jean, der Lakritzfabrikant hatte gesagt: »Finnen sind in

der Lage, auch in den kleinen Dingen des Alltags eine Form von Luxus zu sehen.« Elina, die Übersetzerin und Hans-Christian, der Reisepfarrer, erleben die Finnen als sehr pragmatisch. Suvi vom Finnland-Institut hatte formuliert: »Das Glück ist wirklich durch kleine Dinge zu erreichen.« Henrik, der Historiker, meinte: »Wir beneiden im Grunde keinen, denn die Unterschiede sind nicht so groß.« Lumi hatte gesagt: »Wir erwarten nicht zu viel vom Leben.« Und Irma formulierte: »Wir sind zufrieden mit ziemlich wenig.«

Der Franzose Pierre Rabhi prägte dafür den Begriff: »Glückliche Genügsamkeit.« Ja, ich glaube, das ist es. Glückliche Genügsamkeit. Das können wir wahrhaftig von den Finnen lernen.

Dank

Auf dieser Reise zum Glück der Finnen habe ich mit vielen Menschen reden können. Danke an alle:

Angela Plöger / Anni Korhonen, Puukarin Pysäkki / Antti Aikio und Laura Junka-Aikio / Axel Gieseking / Dietrich »Jake« Kokowski / Dorothee Janetzky-Wenzel und Dieter Wenzel / Elina Kritzokat / Hanne und Jorma Salminen / Florian Ludwig / Hans-Christian Beutel / Hans-Christian Daniel / Heide und Jochen Malmsheimer / Henrik Meinander / Ilona Tuomi, Suomen Asutusmuseo / Irja Askola / Irma und Roope Ruokolainen, »peti ja puuro« / Janne Räisänen / Jasmina »Socke« Schreck & Atte Oksanen / Jean Karavakyros, Halva Oy / Jenni Roth / Jochen Bussian / Jukka Vaara, Lappland Marathon / Jürgen Frank / Jürgen Hendlmeier, Hailuodon Panimo / Jussi Juurikka, FC Lahti / Kaisu Nikkula und Heikki Nikkula, Kultahovi Inari / Katri Oldendorff, Finnische Seemannskirche Hamburg / Kerstin Tjarnström und Janne Svensson und Nathalie Andresen / Kirsi Hechler und Vaula Aalto, Sisu-Radio Frankfurt / Konsta Oikonomides / Lumikukka Socada mit Manta, Kaspar und Hilja / Lyle Närvänen / Maren und Axel Hochkirch mit Florian und Nico / Marja Järventausta / Marja-Riitta Mattila-Nurmi / Michael Ringel, taz-Wahrheit / Minna Honkasalo, Muminmuseum / Mikko Fritze, Goethe-Institut, Amsterdam / Niina Lehtinen-Braun / Niina und Jan-Costin Wagner / Paavo Blåfield / Päivi Borre, Finnisch-Deutsche Handelsgilde / Patrick und Shannon Rakovsky / Paula Nurmi / Paula Schuth, Suomi-Saksa Yhdistysten Liitto ry / Pauliinna Jurmu und Kaisa Mäntylä, Vellikello Kahvila / Peter Pauls / Peter Sippel / Pirkko und Günter Kompa mit Sirpa, Christoph, Anni, Lilli und Janne / Riku Ruoto, Suomen Moottoripyörämuseo Lahti / Sirpa Wessels / Sonja Hiisvirta mit ihren Eltern Kati und Timo / Susanna Vironmäki und Michael Diedrichs / Suvi Wartiovaara und Lotta Kauhanen, Finnland-Institut / Tanja Knittler / Tia Tuulia / Tim Becker / Tiira Lehtinen, Suomen Lasimuseo / Tuija Alariesto, Arktikum Rovaniemi, Särestöniemi Museo / Viivi, Kati und Matti / Ville Nurmi und Tiina V. / die unbekannte Zollbeamtin /

Kiitos!

Zu »meinem Glück« wollten Julia Schade und Martina Seith-Karow vom Fischer Verlag dieses Buch machen und »zum Glück« hatte ich als Lektorin wieder Heike Gronemeier an meiner Seite. Glück habe ich schon lange mit meiner Agentur Xango Cult, Marco Ortu. Dank an Claus Knobel für die Finnland-Reisekarte. Ein besonderer Dank geht vor allem an Pirkko, aber auch an Socke, an Paula und Ville, an Lumi und Manta, die ich allesamt jederzeit zu speziellen Fragen zu Rate ziehen konnte. Und einen ganz besonderen Dank an Rita, die mich inspirierend und humorvoll begleitet hat, sowohl in Finnland als auch im Prozess des Schreibens.

Quellen

Vieles ist eingeflossen in mein Buch – hier sind Quellen, Tipps und weitere Fundstücke:

Bücher
Baedeker, diverse Autoren, Band F – Finnland, Ostfildern 2019
Bagh, Peter von: Kaurismäki über Kaurismäki, Alexander Verlag Berlin, 2014
Deutsche evangelisch-lutherische Gemeinde (Hrsg.): 150 Jahre deutsche Kirche in Helsinki, Jubiläumsschrift
Finnische Seemannskirche (Hrsg.): Traditionelle finnische Gerichte, Traute Warnke Verlag 1997
Gieseking, Bernd: Finne dich selbst! Fischer Taschenbuch Verlag, 2012
Ders.: Das kuriose Finnland Buch, Fischer Taschenbuch Verlag, 2014
Heidenreich, Gisela (Hrsg.): Born of war – Vom Krieg geboren, Ch. Links Verlag, 2017
Hentilä, Marjaliisa & Seppo: 1918 Das deutsche Finnland, Scoventa Verlag, 2020
Jansson, Tove: Sturm im Mumintal, Arena Verlag, 2006
Karjalainen, Tuula: Tove Jansson – Die Biografie, Urachhaus, 2014
Kettu, Katja: Wildauge, Ullstein Verlag, 2015
Kinnunen, Tommi: Wege die sich kreuzen, Penguin Verlag, 2019
Kruse-Etzbach, Dirk: Finnland, Iwanowski's, 2012
Lehtola, Veli-Pekka: Die Sámi, Puntsi Verlag, 2019
Ders.: Surviving the upheaval of Arctic war, Puntsi Verlag, 2019
Leney, Terttu: Finland, Kuperard, 2004
Linna, Väinö: Kriegsroman, EvM Verlag, 2014
Meinander, Henrik: Finnische Geschichte, Scoventa-Verlag, 2017

Ders.: Finnland 1944, Scoventa-Verlag, 2019

Numminen, M.A.: Tango ist meine Leidenschaft, Zweitausendeins, 2003

Ders.: Der Kneipenmann, Zweitausendeins, 2003

Niemi, Mikael: Populärmusik aus Vittula, btb, 2002

Nousiainen, Miika: Die Wurzel alles Guten, Goldmann, 2019

Paltto, Kirsti: Zeichen der Zerstörung, persona Verlag, 1977

Parvela, Timo: Ella auf Klassenfahrt, dtv, 2012

Ders.: Ella in der Schule, dtv, 2020

Ders.: Pekkas Geheime Aufzeichnungen, dtv, 2017

Pennanen, Jukka / Näkkäläjärvi, Klemetti (Hrsg.): Siiddastallan, Museumskatalog *Siida* Sámi-Museum, 2003

Prüss, Tarja: 111 Gründe, Finnland zu lieben, Schwarzkcpf & Schwarzkopf, 2016

Rabhi, Pierre: Glückliche Genügsamkeit, Matthes und Seitz, 2015

Rytisalo, Minna: Lempi, Hanser Verlag, 2018

Schellbach-Kopra, Ingrid (Hrsg.): Wurst ist das beliebteste finnische Gemüse, Edition Noack & Block, 2014

Schirrmann, Petra / Richter-Vapaatalo, Ulrike: Deutschland meine Heimat, Finnland, mein Zuhause, Heiner Labonde Verlag, 2014

Schmitt, Oliver Maria: Ich bin dann mal Ertogul, Rowohlt Berlin, 2015

Schreck, Jasmina: Ein Jahr in Finnland, Herder Verlag, 2017

Schweitzer, Robert (Hrsg.): Zweihundert Jahre deutsche Finnlandbegeisterung, Berliner Wissenschaftsverlag, 2010

Sillanpää, Franz Eemil: Jung entschlafen, Guggolz Verlag, 2017

Ders.: Frommes Elend, Guggolz Verlag, 2014

Spreckelsen, Tilmann: Kalevala, Galiani Verlag, 2014

Stiftung Museum Kunstpalast (Hrsg.): Überirdisch Nordisch – Akseli Gallen-Kallela, Hatje Cantz Verlag, 2012

Swan, Anni: Kranich und Hirtenmädchen, Verlag Urachhaus, 1998

Tacitus: Germania, Reclam Verlag, 1972

Taipale, Ilkka (Hrsg.): 100 soziale Innovationen aus Finnland, Ennsthaler Verlag, 2015

Turi, Johan: Erzählung vom Leben der Lappen, Berlin Verlag, 2014

Wagner, Jan-Costin: Tage des letzten Schnees, Goldmann Verlag, 2015

Ders.: Sakari lernt durch Wände zu gehen, Goldmann Verlag, 2015

Werner, Jochen: Aki Kaurismäki, Bender Verlag, 2005

Printmedien, Artikel, Quellen (Auswahl)
Deutsch-Finnische Rundschau, Zeitschrift der Deutsch-Finnischen
  Gesellschaft in Deutschland, https://www.dfg-ev.de/rundschau
Silta – Brücke, Mitgliedszeitung der Finnisch-Deutschen Vereine
  in Finnland, https://www.ssyl.fi/de/ueber-uns/silta-bruecke-
  mitgliedszeitschrift/
ThisisFinnland: https://finland.fi/de/leben-amp-gesellschaft/finn-
  land-die-nummer-eins-im-world-happiness-report/

Anwar, André: »Warum die Finnen die glücklichsten Menschen
  auf Erden sind«, *Morgenpost Berlin*, 24.03.2020
Detlefs, Beate: »Oodi – eine Ode an Finnlands Bibliotheken«,
  Forum Bibliothek und Information, 14.02.2018, https://b-u-b.
  de/oodi/
»Finnen sind am glücklichsten!« *Süddeutsche Zeitung*, 20.03.2019
»Finnland's story shows equality is the best route to happiness«,
  The Guardian, 17.03.2018
Frantzen, Michael: »Das glücklichste Land der Welt«, Deutsch-
  landfunk Kultur, 4.11.2019
Gieseking, Bernd: »Pit Knorr – Eine frühe Reise«, *Frankfurter
  Rundschau*, 10.08.2014
Ders.: »Onnea satavuotiaalle Suomelle«, *TAZ*-Wahrheit,
  6.12.2017
»In Finnland leben die glücklichsten Menschen«, *Neue Züricher
  Zeitung*, 14.03.2018
Günther, Linus: »Der Glücksminister erklärt«, *Stern*, 10.03.2018
»La Finlande, pays le plus heureux du monde pour la troisième
  année consécutive«, *L'Observateur*, 20.03.2020
Pauls, Peter: »Alter Schwede, das war weit«, *Kölner Stadtanzei-
  ger*, 18.10.2019
Roth, Jenni: »Die Wehmütigen«, *brand eins*, 08/2015
Sass, Björn Erik: »Arschbombe ins Glück«, *Die Zeit*, 9.06.2019
Strittmatter, Kai: »Warum sind die Menschen in Finnland so
  glücklich?« *Süddeutsche Zeitung*, 18.10.2020

Webseiten (Auswahl)
Deutsch-Finnische Gesellschaft: https://www.dfg-ev.de
Verband der Finnisch-Deutschen Vereine (*Suomen-Saksa Yhdy-
  tysten Liitto*): https://www.ssyl.fi

Deutsche Gemeinde: https://www.deutschegemeinde.fi
https://worldhappiness.report
Finnland-Institut: https://finnland-institut.de
Finnische Seemannskirche Hamburg: https://pohjoissaksa.meri-mieskirkko.fi
www.aufgussmeisterschaft.de
lehrerfortbildung-bw.de
Wikipedia.de
Blog und wissenschaftliche Publikationen der finnischen Forscherin Laura Junka-Aikio zu Themen der Sámi und indigener Völker: https://junka-aikio.net
Die inarisamische Zeitung *Anarâš-lostâ*: https://anaraskielaservi.fi/contact/
Die samische Nachrichtensendung auf YLE: *Oddasat* https://yle.fi/uutiset/osasto/sapmi/

CDs

M.A. Numminen, Dägä Dägä – Finnwelten, 2001
M.A. Numminen & Sanna Pietiäinen und das Neorustikale Tango-Orchester: Finnischer Tango, Trikont, 2003
The Man without a past, Soundtrack, Milan Records, 2002
Marko Haavisto & Poutahaukat: Hollolasta Teksasiin, 2013
Mental Shakedown: Bob'n Destroy Records, 2017
Uusikuu: Suomi-Neito, Nordic Notes, 2016
Uusikuu: Flamingo, Nordic Notes, 2019

Filme

Master Cheng in Pohjanjoki, Regie: Mika Kaurismäki, 2019
Die andere Seite der Hoffnung, Regie: Aki Kaurismäki, 2017
Hobbyhorse Revolution, Regie: Selma Vilhunen, 2017
Mittsommernachtstango, Regie: Viviane Blumenschein, 2013
Le Havre, Regie: Aki Kaurismäki, 2011
Der Mann ohne Vergangenheit, Regie: Aki Kaurismäki, 2002
Zugvögel … Einmal nach Inari, Regie: Peter Lichtefeld 1997
Leningrad Cowboys meet Moses, Regie: Aki Kaurismäki, 1994
Zombie and the Ghostrain, Regie: Mika Kaurismäki, 1991
Leningrad Cowboys go America, Regie: Aki Kaurismäki, 1989

Bernd Gieseking
Das kuriose Finnland-Buch
Fischer TaschenBibliothek

Band 52043

Das kleinste Buch über die größte Saunalandschaft der Welt

Bernd Gieseking, Finnlandkenner und Bestsellerautor, hat sich auf die Reise begeben und Finnland einmal im Uhrzeigersinn umrundet – immer auf der Suche nach den Antworten auf die drängendsten Fragen:
• Warum frieren die Finnen Birkenzweige ein?
• Was ist das beste Rezept für giftige Pilze?
• Was macht der Elch im Reisepass?

Ein unterhaltsamer Reisebegleiter für die Hosentasche, der uns das Land der 187.880 Seen näher bringt.

Das gesamte Programm gibt es unter
www.fischerverlage.de

Bernd Gieseking
Finne dich selbst!
Mit den Eltern auf dem Rücksitz
ins Land der Rentiere

Band 18814

Finnland. Da denkt jeder an Seen, Sauna, Mücken und Elche. Und eine verteufelt schwere Sprache. Aber wer sind die
Menschen dort? Verschrobene Einzelgänger? Trinkfest und
sangestüchtig? Bernd Gieseking bekommt einen Crashkurs.
Weil sein Bruder sich in eine Finnin verliebt hat und seine
Eltern ihn in seiner neuen Heimat besuchen wollen, bricht
er zu einer Familienreise mit seinen alten Eltern auf und
fährt von Ostwestfalen nach Lahti und zurück – 3.800 km
purer Lesespaß.

»Ich mache in meinem langen Leben
zunehmend die Erfahrung, dass man von
Bernd Gieseking unbesehen alles lesen kann.«
Harry Rowohlt

Fischer Taschenbuch Verlag

Bernd Gieseking
Früher hab' ich nur mein Motorrad gepflegt
Wie ein Sohn tapfer versucht,
sich um seine alten Eltern zu kümmern

Band 29844

Eines Tages ein Anruf: Der alte Vater ist gestürzt, »Serien-
rippenbruch«. Gieseking wird klar: Er muss sich um seine
alten Eltern kümmern. Ins Häuschen zu ziehen wäre zu
nah, so stellt er einen Wohnwagen in den Garten, um in Haus
und Hof zu helfen, merkt aber schnell: Die Eltern sind fitter
als befürchtet und er selbst langsamer als gedacht. Er lernt:
Um wirklich zu helfen, muss er früh aufstehen!

Das gesamte Programm gibt es unter
www.fischerverlage.de